THE CHOICE

アウシュヴィッツを生きのびた「もう一人のアンネ・フランク」自伝

Embrace the Possible

Dr. Edith Eva Eger

エディス・エヴァ・イーガー（心理学博士）
エズメ・シュウォール・ウェイガンド

服部由美 訳

五世代にわたる私の家族に捧げる
笑うことを教えてくれた父ラヨシュ
自分の内側に必要なものを見つけるよう、手伝ってくれた母イロナ
華やかで途方もなく素晴らしい姉マグダとクララ
私の子どもたち、マリアン、オードリー、ジョン
その子どもであるリンゼイ、ジョーダン、レイチェル、デヴィッド、アシュレー
そして、その子どもであるサイラス、グラハム、ヘール

CONTENTS

3 自由

4 癒やし

CONTENTS

序文

フィリップ・ジンバルドー博士

スタンフォード大学の心理学者で名誉教授でもあるフィル・ジンバルドーは、よく知られたスタンフォード監獄実験（一九七一年）の考案者。ニューヨークタイムズ・ベストセラーとなり、優れた心理学分野の書籍に贈られるウィリアム・ジェームズ図書賞を受けた『ルシファー・エフェクト――ふつうの人が悪魔に変わるとき』など、多くの有名な著書がある。ヒロイック・イマジネーション・プロジェクト（訳注／子どもたちに同調圧力に屈することなく、いじめを注意するなど、道徳的な行動が取れるように教えるプロジェクト）の創設者兼主宰者。

ある春のこと、米国海軍主任精神科医の招きにより、エディス・エヴァ・イーガー博士は、窓のない戦闘機に搭乗した。行き先はカリフォルニア沿岸に停泊する世界最大級の軍艦のひとつ、航空母艦ニミッツ。戦闘機は五百フィートの小さな滑走路に急降下し、テールフックが拘束索をつかみ、スピードを出したまま海に落ちるのを止める衝撃に揺れながら着陸した。その軍艦に乗船する唯一の女性であるイーガー博士は、艦長室に準備された控室へと案内された。彼女の任務は、五千人の若き海軍軍人たちに、逆境、トラウマを乗り越え、戦争の混乱状態に立ち向かう方法を教えることだった。

イーガー博士は医療専門家として、幾度となく兵士の治療に呼ばれてきた。そこには、心的外傷後ストレス障害（ＰＴＳＤ）や外傷性脳損傷に苦しむ特殊作戦部隊も含まれていた。この優しいおばあちゃんがどのようにして、それは多くの軍人たちを、戦争の残忍さが心に及ぼす影響から救い出すことができるのだろう？

私はイーガー博士に電話をかけ、スタンフォード大学の「マインドコントロールの心理学」という私のクラスに来て、ゲストとして講義してくれるよう誘った。面識はなく、その年齢とアクセントから、私はヘッドスカーフを顎の下で結んだ昔の老婦人を思い浮かべてしまった。

しかし、講義の際、私は彼女がもつ癒やしの力をこの目で確かめた。明るい微笑《ほほえ》み、輝くピアス、燃えるような金髪で光を放つ彼女が、頭から足先まで身を包んでいたのは、あとから妻に聞いたところではシャネルだった。そして、彼女はナチスの死の収容所を生き延びた恐ろしく悲惨な物語を、ユーモアと、陽気で活気にあふれた態度と、純粋な光としか表現しようのない存在感とぬくもりでまとめ上げてくれた。

イーガー博士の人生は闇に満ちていた。まだ十代でアウシュヴィッツに監禁された。苦痛と飢え、つねにある死の脅威にさらされながらも、彼女は自分の精神と心の自由を失わなかった。味わった恐怖に破壊されなかった。むしろそのせいで大胆になり、強くなった。実際、彼女の知恵は、その人生でもとくに衝撃的な出来事の奥深いところから生じている。

彼女が人びとの癒やしを手助けできるのは、彼女自身がトラウマに打ち勝つまでの長い道のりを歩んできたからだ。人間の残酷さを味わった自分の経験を生かし、それは多くの人たちを力づける方法を見つけてきた――米軍艦ニミッツに乗船する軍人から、親密さを取り戻そうともがく夫婦まで。ネグレクトや虐待の被害者から、依存症や病気に苦しむ人まで。愛する者を失った人から、希望を失った人まで。そして、日々の失望や人生の試練に苦しむ誰であれ、彼女のメッセージを読めば、苦しみから自由を見つけるために――自分自身の内なる光を見つけるために――自分の選択をする気になる。

彼女の講義が終わると、三百人の学生がひとり残らず、跳ねるように立ち上がり、自然と拍手は喝采になった。そのあと、少なくとも百人の若い人たちが小さなステージに押し寄せ、それぞれがこの途方もない女性に感謝の言葉を伝え、抱き合う順番を待っていた。何十年も教師をしてきたが、学生の集団がこれほど刺激を受ける様子は見たことがない。

エディとともに仕事をし、旅をするようになって二十年経ったが、私は世界中で行われた彼女の講演のどの聴衆に対しても、こんな反応を期待するようになった。たとえば、極貧、五〇パーセントの失業率、悪化する人種紛争にもがく街ミシガン州フリントで、私たちはヒーロー・ラウンド・テーブルのイベントを開催し、若者グループと議論した。また、エディの親類の多くが亡くなった街ハンガリーのブダペストでは、彼女は数百人の聴衆を前に、悪影響を及ぼす過去から立ち直るよう励ました。どこであれ、私はそんな反応が起こるのを幾度となく目撃してきた。人びとはエディがそこにいることで別人になるのだ。

イーガー博士は本書に、アウシュヴィッツを生き延びるという彼女自身の忘れられない物語とともに、自分が診た患者の変化の物語を織り込んでいる。彼女が生き延びた物語は、これまで語られてきたどの物語より人の心をつかみ、ドラマチックだ。だが、私が本書を世界中に伝えようと強く思った理由は、彼女の物語だけではない。それは、エディが自分の経験を生かし、非常に多くの人に本当の自由を見つけさせてきた事実だ。こういった理由から、彼女の本は他のショア（訳注／ヘブライ語で〈絶滅、惨事〉を意味し、ホロコーストも指す）自叙伝の枠をはるかに超えるものであり、同時に過去を記憶するという意味ではそういった物語と同じように重要だ。彼女の目標は、私たちひとりひとりを自分の心の監獄から脱出させることにほかならない。人はそれぞれ、何らかの形で精神的に閉じ込められている。人は自分の看守として行動できるのと同じように、自分の解放者にもなれることに気づかせることこそ、エディの使命なのだ。

エディは若い聴衆に紹介される際、よく「生き残ったアンネ・フランク」と呼ばれる。その理由は、エディとアンネは収容所へ移送されたとき、同じような年齢で生い立ちも似ていたからだ。どちらの若い女性も、身をもって経験した残虐行為と迫害にもかかわらず、人間は基本的に善良だと信じさせる純真さと思いやりをもっている。もちろん、アンネ・フランクは日記を書いていたとき、収容所という苦境をまだ経験していない。しかし、エディの場合、その経験があるからこそ、生還者としての、また臨床者（そして曾祖母！）としての洞察力を、特別に心を打つもの、説得力のあるものにしている。

ホロコーストについて書かれた、いくつもの非常に重要な書籍と同様、イーガー博士の本は悪の最も暗い側面と、悪に立ち向かう人間の魂がもつ不屈の強さの両方を浮き彫りにしている。そして、本書はそれ以上のこともしている。エディの本と比べる本を挙げるとすれば、やはりショア自叙伝である、ヴィクトール・フランクルの優れた古典『夜と霧』以上のものはないだろう。イーガー博士はフランクルの奥深さと人間に対する深い知識を共有するとともに、終生の臨床者としての思いやりと親しみを加えている。ヴィクトール・フランクルは、アウシュヴィッツで自分とともにいた囚人たちの心理を伝えた。そして、イーガー博士は自由の心理を私たちに教えてくれるのだ。

私は自分の仕事として、よくない社会的影響を生じさせる心理的な背景について、長く調査してきた。私は平和と正義の実現のためには、人は今と別の道を選び、ヒーローのように行動しなければならないと考えてきた。どうすれば無意識のうちにそんな行動を取り、しかも周囲にいる人たちの支持も得られるのか、理解しようとしてきた。しかし、エディのおかげで、ヒロイズムの範囲に入るのは、自分や他者を守るための驚くべき行動や、衝動的に危険を冒す人たちだけではないことがわかった——エディはどちらも実行しているが。

ヒロイズムとは、むしろものの見方、あるいは個人的、社会的習性が積み重なったものだ。それは人の在《あ》り方。そして、自分をこれまでとは違う視点で見ること。

ヒーローになるには、命に関わるような重大事に効果的な行動を取り、不正行為に取り組む、あるいは世界に前向きな変化を起こす試みを積極的に進める必要がある。ヒーローになるには、かなりの道徳的勇気が求められる。しかし、人間ひとりひとりの心の中には、表に出るのを待っているヒーローがいる。誰もが「訓練中のヒーロー」なのだ。

そして、ヒーローの訓練の場は日常生活。日々、身のまわりで起こる出来事が、ヒロイズムの習性を発揮するよう私たちを招いている。それは、日常的に親切な行いをすること。まず自分を思いやることから始め、周囲に思いやりを示すこと。他者と自分の長所を引き出すこと。非常にむずかしい人間関係においても、愛情をもちつづけること。心の自由がもつ力を称賛し、それを発揮すること。エディはヒーローだ――それも二重の意味で。なぜなら、彼女は私たちひとりひとりに、自分自身の中で、人間関係の中で、さらにはこの世界の中で成長し、有意義で恒久的な変化を起こすよう教えてくれるからだ。

二年前、エディと私はブダペストまで旅をした。ナチスがハンガリーのユダヤ人をいっせいに捕らえたとき、彼女の姉が暮らしていた街だ。

私たちは、ユダヤ教の教会、シナゴーグを訪れた。その中庭はホロコーストを追悼する場所となっていた。シナゴーグの壁は戦前、戦中、戦後の写真で覆われていた。犠牲者の冥福を祈るための「ドナウ川堤防の靴」記念碑も見に行った。犠牲者の中にはエディの親類もいた。第二次世界大戦中、矢十字党（訳注／一九三九～四五年まで存在したハンガリーの極右政党。ナチスドイツの支援の下、ハンガリーを統治し、多くのユダヤ人を収容所に送った）の民兵に殺されたのだ。彼らは靴を脱いで堤防に立たされ、銃で撃たれて川に落ち、その流れに運ばれていった。過去がはっきりと感じられた。

その日、エディは時間が経つにつれ、口数が少なくなった。おそらく、つらい記憶を思い出したであろう、感傷的な一日を過ごしたのだ。その夜、六百名の聴衆に講演するのはむずかしいと思っているのかと私は考えた。

ところが、ステージに立った彼女は、ふたたび生々しく感じたはずの、不安やトラウマや恐れの話から始めなかった。優しさや日常的な英雄的行為の話から始め、それは生き地獄でも起こることを私たちに思い出させてくれたのだ。

「素晴らしいでしょう?」と彼女は語りかけた。「最悪の事態が、人間の最良の部分を引き出してくれるんです」

講演の最後を、トレードマークであるバレエのハイキックで締めくくると、エディは大声で呼びかけた。「オーケー。さあ、皆さん、踊りましょう!」

聴衆はいっせいに立ち上がった。何百人もの人たちがステージに駆け上がった。音楽はなかった。でも、私たちは踊った。またとない生命の祝典で、私たちは踊り、歌い、笑い、抱き合ったのだ。

強制収容所の恐怖を直接体験したと証明できる生還者の数は減りつつあり、イーガー博士はそのひとりだ。彼女の本は、彼女と他の生還者たちが、戦中、戦後に耐えた生き地獄とトラウマをくわしく語っている。それは、痛みと苦しみから抜け出そうとしているあらゆる人にとって、希望と可能性の普遍的なメッセージでもある。悲惨な結婚生活、毒になる家族、嫌で仕方のない仕事に閉じ込められているのであれ、自分の心に自分を閉じ込める自己抑制的な信念の鉄条網に閉じ込められているのであれ、本書を読めば、現在どんな状況にあっても、喜びと自由を抱きしめることができるとわかるだろう。

本書は、ヒロイズムと癒やし、立ち直る力と思いやり、そして威厳、精神的な強さ、道徳的勇気をもって生き延びることを伝える物語である。イーガー博士の感動的な症例と、目が離せなくなるような彼女自身の物語から、誰もが学び、自分の人生を癒やせるようになるだろう。

二〇一七年一月

カリフォルニア州サンフランシスコ

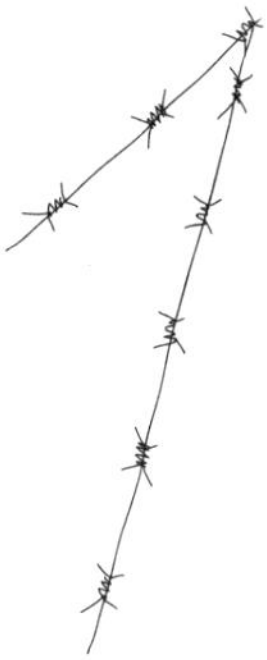

収容所

はじめに

私が秘密を放さず、秘密が私を放さなかった

彼が弾丸を込めた銃をシャツの下に隠し持っていることを私は知らなかった。それでも、一九八〇年の夏のある日、ジェイソン・フラー大尉がエルパソにある私の診療所に入ってきた瞬間、胃がしめつけられ、うなじがひりついた。私は戦争のせいで、自分が怯える理由に気づく前から、危険を感じ取れるようになっていた。

ジェイソンは背が高く、アスリートのような引きしまった体をしていたが、その体があまりにこわばっていたため、人間というより木でできているように見えた。青い目をぼんやりさせ、歯を食いしばり、話そうとしなかった。あるいは話せなかったのかもしれない。私は診察室にある白い長椅子へ導いた。彼はぎこちなく座り、ぎゅっと握りしめた両手を膝に押しつけた。ジェイソンに会うのは初めてだったので、彼の体を硬直させている原因が何なのか、見当もつかなかった。彼の体は触れられるほど近くにあり、その苦しみが手に取るように感じられるものの、彼の心は遠いところで途方に暮れていた。私の飼い犬であるシルバーのスタンダードプードル、テスがデスク近くで、まるでもうひとつの生きた彫像のように気をつけの姿勢で立っているのに、彼

はその存在にも気づいていないらしい。

私は深呼吸をし、何から始めるべきか考えた。往々にして一回目のセッションは、自己紹介と私の経歴と治療法について簡単に話す。ときには最初から患者が診療所に来た理由である精神状態を見極め、くわしい話を聞くこともある。しかし、ジェイソンの場合、多すぎる情報を与えて圧倒させたり、むやみに質問して不安定な気分にさせたりしないほうがよいと思われた。なぜなら彼の精神は完全に機能停止していたからだ。私がすべきことは、彼に必要な安全と承認を与え、心にしっかり抱え込んでいるものがなんであれ、それを思い切って吐き出させることだった。さらに私の体に備わっている警報システムに注意を払いながらも、自分が感じる危機感に患者を支援する能力を邪魔させないようにする必要もあった。

「どうしたらあなたの役に立てるかしら?」と私はたずねた。

彼は答えなかった。まばたきひとつしない。彼を見ていると、神話や昔話で石にされる登場人物を思い出した。どんな魔法の呪文をかければ、彼を自由にしてやれるのだろう?

「なぜ、今日、診察を受けに来たのかしら?」と私はたずねた。これが私の奥の手だった。最初の診察で必ず患者にする質問。私は患者が変化を起こす気になった理由を知らなければならないからだ。なぜ他の日ではなく、今日からセッションを始めたいと思ったのか? 昨日でもなく、先週でもなく、去年でもなく、今日なのはなぜなのか? 明日でなく今日なのはなぜなのか? 患者は苦しみに後押しされることもあれば、希望に引き寄せられることもある。「どうして今日なの?」とたずねるのは、単なる質問ではない——それはすべてをたずねているのだ。

彼の片目が一瞬ぴくりとし、閉じた。だが、何も言わない。

「なぜ、ここに来たのか、理由を話してください」私は再び誘導した。

それでも彼は何も言わなかった。

不安が高まり、自分たちが微妙かつ重要な岐路にいると気づいたとき、私の体がこわばった。ふたりの人間が向かい合い、どちらも無防備な状態で、どちらもリスクを負いながら、ある苦しみに名前をつけ、その治療法を見つけようともがいていた。ジェイソンは正式な紹介があったわけではない。自ら選んで私の診療所に来たらしい。臨床経験と個人的な経験から言えば、患者が治療を決意したとしても、体がすくんで動けない状態が何年も残る場合もある。

彼の症状の深刻さを考えると、うまく対処できなければ、同僚であり、私が博士課程を修了したウィリアムボーモント陸軍病院の精神科医長に頼むしかない。ハロルド・コールマー博士なら、ジェイソンの硬直状態を診断し、入院させ、おそらくはハルドールのような抗精神病薬を処方するだろう。病衣を着たジェイソンが目に浮かんだ。目をどんよりさせたまま、体をひどくこわばらせ、精神疾患の薬の副作用としてよく起こる筋けいれんに苦しんでいる姿だ。精神科医の同僚たちの専門知識には全幅の信頼をおき、命を救う薬物療法はありがたいものだと思っている。しかし、私の心理療法により効果が出る可能性が少しでもあるなら、入院治療に飛びつきたくはない。私が恐れたのは、他の選択肢を検討することなく、入院と薬物療法をジェイソンに勧めてしまえば、ある種の麻痺が消えても、また別の麻痺が起こるだけになることだ。手足の硬直が消えても、今度は不随意運動という運動障害が現れる——繰り返されるチックと体の動きからなるぎくしゃくしたダンス。これが起こるのは、頭が許可していないのに、神経系が体に「動け！」と信号を送ってしまうからだ。彼の苦しみは原因がなんであれ、薬によって和らぐかもしれないが、解決されることはない。気分の改善、あるいは感覚の低下——気分の改善と誤解されやすいもの——が起こるかもしれないが、治癒するわけではないのだ。

さあ、どうしよう？　私があれこれ考え、重苦しい数分がのろのろと過ぎていく間、ジェイソンは長椅子で体をすくませていた——自ら選んでそこにいるものの、閉じ込められたままだ。私の持ち時間は一時間だけ。チャンスは一度だけ。彼の心に手が届くだろうか？　私が手助けすれば、彼が暴力を振るう可能性をなくせるだろうか？　私にはそれが肌に当たるエアコンの風のようにはっきりと感じられた。私が手助けすれば、彼の問題がなんであれ、彼の苦しみがなんであれ、そこから自由になる鍵を彼自身がすでに手にしているとわかってくれるだろうか？　まさにその日にジェイソンの心に手が届かなければ、病室よりはるかに悪い運命——本物の監獄、おそらく死刑囚監房での生活——が彼を待っていることを私はわかっていなかった。わかっていたのは、やってみなければならないということだけだった。

ジェイソンをよく観察するうち、彼の心に触れるためには、感情的な言葉を使わない方がよいと気づいた。軍人にとってなじみのある、聞き慣れた言葉を使おう。私が命令を出すのだ。彼を解き放つには、その体中に血液を巡らせるしかないという気がしていた。

「私たちは散歩に行きます」と私は言った。私は頼まなかった。命令を出した。「大尉、私たちはテスを公園に連れ出します——今すぐに」

ジェイソンは一瞬、うろたえたかに見えた。ここにいる女性が、初対面の人が、強いハンガリー訛《なま》りで話しかけ、彼に何をすべきか指図している。彼が周囲を見まわし、「ここからどうやって出ればいいいんだ?」と考えているのがわかった。しかし、彼は優秀な軍人だった。彼は立ち上がった。

「はい、先生」と彼は言った。「はい、先生」

それからまもなく、私はジェイソンが抱えるトラウマの原因を見つけ、彼は、明らかに違う私たちに共通点が数多くあることに気づいた。私たちはどちらも暴力について知り尽くしていた。そしてどちらも、体がすくむ状態がどんなものか知っていた。私も心に傷を抱え、深い悲しみのあまり、長い間、そのことを誰にもまったく話せなかった。

いまだ過去が私をとらえていた。サイレンや大きな足音、男たちの怒鳴り声が聞こえるたび、不安になり、めまいがした。それがトラウマであることはわかっていた。それは私の内側にほとんどつねに存在する感覚だった。何かがおかしい。何か恐ろしいことが起ころうとしている。体の中でわきおこる無意識の恐怖反応が、あらゆる場所に潜む危険から逃げろ、避難しろ、身を隠せ、と告げるのだ。誰かと偶然に出会うだけでトラウマが目を覚ますこともある。突然、目に入った光景、特定の匂いによって過去に戻されることもある。フラー大尉と会ったあの日、ホロコーストのあった強制収容所から解放されてから、三十年以上経っていた。今日、すでに七十年以上が過ぎている。しかし、起きたことは忘れ去ることも、変えることもできない。とはいえ、時が経つにつれ、過去にどう対処するかは自分で選択できることを学んだ。惨めな気分にもなれるし、希望を抱くこともできる――憂鬱な気分にもなれるし、幸せな気分にもなれる。いつでも人にはそれを自分で決める選択の自由があり、そうするチャンスがある。私は「今、ここ」にいる。もう、あそこにはいない。あの時代はもう終わった。私が身につけたのは、パニック状態が和らぐまで、繰り返し自分にそう言い聞かせることだった。

常識で考えれば、嫌な気分や不安を呼び起こすものがあれば、それに目を向けなければよい。くよくよ考えるな。その場所には行くな。だから人は過去のトラウマや苦しみ、あるいは目の前にある不快なものや問題から逃げる。私は大人になってからかなりの間、今、自分が生き残れるかどうかは、過去とその闇を封じ込められるかどうかによって決まると考えてきた。

一九五〇年代、ボルチモアで移民として暮らしはじめた頃、アウシュヴィッツを英語でどう発音するのかすら知らなかった。発音できたとしても、自分がそこにいたことを人に言いたくなかった。誰からも同情してもらいたくなかった。誰にも知られたくなかったのだ。

私はただ『ヤンキー・ドゥードゥル・ダンディ』（訳注／一九四二年制作の米国映画。撮影中に太平洋戦争が始まったため、愛国心を高める内容となった）のようになりたかった。訛りのない英語を話したかった。過去に背を向けたかった。今いる場所になじみたい願望と、過去に飲み込まれる恐怖の中で、必死に自分の苦しみを隠そうとした。沈黙を守ることも、受け入れてほしいという欲求も、その根っこにあるものは恐怖心で、どちらも自分自身から逃げることだとまだ気づいていなかった――過去と自分自身に正面から向き合わないことを選択した私は、文字どおりの収監が終わってから何十年も経ったというのに、まだ自由にならないことを選択していた。私が秘密を放さず、秘密が私を放さなかったのだ。

体を硬直させ、長椅子の上でじっと動かない陸軍大尉を見ていると、私が長い時間ののちに気づいたことを思い出した。それは真実や出来事を無理に隠してしまうと、秘密が自分のトラウマ、自分の監獄になる場合があるということだ。なんであれ受け入れるチャンスを拒んでしまえば、苦しみは軽くなるどころか、煉瓦の壁と鉄格子のように通り抜けられないものになる。思い切って自分が失ったもの、心の傷、失望を深く悲しまなければ、それをずっと追体験する羽目になるのだ。

出来事を抱きしめることができれば、自由になれる。自由とは、監獄の煉瓦をひとつずつ壊す勇気を奮い起こすことなのだ。

＊　＊　＊

残念ながら、悪いことは誰にでも起こる。これは人には変えられない。あなたの出生証明書には、人生は気楽なものだと書いてあるだろうか？　そんなことはない。しかし、あまりに多くの人がトラウマや悲嘆から抜け出せないまま、人生を思う存分味わえないでいる。けれども、これは人が変えられることだ。

最近、ニューヨークのJFK国際空港でサンディエゴへ帰るフライトを待っていたときのことだ。私は座ったまま、行き過ぎる見知らぬ人たちの顔を残らずじっくり観察した。そして見たものに強い衝撃を受けた。それは退屈、憤怒、緊張、不安、混乱、落胆、失意、悲しみといったものだが、何より心が痛んだのが空虚さだ。喜びや笑いをほとんど目にすることができず、とても悲しくなった。人生で最も退屈な時期にあっても、希望を抱き、楽天的に考え、幸せを味わうチャンスがある。ありふれた人生も人生であることに変わりはない。つらい人生やストレスの多い人生と同じように。

人はなぜ、必死になって人生を楽しもうとするのだろう？

あるいは逆に人生を十二分に味わうことを避けるのだろう？

人生を生き生きしたものにすることが、それほどむずかしくなるのはなぜだろう？

患者にいちばん多い病名は何かとたずねられても、うつ病や心的外傷後ストレス障害とは答えない。それは私が知り合い、愛し、自由へと導いてきた人たちによく見られるものではあるが。そうではなく、私は「飢え」だと答えるだろう。人は飢えている。誰かに認められ、思いやられ、愛されることに飢えている。人は人生を受け入れる自由、自分自身を深く知り、自分自身でいられる自由に飢えているのだ。

私自身の自由の探求、有資格の臨床心理士としての長い経験からわかったのは、苦しみは世界中どこにでもあることだ。しかし、被害者意識は自分で選ぶもの。迫害と被害者意識は同じものではない。誰もが生きていれば、なんらかの形で迫害を受ける可能性がある。どこかの時点で、自分ではほとんど、あるいはまったくどうすることもできない状況、周囲の人たちや組織が起こした、なんらかの苦痛、不幸な出来事、虐待を経験する。それが人生。それこそが迫害だ。

それは人の外側からやってくる。それは近所のいじめっ子、怒りっぽい上司、暴力的な配偶者、浮気する恋人、差別的な法律、入院するような事件といったものだ。

一方、被害者意識は人の内側から生じる。自分以外に自分を被害者にできる人はいない。人は自分に起きた出来事のせいで被害者になるのではなく、受けた迫害を抱え込むことを「選ぶ」とき被害者になる。人は被害者意識を育てる――すると考え方やその人自身が、かたくなで、非難めいて、悲観的で、過去に囚われ、不寛容で、報復を求めるようになり、健全な限界や境界線を持てなくなる。被害者意識の監獄を選んだとき、人は自分自身の看守となってしまうのだ。

ひとつ、はっきりさせておきたいことがある。私が被害者や生還者について語るとき、被害者を責めているわけではない――彼らの大多数には生き残るチャンスがまったくなかったからだ。真っ直ぐガス室に送られた人たち、寝棚で死んだ人たち、さらには電流の流れる鉄条網に自らぶつかっていった人たちさえ、私は責めることはできない。それだけでなく、場所を問わず、暴力と破壊の対象となったすべての人たちのことを悲しく思う。だからこそ、私は人生で起こるあらゆる苦難に直面した人たちを力づけるために生きている。

もうひとつ私が伝えたいのは、苦しみに序列はないことだ。私の痛みをあなたの痛みより強くするものも、弱くするものもありはしない。ひとつの悲しみを別の悲しみと比べ、その相対的な重要性を表せるようなグラフなどない。人は私にこう言う。「今、私の人生はかなり厳しい状態にあります。でも文句は言えません――アウシュヴィッツにいるわけじゃないんですから」こんなふうに比べれば、自分の苦しみを軽く考えたり、小さくしたりすることができるのだろう。しかし、生還者、「前進していく者」となるためには、過去と現在をありのまま受け入れる必要がある。自分の痛みを軽く見たり、人生の試練を前に途方に暮れたこと、人を遠ざけたこと、怯えたことで自分自身を責めたりしているなら、その試練が他の誰かから見れば、どんなに微々たるものであろうと、あなたは被害者でいることを選んでいる。選択肢があることに気づいていない。自分自身を批判しているだけだ。私の物語を聞いた人に、「私の苦しみなど大したものではない」と言ってほしくない。私の物語を聞いた人にはこう言ってほしい。「彼女にできるのなら、私にもできる！」

ある朝、つづけてふたりの患者を診たことがある。どちらも四十代の母親だった。ひとり目の女性には血友病で死にかけている娘がいた。彼女は診察の大半、神はどうして私の子の命を奪えるのかと嘆き、泣いていた。この女性にはおおいに心を痛めた――娘を献身的に看病し、迫りくる死に打ちのめされていた。彼女は怒っていた。深く悲しんでいた。そして、その心の痛手を切り抜ける自信がまったくなかった。

次の患者は病院ではなく、カントリークラブからの帰り道に診察に来た。彼女も多くの時間を泣きながら過ごしていた。彼女が苛立っているのは、新車のキャデラックが届いたが、その黄色の色合いが気に入らないからだ。一見、彼女の問題など些細なことに思える。とりわけ、わが子が死につつあるという前の患者の苦しみに比べれば。しかし、彼女のことをよく知っていた私には、車の色への失望から流した涙が、実は望みどおりにならなかった人生のもっと重要な事柄

——寂しい結婚生活、またもや退学になった息子、夫と子のために手放したキャリアへの野心——に対する失望の涙だとわかっていた。たいていの場合、人生における小さな苛立ちはもっと大きな喪失感を象徴している。一見、取るに足りない悩みは、もっと大きな痛みを代弁しているのだ。

あの日、私が気づいたのはまったく違うように見えるふたりの患者には、互いに、そしてどこにでもいるあらゆる人たちと多くの共通点があることだ。どちらの女性も期待を裏切られるという、自分ではどうすることもできない状況に反応していた。求めていないこと、予想とは違うことが起こったから、どちらももがき、傷ついていた。つまり、彼女たちは現実と、理想の現実の間で折り合いをつけようとしていたのだ。どちらの女性の痛みも本物だった。どちらの女性も人間ドラマの中で身動きがとれなくなっていた——気がつけば、予想もしなかった状況、自分の手に負えそうもない状況におかれていたのだ。私はどちらの女性にも同情して当然だった。どちらも治癒する可能性があった。あらゆる人たちと同じように、どちらの女性にも、たとえ立ち向かう状況は変わらなくても、被害者から生還者になれる態度や行動を選ぶ余地があった。生還者には、「どうして私にこんなことが？」とたずねる時間などない。生還者がたずねるべき質問は、「さあ、今、何をすればいいのか？」というものだけだ。

あなたが若者であれ、壮年であれ、高齢であれ、苦難の真っ只中にいるのであれ、苦闘が始まったばかりであれ、生まれて初めて恋をしているのであれ、人生のパートナーが老いて死にかけているのであれ、人生を変えるほどの出来事から立ち直りつつあるのであれ、人生にさらなる喜びをもたらす小さな変化を求めているのであれ、あなたの心の強制収容所から逃れ、本当の自分になる方法を見つけられるよう手助けしたい。あなたが過去から自由になり、挫折や恐怖心から自由になり、怒りや失敗から自由になり、後悔や消えない悲しみから自由になれるよう手助けしたい——そして、人生の喜びを余すところなく、贅沢に楽しむ自由を与えたい。

　痛みのない人生を選ぶことはできない。けれども、どんな災難が降りかかろうと、自由になること、過去を手放すこと、可能性を抱きしめることを選べる。私があなたに勧めるのは、自由になる選択をすることだ。

　この本は、母がいつも金曜の夕食に作ってくれたハーラ（訳注／ユダヤ教徒が安息日に食べる縄編み状の卵入りパン）のように三つの房からできている。まず、私が生き残った物語。次に、私が自分自身を癒やした物語。そして、光栄にも私が自由へと導かせてもらった大切な人たちの物語。思い出せるかぎり、自分の体験を伝えた。そして患者の物語はその体験の核心をありのままに映し出したものだが、氏名と身元を示す情報はすべて変更した。また、同じような試練をくぐり抜けた複数の患者をまとめ、ひとつの物語としたものもある。

　これから伝えるのは、人間をトラウマから勝利へ、暗闇から光へ、抑圧から自由へと導いた、大きなあるいは小さな「選択の物語」である。

第1章　四つの質問

もし私の一生をひとつの瞬間に、一枚の静止画像で表すことができるとすれば、こんなものになる。殺風景な中庭に、黒っぽいウールコートを着た女性が三人、腕を組み合い、待つ姿。彼女たちは疲れきっている。靴には砂埃がついている。長い行列に並んでいる。

三人の女性とは、母と姉マグダと私だ。それが一緒にいた最後のときだ。そうなるとは気づいていない。そんなことは考えたくもない。疲れすぎて、これからどうなるか推測することさえできない。それは引き裂かれる瞬間――母親が娘たちから。それまでの人生がその後に来るあらゆることから。とはいえ、今だからこそ、こんなふうに考えることができるのだろう。

私は後ろに並んでいるかのように、三人を背後から眺める。母の顔でなく、頭の後ろを覚えているのはなぜだろう？　長い髪を複雑に編み込み、頭のてっぺんで留めている。マグダのウェーブのかかった明るい茶色の髪が肩にかかっている。私の黒髪はスカーフにたくし込んである。母が真ん中に立ち、マグダと私はどちらも母に寄りかかっている。私たちが母を真っ直ぐ立たせているのか、それとも逆に母の強さが柱となり、マグダと私を支えているのか、見極めることはできない。

この瞬間を境に、私の人生から大きなものが失われていく。七十年間、私は三人のこの光景に何度も戻っていった。私はそれをじっくりと眺めた。細かい部分まで思い出せば、大切な何かを取り戻せるかのように。この瞬間より前の人生、大切なものを失う前の人生を取り戻せるかのように。そういったものが存在するかのように。

腕を組み合い、一緒にいた、この時間に少しでも長く留まることができるように、私は戻っていった。私たちの撫で肩を眺める。コートの裾についた砂埃。私の母。私の姉。私。

＊　＊　＊

子ども時代の思い出はたいてい断片的なもの、一瞬の出来事、出会いといったもので、それが一緒になって人生のスクラップブックとなる。私たちはそれだけを手がかりに物語を理解するしかない。それは、自分が何者なのかを自分自身に伝える物語だ。

離れ離れになる前ですら、母との最も親密な思い出は、大切にしてはいるものの、悲しみと痛手に満ちている。ふたりしかいないキッチンで、母は残ったシュトルーデル（訳注／果物、チーズなどをパイ生地で巻いて焼いた菓子）を包んでいる。母がそれを作っていたとき、生地を手で切り、まるで重いリネンのようにダイニングテーブルにおくのを私は見ていた。

「本を読んで」と母が言い、私は母のナイトテーブルから擦り切れた『風と共に去りぬ』を取ってくる。すでに読み終えた本を、今、ふたりで再読する。翻訳本のタイトルページに英語で書かれた謎の書き込みにためらう。それは男性の筆跡だが、父のものではない。母が言うには、その本は父と知り合う前、ある領事館で働いていた頃に知り合った男性からプレゼントされたものだ。

私たちは薪ストーブの近くにある、背もたれの真っ直ぐな椅子に座る。私はたった九歳なのに、この大人向けの本をすらすら読む。「お前が賢くてうれしいわ。美人じゃないからね」母が私を褒めつつ、けなすのはよくあることだった。母は私にきつく当たることもある。それでも、私はこの時間を楽しむ。一緒に本を読むときは、母を独り占めできるからだ。私は言葉と、物語と、母とふたりきりでひとつの世界にいる感覚に浸る。戦争が終わり、スカーレットがタラに帰ると、母親は亡くなり、父親は悲しみのあまり抜け殻のようになっている。「神に誓って」とスカーレットは言う。「私はもう二度と飢えたりしない」母は目を閉じ、頭を椅子の背もたれにもたせかける。母の膝に登りたい。その胸に頭を預けたい。髪にキスしてほしい。

「タラ……」と母は言う。「アメリカ。いつか見てみたい国ね」行ったことのない国を呼ぶときに使う、母のとっておきの優しい声で私の名前も呼んでほしい。母のキッチンのあらゆる匂いが、私の中で飢えと祝宴のドラマと混じり合う――祝宴はいつもあこがれだ。その場面を読みながらもあこがれる。そのあこがれが母のものなのか、私のものなのか、それともふたりが共有する何かなのか、わからない。

私たちはストーブを挟んで座る。

「私があなたの歳の頃には……」と母が始める。

母が話すと、私は怖くて動けなくなる。私が動いたら話をやめるのではないかと怖くなるのだ。

「私があなたの歳の頃には、子どもは親と一緒に寝るものだったから、私と母はひとつのベッドで眠っていた。ある朝、父に名を呼ばれて目を覚ました。『イロンカ、母さんを起こしておくれ。朝食も外出着も用意してないんだ』それで自分の横でシーツの下にいた母の方を向いた。でも、母はまったく動かなかった。死んでいたの」

初めて聞く話だった。息絶えた母親の横で娘が目を覚ましたときの話をくわしく知りたいと思う。目を逸らしたい気もする。恐ろしさのあまり、考えることもできない。

「その日の午後、母が埋葬されたとき、母は生きたまま埋められたのだと思った。その夜、父は私に夕食の支度をしろと言った。だから、そうしたの」

私は話のつづきを待つ。最後に与えられるはずの教訓を、あるいは安心させる言葉を待つ。しかし、母は「寝る時間よ」と言うだけだ。母は屈《かが》んでストーブの下にある灰を掃き集める。

扉の向こうの廊下を近づいてくる足音が聞こえる。鍵束のジャラジャラいう音が聞こえる前から、父の煙草の匂いがする。

「お嬢さん方」と父が呼ぶ。「まだ起きているかね?」ピカピカの靴と粋なスーツを身に着け、満面の笑みを浮かべた父がキッチンに入ってくる。持っていた小さな袋を私に渡すと、私の額に音を立ててキスをする。「また勝った」と父は自慢げに言う。友人たちとトランプやビリヤードをすれば、いつも戦利品を私に分けてくれる。今夜、持ってきてくれたのは、ピンクのアイシングで飾られた小さなケーキ、プチフールだ。私が姉のマグダだったら、いつもマグダの体重を心配している母にそのご馳走を奪われただろう。だが母は私に、食べてもいいとうなずく。

母は立ち上がり、ストーブから流し台へ向かう。その途中で父が母を捕まえて手を取り、部屋のあちこちで母をくるくるまわす。母は従うが、その動きは硬く、微笑みもしない。父は母を抱きしめると、片手を母の背中に当て、もう片方の手でからかうように母の胸に触る。母は父を押しやる。

「母さんにとって、父さんは期待はずれなんだ」私たちがキッチンから出ていくとき、父は私にささやくように言う。母にも聞かせるつもりなのか、それとも私だけにこっそり教えるつもりなのだろうか？　どちらにせよ、私はあとで考えようと心にしまい込む。とはいえ、父の声の苦々しさが私を怯えさせる。「母さんは毎晩オペラに行ったりする、おしゃれで都会的な生活を求めている。でも父さんはただの仕立屋だ。仕立屋でビリヤードプレイヤーなんだよ」

父の打ちひしがれた口調に私は戸惑う。父は町の有名人で、人気もある。陽気で笑顔を絶やさない父は、いつも気楽で元気いっぱいに見える。父と一緒にいると楽しい。友人を大勢引き連れて出かける。父は食いしん坊だ（とくにハムが好きで、ユダヤ教の戒律に従った食事にこっそり紛れ込ませ、包んであった新聞紙に隠して食べ、私にも禁じられた豚肉であるそれをかじらせ、悪いお手本だと責める母の声に耐えていた）。父のテーラーは最優秀賞を二度受けている。縫い目がきれいとか、裾の処理がうまい程度の仕立師ではない。父はオート・クチュールの名人だった。そこで父は母と出会った——母が父の店へ行ったのは、ドレスが必要で、父の仕事が折り紙つきだったからだ。父がなりたかったのは仕立師ではなく医師だったのだが、その夢は彼の父親によって断念させられた。その悔しさがときどき顔を出す。

だから私は、「パパはただの仕立屋じゃないわ」と父を励ます。「パパは最高の仕立師よ！」

「そしてお前はコシツェ（訳注／スロヴァキア東部の市。元ハンガリー領）で最高のドレスを着たレディになるんだ」と父は私の頭を撫でながら言う。「お前の完璧なプロポーションはクチュール向きだ」

父はいつもの自分に戻る。悔しさを心の暗がりに押し戻す。私がマグダと下の姉クララと使っている寝室の扉のところまで来ると、マグダが宿題をやっているふりをし、クララがバイオリンから松脂《まつやに》を拭き取っている姿が目に浮かぶ。父と私はどちらも離れる気になれず、しばらく戸口で立ち止まる。

「父さんはね、お前に男の子であってほしかった」と父が言う。「お前が生まれると扉をバタンと閉めてしまった。今度も女の子だったことに腹を立ててね。でも、今ではお前だけが父さんを理解してくれる」父さんは私の額にキスをする。

父から関心を向けられ、うれしくてたまらない。でも、母からの関心と同じで、とても大切なものだが……当てにならないものでもある。ふたりが私に示す愛情は、私自身よりも、ふたりの孤独と関係があるらしい。私という存在は私がどんな人間で何をもっているかとは関係なく、両親それぞれの足りないものを示す物差しにすぎないらしい。

「おやすみ、ディツカ」ようやく父が言う。父が使うその愛称は、母が私のために考えたものだ。ディツ・カ。その意味のない音節の集まりが私には暖かく感じられる。「姉さんたちに消灯時間だと伝えなさい」

寝室に入った私を出迎えるのは、マグダとクララが私のために作った歌だ。それをふたりが作ったのは、三歳だった私の片目が医療ミスのせいで内斜視になったときだ。「お前はとても醜い。お前はとても弱い」とふたりは歌う。「お前に夫は見つからない」その事故以来、私はいつもうつむいて歩く。自分の歪んだ顔を眺める人たちを見なくてすむように。私はまだ、問題は姉たちに意地悪な歌であざけられることではないと気づいていない。問題は私が姉たちの言葉を信じることだ。自分は劣っていると信じ込んだ私は、自分の名前を人に伝えられない。私は人に「私はエディです」と言わない。クララはバイオリンの天才だ。五歳にしてメンデルスゾーンのバイオリン協奏曲をマスターした。だから、「私はクララの妹です」と私は言う。

けれども、今夜、私には特別な情報がある。「ママのママはね、ママがちょうど私の歳のときに死んだのよ」と私はふたりに教える。この情報を伝えれば優位に立てると信じるあまり、姉たちはもう知っていること、私は最初に知ったのではなく最後であるとは思いもしない。

「冗談だよね」そう言うマグダの声は明らかに嫌味たっぷりだったので、私ですらそれに気づいた。十五歳になる姉は大きな胸と官能的な唇、ウェーブのかかった髪の持ち主だ。家族といると悪ふざけばかりしている。幼い頃には寝室の窓から、下のテラスに座る常連客たちのコーヒーカップの中にぶどうを落とす遊びを教えてくれた。姉に刺激された私はすぐに自分の遊びを考え出す。しかし、その頃には対象はまったく違うものになっていた。女友だちと私は学校や通りで男の子を見つけると思わせぶりに近づく。「四時に広場で会いましょう」私たちは色目を使いながら、小鳥のさえずりのような声で言う。男の子はやってくる。いつだってやってくる。ときにはしゃぎながら、ときに照れながら、ときに期待を胸に、肩で風を切りながら。友だちと私は安全な寝室の窓辺に立ち、男の子が到着する様子を眺めるのだ。

「そんなにいじめないで」クララがマグダに嚙《か》みつく。彼女はマグダより年下だが、私を守ろうと口を挟む。「ピアノの上にある写真を知ってるでしょ?」とクララは私に言う。「ママがいつも話しかけている写真のことよ。あれがママの母さんなの」その写真のことは知っている。生まれてから毎日見てきた。「私に力を貸して。私に力を貸して」母はピアノの埃を払ったり、床を掃除したりしながら、その肖像写真に向かってつぶやくのだ。母にも、他の誰かにも、その写真が誰なのかたずねなかったことを恥ずかしく思う。そして、その情報を伝えても、姉たちから尊敬の目で見られなかったことを残念に思う。

私は物言わぬ妹、目に入らない存在であることに慣れている。だから、マグダが道化師でいることに飽き、クララが天才扱いを嫌がっているかもしれないとは思ってもみない。彼女は一瞬たりとも特別な存在であることをやめられない。もしやめれば、慣れっこになったあこがれの的という立場、高い自意識といったものをすべて奪われることになるだろう。マグダと私は何かを手に入れるには努力する必要があり、努力がいらなくなることはないとわかっている。一方、クララは致命的なミスをし、すべてを失うのではないかとつねに恐れていなければならない。クララは三歳のときから、私が生まれてから、ずっとバイオリンを弾いてきた。私はまもなく、クララが並外れた才能のせいで支払った代償に気づく。彼女は子どもでいることをあきらめていたのだ。私は彼女が人形遊びをするのを見たことがない。その代わりに彼女がしていたのは、開いた窓の前に立ち、バイオリンを弾くことだった。自分の創造的な才能を味わいたければ、通行人を聴衆にするしかなかったのだ。

「ママはパパを愛しているの?」私は姉たちにたずねる。両親の間にある隔たりや、それぞれが私に打ち明けた悲しい話を考えるうち、私はふたりがおしゃれをして一緒に出かけるのを見たことがないと気づく。

「なんてこと聞くの」とクララが言う。彼女は私の不安を否定するが、その眼差しはそれを認めているような気がする。ふたたびその話をすることはない。私は話そうとするのだが。姉たちがすでに知っていたはずのことに私が気づいたのは、それから何年も経ってからのことだ。それだけでなく、人が愛情と呼ぶものは、自分の行動にどれだけ報いてもらえるか、自分がどこまで妥協できるかという条件によって変わりやすいことにも気づいた。

ネグリジェに着替え、ベッドに入りながら、両親に対する不安を追いやり、代わりにバレエの先生とその妻のことを考える。練習場までの階段を二段、三段飛ばしで駆け上がり、学校の制服を脱ぎ捨て、レオタードとタイツを着る自分を想像する。バレエを習い始めたのは五歳のとき。私には音楽の才能はないが別の才能があると、母が直観したからだ。今日はスプリットの練習をした。バレエの先生は強さと柔軟性は切り離せないと教えた——ひとつの筋肉を収縮させるには、別の筋肉を緩めなければならない。長さと柔軟性を得るには、体幹の強さを保持しなければならない。

先生の指導を祈りの言葉のように暗記した。上から順に背骨を真っ直ぐに伸ばし、腹筋を引き締め、両脚を離して伸ばす。うまくいかないときの呼吸法は知っている。自分の体がクララのバイオリンの弦のように伸びていく様を思い浮かべ、その楽器全体が鳴り響くような緊張状態に体をもっていく。すると私は降りている。できている。完全なスプリットができている。「ブラバ!」先生が拍手する。「そのまま動かないで」先生は私を床から持ち上げ、頭上にリフトする。体を床に押しつけられない状態で両脚を完全に開きつづけるのはむずかしいが、一瞬、自分が神への捧げ物になった気がする。純粋な光になった気がする。「エディケ」先生が言う。「人生の喜びはどれも内側からやってくるんだ」

先生のその言葉の意味を本当に理解するのは、何年も先のことになる。今、理解できるのは、私には呼吸法とスピンとキックとベンドができることだけだ。筋肉が伸ばされ、強くなるにつれ、あらゆる動作、あらゆるポーズが大声で叫んでいるようだ。

私は。私は。私は。私は私。私は一人前の人間なんだ、と。

＊　＊　＊

記憶は聖地だ。しかし、悪夢に取り憑《つ》かれたものでもある。それは飢えた鳥たちがいつもの骨を漁《あさ》っているように、私の激しい怒りと罪悪感と悲しみがぐるぐるまわっている場所。それは私が答えの出ない質問の答えを探している場所。私はなぜ生き残ったのだろう?

私は七歳で、両親は夕食会を開いている。私は両親からキッチンで水差しの水を足してくるよう頼まれる。キッチンから両親の冗談が聞こえる。「あの子を産まなければよかった」私が生まれなくても、すでに完璧な家族だったという意味なのだろう。両親にはピアノを弾く娘とバイオリンを弾く娘がいたのだから。私は余計な存在。私にはなんの才能もない。私には居場所がない、と私は考える。こんなふうに人は自分の人生の事実を誤って解釈する。こんなふうに勝手に思い込み、よく見直しもしない。こんなふうに物語をでっち上げ、それを自分に言い聞かせ、すでに真に受けていることにさらに追い打ちをかける。

八歳のある日、私は家出を決意する。私は誰の目にも映らない、いなくなっても困らない存在だという仮説を確かめよう。両親が、私がいないことに気づくかどうか確かめよう。私は学校には行かず、路面電車に乗って祖父母の家に向かう。祖父母――母の父と義母――なら私を守ってくれると信じている。マグダを庇《かば》おうとするふたりは母とずっと対立し、姉のドレッサーの引き出しにクッキーを隠したりする。ふたりは私の安全地帯であるだけでなく、やってはいけないことをしても大目に見てくれる。ふたりは両親とは違い、私と手を繋いでくれる。愛しているという演技をすることもなく、味方だというふりもしない。ふたりは慰めをくれる――ブリスケット（訳注／牛肉と野菜のオーブン料理）とベークドビーンズ、菓子パン、濃いシチューのチョレント（訳注／肉や豆をとろ火で煮込んだユダヤ料理）のあの香り。ユダヤ教の伝統でオーブンを使うことが許されない安息日には、材料をベーカリーに持ち込み、料理してもらう。

祖父母は私を見て喜ぶ。素晴らしい朝だ。私はキッチンに座り、ナッツロールを食べている。すると、玄関の呼び鈴が鳴る。祖父が応対に出る。彼はすぐさまキッチンに飛び込んでくる。耳が遠い祖父は大きすぎる声で警告を発する。「隠れなさい、ディッカ!」と大声で言う。「母さんが来た!」祖父は私を守ろうとして、私がそこにいることを伝えてしまう。

祖父母のキッチンにいる私を見つけた母の顔ほど、嫌な気分になるものはない。ここで私を見つけて驚いたというだけではない――まるで私の存在そのものが母にとって不意打ちだったかのようだ。まるで私は母が求める者でも、そこにいてほしい者でもないかのようだ。

私はけっして美人にはならない――これは母からはっきりと言われたことだ。けれども、十歳になった年に、母が、もう顔を隠す必要はない、と安心させるように言う。ブダペストのクライン医師が私の内斜視を治してくれるからだ。ブダペストまでの列車の中で、私はチョコレートを食べ、母の関心を独占できるのがうれしくて仕方ない。母によれば、クライン医師は初めて麻酔なしで眼科手術を行ったことで有名な人だ。私は旅行という冒険と、母を独り占めできる特権に有頂天になるあまり、母の注意を聞いていない。だから手術が痛いものだとは思いもしなかった。その痛みに圧倒される瞬間まで。母と、名高いクライン先生に私たちを紹介してくれた母の親類たちが、痛みに暴れる私の体を手術台に押さえつける。痛みはひどく、果てしなくつづいたが、それより悪いのは、私を愛してくれる人たちに押さえ込まれ、身動きできない感覚だ。母の視点からあの場面を見ることができたのは、手術の成功が確認されたのち、かなり経ってからだ。苦しむ私を見た母はどれほどつらかったことだろう。

私がいちばん幸せなのは、ひとりでいるとき、自分の心の世界に引きこもっていられるときだ。

十三歳になったある朝、登校途中に民間体育館に立ち寄り、バレエ教室の生徒たちが川沿いで開かれる祭りで披露する『美しく青きドナウ』のステップを練習する。創作に慣れてきた私はときどき新しい踊りを作る。そのひとつは両親の出会いを想像したものだ。私はひとりでふたりのパートを踊る。母が部屋に入ってくるのを見た父はユーモラスに二度見する。母はすばやくスピンし、高く跳躍する。私は体全体を弓なりにし、うれしそうに笑う。母がうれしそうな姿を見たこともなければ、心から笑う声を聞いたこともないが、使われていない母の幸せの泉を自分の体の中で感じ取る。

学校に着くと、四半期分の学費として父からもらった授業料が消えている。どういうわけか、夢中で踊っている間に失くしてしまったのだ。ポケットを残らず探し、衣服の折り目まで調べても見つからない。父に伝えることを考えると恐ろしく、一日中、胃がきりきり痛む。帰宅すると父は私の顔を見もせず、拳を突き上げる。父が私を、家族の誰かを殴るのはこれが初めてだ。殴ったあと、父は私に何も言わない。その夜、ベッドの中で、死んでしまえたらいいのにと思う。そうすれば、父は自分がしたことに苦しむだろう。そして、父も死んでしまえばいいのに。

こうした記憶が私に伝えるのは自分の強さのイメージだろうか？　それとも受けた傷のイメージだろうか？　もしかするとすべての子ども時代は、自分がどれほど重要で、重要でないかを突き止めようとする大地、自分の価値の大きさと輪郭を調べる地図なのかもしれない。

もしかするとすべての人生とは、自分がもっていないが「もちたい」もの、もっているが「もちたくないもの」を調べることなのかもしれない。

もっと別の質問をすることで、自分の人生に立ち向かうこともできるとわかるまでに何十年もかかった。それは「私はなぜ生き延びたのか?」ではなく、「与えられた人生で私は何をすべきか?」という質問だ。

私の家族のありふれた人間ドラマは、国境と戦争によって複雑なものとなった。第一次世界大戦以前、私が生まれ育ったスロヴァキア地域は、オーストリア＝ハンガリーの一部だった。しかし、一九一八年、私が生まれる十年ほど前、新しい国家ができた。ベルサイユ条約により、ヨーロッパの地図が塗り替えられた。

チェコスロヴァキアは、私の家族がいた農業地帯で民族的にはハンガリー人とスロヴァキア人が暮らすスロヴァキアと、工業地帯で民族的にはチェコ人が暮らすモラビアとボヘミアと、現在はウクライナの一部となっている地域カルパティア・ルテニアを合わせ、建国された。チェコスロヴァキアの建国とともに、私の故郷であるハンガリーのカッサは、チェコスロヴァキアのコシツェとなった。その結果、私の家族は二重の意味でマイノリティーとなった。チェコ人が優勢な国に暮らすハンガリー系住民であり、かつユダヤ人でもあったからだ。

ユダヤ人は十一世紀からスロヴァキアで暮らしていたが、カッサで定住が許されたのは一八四〇年になってからだ。それでも、キリスト教徒の職人ギルドの支援を受ける役人たちは、定住を希望するユダヤ人家族の邪魔をした。とはいえ、世紀が変わる頃までに、カッサはヨーロッパでも最大級のユダヤ人コミュニティのひとつとなっていた。ポーランドなど他の東欧諸国とは違い、ハンガリーのユダヤ人たちはゲットーに閉じ込められなかった（それが私の家族がもっぱらハンガリー語を話し、イディッシュ語を話さなかった理由だ）。私たちは隔離されなかったから、教育を受け、専門職に就き、文化に触れる機会をおおいに享受した。それでも、微妙なものから、あけすけなものまで、偏見は残っていた。反ユダヤ主義はナチスが考え出したものではない。成長するにつれ、私は劣等感を抱き、自分がユダヤ人だと言わない方が安全だ、周囲に同化し、混ざり合い、目立たないでいた方が安全だ、と考えるようになった。一体感や帰属意識をもつのはむずかしかった。そして、一九三八年十一月、ハンガリーはふたたびコシツェを併合し、わが家がわが家になったように感じた。

　家族向けのアパートメントに分割された古い建物、アンドラシーパレスにあるわが家のバルコニーに母は立っている。母は手すりにペルシャ絨毯を垂らした。手入れをしているのではない。母はお祝いをしている。今日、ハンガリーの私たちの町を公式訪問するホルティ・ミクローシュ海軍中将、ハンガリー王国摂政殿下（訳注／一九二〇～四四年、国王不在のハンガリー王国で摂政を務めた。矢十字党を利用し、独裁政治を行った）を歓迎するのだ。私には両親の興奮と誇りが理解できた。属する国ができたからだ！　今日は、私もホルティを歓迎する。ダンスを披露する。私はハンガリーの民族衣装を着る。花の刺繍《ししゅう》が目立つ鮮やかなウールのベストとスカート、膨らんだ白い袖の付いたブラウス、リボン、レース、赤いブーツ。川沿いで私がハイキックをすると、ホルティは拍手する。彼はダンサーたちを抱きしめる。彼は私を抱きしめる。

「ディツカ、私たちもクララのようにブロンドだったらいいのに」マグダが就寝前にささやく。

夜間外出禁止令や差別的な法律ができるのは、まだ何年も先のことだ。しかし、ホルティのパレードを出発点として、そういったものができていく。ハンガリー市民権はある意味では帰属意識をもたらしたものの、別の意味では排斥を生んでしまった。母国語を話せること、ハンガリー人として認められることは、とてもうれしい——けれども、認められるかどうかは同化の程度によって決まる。隣人たちは、伝統衣装を着られるのは、ユダヤ人ではない純粋なハンガリー人だけにすべきだと主張する。

「自分がユダヤ人だと人に言わないことよ」姉のマグダが私に警告する。「言えば、他の人たちはあなたの美しい持ち物を奪いたがるでしょうよ」

マグダは長子だから、私に世の中のことを伝えてくれる。学び、じっくり考えるべきことをくわしく教えてくれるが、不安を感じさせるものが多い。

一九三九年、ナチスドイツがポーランドに侵攻した年、ハンガリーのナチス——矢十字党——が同じアンドラシーパレスの下の階を占領する。彼らはマグダに唾を吐きかける。私たちを立ち退かせる。私たちはコシュート・ラヨシュ通り六番にある新しいアパートメントに移る。大通りではなく裏通りにあるため、父の仕事には不便だ。そのアパートメントに入れたのは、前の住人であるユダヤ人家族が南米に移住したからだ。私たちは他のユダヤ人家族もハンガリーを去りつつあることは知っている。父の妹マチルダはもう何年も前に去った。彼女はニューヨークのブロンクスという地域のユダヤ系移民が集まる地区で暮らしている。米国での彼女の生活は私たちより厳しい制限があるらしい。だから、わが家では国を出ることは話題に上らない。

私が十三歳になり、矢十字党がカッサのユダヤ人男性たちをいっせいに捕らえ、強制労働収容所に送り始めた一九四〇年になっても、戦争は遠いものとしか思えない。父は連れていかれない。最初のうちは。私たちはそれを認めないことで身を守る。こちらから相手に目を向けなければ、こちらの生活は気づかれないままでいられる。心の中では世界を安全なものにできる。目につかなければ、傷つけられることはない、と。

ところが、一九四一年六月のある日、マグダが自転車で外出中にサイレンが鳴り響く。彼女は三ブロック先にある祖父母の家に急いで避難しようとするが、家の半分が崩壊していた。ありがたいことに祖父母は無事だった。しかし、女性家主はそうではなかった。攻撃は一度だけなのに、一度の爆撃でひとつの地区がすべて破壊された。家々を瓦礫《がれき》にし、住民を死なせたのはロシア人の仕業《しわざ》だと聞かされる。信じる者はいないけれど、それを否定できる者もいない。私たちは運がよかったものの、いつ被害を受けてもおかしくない。かつて家が建っていた場所にある砕けた煉瓦の山だけが、確かな事実なのだ。破壊と欠乏――こういったものが現実となる。ハンガリーはドイツのバルバロッサ作戦に加わる。そして、ロシアに攻め入る。

この時期から黄色い星を衣服に付けさせられる。大切なのは、星が見えないようにすること。コートで隠すのだ。とはいえ、星が目につかないようにしても、何か悪いこと、処罰に値することをしているような気にさせられる。私がどんな許しがたい罪を犯したというのか？　母はつねにラジオの近くにいる。家族で川辺にピクニックに行くと、父が第一次世界大戦でロシアの捕虜となったときの話をしてくれる。父の戦争捕虜としての体験――父のトラウマと呼んでいいかどうか私にはわからないが——と、父がユダヤ教の規定で禁じられている豚肉を食べることや宗教離れと関係があると気づく。戦争が父の苦悩の原因であると私は理解する。それでもまだ、今起こっている戦争は他の場所の出来事にすぎない。知らないふりができるものであり、私はそうする。

放課後はバレエの練習場で五時間過ごす。体操も習い始める。バレエの補足的な訓練として始めたものの、同じ芸術として体操にもたちまち夢中になる。読書クラブに入る。そのグループにいたのは民営体育館の女の子たちのグループと、近くの私立男子校の生徒たちだ。みんなでシュテファン・ツワイクの『マリー・アントワネット』を読む。内側から見た歴史、ひとりの人間の心から見た歴史を描くツワイクの手法について話し合う。ある日、読書クラブで、エリックという少年が私に関心をもつ。私が話すたびに彼が私の顔をのぞき込むことに気づく。彼は背が高く、そばかすがあり、赤味がかった髪をしている。

私はベルサイユ宮殿を想像する。マリー・アントワネットの私室を思い描く。そこでのエリックとの密会を想像する。セックスについては何も知らないが、ロマンチックな想像をする。彼の関心に気づいた私は、ふたりの子どもたちはどんな容貌になるだろうと考える。やっぱりそばかすがあるのだろうか？　議論が終わるとエリックが近づいてくる。彼はとてもいい匂いがする——新鮮な空気のようでもあり、ホルナード川の土手の芝生のようでもある。私たちはまもなくその土手を散歩するようになる。

交際は始まりから浮ついたものではなく、充実していた。ふたりでパレスチナの話をした（彼は熱心なシオニスト〈訳注／パレスチナにユダヤ国家復興を目指す運動家〉だった）。のんびりデートできる時代ではなく、ふたりの絆《きずな》は一時的なのぼせ上がりでも、幼い恋でもない。それは戦争を目の前にした恋愛。ユダヤ人には夜間外出禁止令が出されていたが、私たちはある夜、黄色い星なしでこっそり外出する。ふたりで映画館の列に並ぶ。暗闇の中に席を見つける。ベティ・デイヴィス主演の米国映画だ。のちに原題は『Now, Voyager（情熱の航路）』だと知るが、ハンガリーでは『Utazás a múltból（過去への旅）』というタイトルだ。ベティ・デイヴィスが演じるのは、支配的な母親に虐げられる未婚の娘だ。彼女は自分自身と自由を見つけようとするが、いつも母親にけなされ、打ち負かされる。エリックはそこに自己決定と自尊心についての政治的な比喩を感じとる。私はそこに母とマグダの間にある影を感じとる――母はエリックのことはとても気に入っているのに、マグダが軽い気持ちでデートするのを厳しく叱る。私にはもっと食べろと言いながら、マグダにはたっぷり食べさせない。普段は静かで内省的なのに、マグダには激しい怒りを向ける。しかし、私にはそんな怒りを向け、怯えさせることはない。

家族内での戦いも、近づいてくるロシア軍との戦線も、これからどうなるのか、私たちにはわからない。不安に満ちた暗闇と混沌の中で、エリックと私は自分たちの光を作り出す。日々、自由と選択が徐々に制限されていく中で、将来の計画を立てる。ふたりの関係は、目の前にある不安から未来の喜びへと架ける橋のようなもの。計画、情熱、約束。周囲が混乱していたからこそ、疑うことなく本気になれるのかもしれない。これから何が起こるのか誰にもわからないが、私たちにはわかる。ふたりには互いがいて、未来がある。握り合う互いの手がはっきり見えるように、ともに歩む人生がはっきり見える。

一九四三年八月のある日、ふたりで川の土手に行く。カメラを持参した彼は、芝生の上で水着姿でスプリットをする私を撮る。いつの日か、その写真を私たちの子どもに見せるところを想像する。私たちの愛と誓いの強さを彼らに伝えながら。

その日、帰宅すると、父がいない。強制労働収容所へ連れていかれたのだ。父はただの仕立師で、政治に無関心だ。どうして父が誰かの脅威になるというのか？　なぜ父が狙われたのか？　敵がいるのだろうか？　母は私にほとんど何も教えてくれない。母も知らないだけだろうか？　それとも私を守っているのだろうか？　それとも母自身を？　母は不安を口に出さないが、父の不在が何ヵ月もつづくと、私にも母の悲しみと恐怖が感じられる。私は母が鶏一羽から何食分もの料理を作ろうとしていることに気づく。母は偏頭痛に襲われる。わが家に下宿人を入れ、失った収入を埋め合わせる。アパートメントから通りを挟んだ向かい側に父の店がある。私はその店に長い時間座り、父の近くにいるような感覚に慰められる。

もう大人になり、学生ではないマグダがなんとか父の居場所を突き止め、面会に行く。彼女が見たのは、テーブルを運びながら、その重みでふらつく父だった。面会について彼女が伝えた内容はこれだけだ。私にはその姿が意味するものがわからない。捕らわれの身となった父が強いられている仕事が何なのかもわからない。どれだけの間、捕らわれているのかもわからない。私の頭にふたつの父のイメージが浮かぶ。ひとつは私がこれまで知っている父。煙草をくわえ、首からメジャーをぶら下げ、高価な布地にパターンを描くチャコを手に持ち、目を輝かせ、今にも歌を歌うか、ジョークを飛ばしそうな姿だ。新しいイメージはこんなものだ。名前もない場所、無人地帯で重すぎるテーブルを持ち上げている姿。

　十六歳の誕生日に風邪で学校を休み、家にいると、エリックが十六本のバラを携えてアパートメントを訪れ、私に甘いファーストキスをくれる。私はうれしくて、同時に悲しい。私は何をつかんでいられるだろう？　何が残るだろう？　私はエリックが川の土手で撮ってくれた写真を友人に渡す。理由は自分でも思い出せない。安全に保管するためだろうか？　自分がまもなく、次の誕生日のずっと前に連れていかれるという虫の知らせがあったわけではない。けれども、どういうわけか、私の人生の証《あか》しを誰かに保管してもらわなければならないこと、私という人間がここにいたと証明できるものを、自分の周囲に、種子のように蒔《ま》いておかなければならないことに気づいていたに違いない。

　春になったばかりのある日、収容所で七～八ヵ月を過ごした父が、帰宅する。これは恩寵だ――一～二週間後の過越《すぎこし》の祭り（訳注／ユダヤ教の祭日。旧約聖書の出エジプト記〈エジプトで奴隷状態だったユダヤ人を、モーセが脱出させた〉が起源）に間に合うように釈放されたのだから。私はそう考える。父はふたたびメジャーとチャコを手にする。父は自分がいた場所の話はしない。

　父の帰宅から数週間経ったある日、私は体操練習場のブルーマットに座り、床ルーティンをしながらウォームアップし、つま先を伸ばし、足を曲げ、脚、腕、首、背中を伸ばしていく。本来の自分に戻れた気がする。私はもう自分の名前も言えない内斜視のちびっ子ではない。自分の家族を恐れる娘ではない。私はアーティストでアスリート。体は強靱でしなやかだ。私にはマグダの美貌もクララの名声もないけれど、柔軟性と表現力のある体と、そして何より必要なただひとつのもの、芽生えかけた存在感もある。これまでの訓練と身につけた技術――私の人生は可能性にあふれている。私が所属する体操クラブでもとくに優秀な選手たちは、オリンピック強化チームのメンバーとなってきた。一九四四年のオリンピックは戦争のせいで中止されたが、そのおかげで競争に備える時間が増える。

目を閉じ、両腕と胴を両脚の上で前に伸ばす。友人につま先で突かれ、顔を上げると、コーチが私の方へ真っ直ぐ歩いてくるのが見える。私たちは彼女に夢中だと言ってもよい。性的な意味ではない。英雄崇拝だ。わざわざ遠まわりして、コーチの家の前を通って帰ることもある。そこまで来ると、歩道をできるだけゆっくり歩き、窓越しに彼女がちらりとでも見えないかと期待する。彼女の生活の知られていない部分を自分だけ知りたいと願う。やがて戦争が終わり、オリンピックが開催されることを期待する今、私の人生の目的のかなりの部分は、コーチがどこまで私をサポートし、信じてくれるかにかかっている。コーチが教えてくれるものを残らず吸収できたなら、彼女の私に対する信頼に応えることができたなら、素晴らしい出来事が待っている。

「エディケ」彼女は私のマットに近づきながら、私の正式名エディスに親しみを込める指小辞《しょうじ》を付けて呼ぶ。「ちょっと話があるの」私の背中をひと撫ですると、私を廊下に導いた。

私は期待を胸にコーチを見る。もしかしたら、跳馬の上達に気づいてもらえたのかもしれない。

もしかしたら、今日の練習後のストレッチ運動で、私にチームを指導させたいのかもしれない。もしかしたら、私を夕食に招待したいのかもしれない。たずねられる前から、イエスと答えてしまいそうだ。「これをどう伝えるべきか、わからないけれど」と彼女は始める。私の顔を眺めてから、沈んでいく太陽が眩しい窓へと視線を逸らす。

「姉のことですか?」恐ろしいイメージが頭の中で形を成す前にたずねる。クララは今、ブダペストの音楽学校で学んでいる。母はクララのコンサートを見てから過越の祭りに連れ帰るためにブダペストへ行った。廊下でコーチが私の目を見られないまま、そわそわと私の隣に立つと、ふたりが乗った列車が脱線したのかと心配になる。ふたりが帰ってくるにはまだ早すぎるが、それが私に考えられる唯一の悲惨な出来事だ。戦時とはいえ、まず私の頭に浮かんだのは機械的な問題による惨事、人為的なミスによる悲劇で、人間が計画したものではない。クララの教師の中には、非ユダヤ人も含め、これから起こることを恐れ、すでにヨーロッパから避難した人たちがいることは知っているが。

「ご家族は無事よ」コーチの口調を聞くかぎり、不安を拭えない。「エディス。これは私が決めたことではないのよ。でも、私はオリンピック強化チームのあなたの席が他の人のものになることを伝える立場にあるの」

吐き気がする。体中が落ち着かない。「私が何をしたと?」何ヵ月もの厳しい訓練期間を思い出し、自分が何か悪いことをしたのかと考える。「私には理解できません」

「私の大事な子」コーチはそう言うと、今度は私の顔をしっかりと見た。状況はいっそう悪くなる。彼女が泣いているのがわかるからだ。そしてこの瞬間、私の夢は肉屋が使う古新聞のようにくちゃくちゃになる。コーチに同情したくもない。「事実をありのままに言えば、家系のせいで、あなたにはもう資格がなくなったの」

私に唾を吐き、私を汚らしいユダヤ人と呼んだ子どもたちを思い出す。嫌がらせを避けるために学校に行くのをやめ、ラジオの授業を受けるユダヤ人の友人たちを思い出す。「誰かに唾を吐かれたら、吐き返せ」と父は私に言った。「それがお前がすることだ」コーチに唾を吐いてやろうかと思う。しかし、やり返しては、衝撃的な知らせを受け入れることになる。私は受け入れるつもりなどない。

「私はユダヤ人ではありません」と私は言う。

「残念だわ、エディケ」と彼女が言う。「本当に残念だわ。でも、あなたには練習場にいてほしい。あなたの代わりにチーム入りする子を指導してもらいたいのよ」彼女は私の背中をふたたび撫でる。その一年後、彼女が今、優しく撫でている、まさにその位置の背骨が折れる。数週間以内に私の人生そのものが危機に瀕する。しかし、この時、大好きな練習場の廊下のこの場所で、人生がすでに終わったような気がする。

オリンピック強化チームから追放されてから数日間、私は復讐を企てる。それは憎しみを伝える復讐にはならない。それは完璧さを伝える復讐となる。私が一番であることをコーチに見せつけるのだ。誰よりも熟達した競技者。最高の指導者。私の代わりの選手を懇切丁寧に指導し、私をチームから追い出したことが大きな誤りだったことを証明するのだ。母とクララがブダペストから帰宅するはずのその日、アパートメントにつづく赤絨毯敷きの廊下を側転で進みながら、代わりの選手は私の補欠にすぎない、注目を浴びるスターは私自身だと考える。

母とマグダがキッチンにいる。マグダはハローセト（訳注／ナッツ、リンゴ、ワインなどを混ぜて作る、過越の祭りの料理）のリンゴを刻んでいる。母はマツァ（訳注／過越の祭りで食べる種なしパン）を作る粉を混ぜている。手元を睨みつけるふたりは、私の帰宅をほとんど気にも留めない。これがふたりの関係だ。いつも言い争い、言い争っていないときも、互いに今にも相手に噛みつきそうな態度を取る。ふたりの口論は以前は食べ物をめぐるもので、母はマグダの体重をずっと気にかけていた。ところが今ではその争いが、何に関してもつねに反発し合う状態にまで発展していた。「クララはどこ」ボウルから刻んだクルミをつまみ食いしながら、私はたずねる。

「ブダペストよ」とマグダが言う。母がボウルをカウンターに叩きつける。祝日に姉が私たちと一緒でない理由をたずねたい。姉は本当に家族より音楽を選んだのだろうか？　それとも、学友たちか誰も祝わない祝日のために授業を欠席するのを許されなかったのだろうか？　けれども、私はたずねない。質問することで、明らかに爆発寸前の母の怒りが頂点に達するのが恐ろしいからだ。私は、両親とマグダと私の全員で共有する寝室に避難する。

他の夜なら、とくに祝日には家族がピアノのまわりに集まったものだ。ピアノは幼い頃から習っていたマグダが弾き、マグダと父が交代でリードしてみんなで歌った。マグダと私はクララのような天才ではないものの、両親が見いだし、育ててくれた芸術に対する情熱はあった。マグダが弾き終わると、次は私の番だった。「踊って、ディツカ！」母はそう言ったものだ。誘いというより要求であっても、私は両親から注目され、褒められることがうれしかった。それから一番の人気者のクララがバイオリンを弾くと、母はまるで別人のように見えたものだ。

しかし、今夜、わが家に音楽はない。食事の前、マグダが私を元気づけようと、これまでの過越の祭りの話をする。クララがいない間に私が女性らしくなったことを見せつけたくて、ブラにソックスを詰め、クララを驚かせたときのことだ。「今では、本物の女っぽさをひけらかすほどだけどね」とマグダは言う。過越の祭りの祝宴の食卓で彼女はふざけつづけ、慣例どおり預言者エリヤのために用意されたワイングラスの中身を指でかき混ぜたりする。エリヤはユダヤ人を危機から救い出した人物だ。他の夜なら、父も不本意ながら笑ったかもしれない。他の夜なら、母も一言厳しく注意し、馬鹿げた行いをやめさせたかもしれない。しかし今夜、父はうわの空で気づきもせず、母はクララがいないことに動揺するあまり、マグダを叱ることもできない。預言者を迎え入れるためにアパートメントの玄関を開けると、私は涼しい晩とは関係のない寒気がする。自分自身のどこか深いところで、今、自分たちがどれほど庇護を必要としているのか理解している。

「領事館に当たってみたのか？」と父がたずねる。もはや祝宴を進めようとするふりすらしていない。マグダ以外の誰も食べることもできないでいる。「イロナ？」

「領事館には当たりました」と母が言う。まるで別の部屋で話しているかのようだ。

「クララが言ったことをもう一度教えてくれ」

「もう一度ですか？」母が抗議する。

「もう一度だ」

母は指でナプキンをいじりながら、うつろな顔で伝える。クララはその朝の四時に母が泊まるホテルに電話をかけてきた。その直前、クララは教師から、音楽学校の元教師、今では著名な作曲家であるベーラ・バルトークが米国から警告の電話をしてきたと伝えられた。チェコスロヴァキアとハンガリーにいるドイツ人が行動を起こそうとしている。翌朝、ユダヤ人は連行される。クララの教師は彼女にカッサへ帰るのはやめろと言った。母もブダペストに残し、他の家族も呼び寄せるよう促したのだ。

「イロナ、君はどうして戻ってきたんだ？」父が悲しげに言う。

母け刺すような目つきで父を見る。「ここで築き上げてきたものはどうなるの？　それをおいて行かなければならないの？　それに、もしあなた方三人がブダペストに来られなかったら？そんな状況で私に生きていけと？」

ふたりが怯えていることに私は気づかない。私に聞こえるのは、両親の間でまるで織機の愚かなシャトルのように日常的にやり取りされていた、非難と落胆の言葉だけだ。あなたはこうした。あなたはこうしなかった。お前はこうした。お前はこうしなかった。

のちに、これが単なるいつもの言い争いではないと知ることになる。このときの口論の背後には、それまでの経緯と重圧がある。米国行きの切符があったのに、父は断った。ハンガリーの役人が母に家族全員の偽造書類を準備するから、急いで逃げるように連絡してきた。両親とも別の選択をするチャンスがあったとわかるのは、あとになってからだ。今、ふたりは後悔に苛《さいな》まれ、その後悔を非難の言葉で隠している。

「四つの質問をしてもいいかしら？」両親の沈んだ気持ちを和らげようと私はたずねる。それが家族の中での私の役目だから。両親の間、マグダと母の間の仲裁者だ。わが家の扉の外でどんな計画が立てられていようと、私にはどうしようもない。しかし、わが家の内側なら、私には果たすべき役目がある。四つの質問をするのは、一番下の子どもの役目だ。私にはハガダー（訳注／過越の祭りで用いる典礼書）を開く必要もない。文章を暗記しているからだ。「なぜこの夜は他の夜と違うのですか？」（訳注／過越の祭りで行う儀式として、幼い子どもがたずねる四つの質問のひとつ）と私は始める。

食事が終わると父は食卓をまわり、家族ひとりひとりの頭にキスをする。父は泣いている。なぜこの夜は他の夜と違うのですか？　夜明け前に私たちは知ることになる。

第2章　鉄条網の中へ

彼らは闇に紛れてやってくる。扉をドンドン叩き、大声で叫ぶ。父が家に入れているのか、それとも彼らがアパートメントに乱入しているのか？　ドイツ兵なのか、矢十字党なのか？　眠っていた私を叩き起こす物音からは判断できない。口にはまだ過越の祭りのワインの味が残る。兵士たちは寝室に押し入ると、私たちは自宅を出て、どこか別の土地に定住させられると告げる。持っていける旅行かばんは四人でひとつだけ。両親の足元で眠る私はすぐにはベッドから立ち上がれないが、母はすぐさま行動に移る。私が気づかぬうちに母は着替えを済ませると、クローゼットの上部に手を伸ばし、クララのコールが入っているという小箱を取る。それはクララが生まれたとき、頭と顔を包んでいた羊膜嚢《ようまくのう》の一部だ。昔の助産師たちはコールを保管し、水兵たちに溺死を防ぐお守りとして売ったものだ。母は旅行かばんを信用せず、小箱を幸運のお守りとしてコートのポケットにしっかりとしまい込んだ。母がコールを持ち出すのがクララを守るためなのか、私たち全員のためなのか、私にはわからない。

「急いで、ディッ」母が私を急かす。「起きて。着替えなさい」

「あんたは何を着ても、似合わないけどね」とマグダがささやく。からかわれても、少しも安心できない。本当に恐れるべきときがいつなのか、どうしたらわかるのだろう?

母は、キッチンで残り物や鍋やフライパンを包んでいる。実は、今、持っていこうとしている食料――いくらかの小麦粉と鶏脂――で、母は私たちを二週間生き延びさせてくれる。父は寝室と居間を歩きまわり、本、燭台、衣服を集め、床におく。

「毛布を持って」母が父に呼びかける。もし父の手元にプチフールがひとつあり、あとで私に手渡す楽しみのために、私の顔が一瞬輝くのを見るだけのために、それを持ち出してくれたら、と私は考える。ありがたいことに、母はもっと現実的だった。まだ子どもの頃から、幼いきょうだいの母親となり、悲しい日々を過ごしながらも、彼らにひもじい思いをさせなかった。「神に誓って」母は荷物を詰めながら、こう思っていると私は想像する。「私はもう二度と飢えたりしない」

それでも私は母に皿や生き残るための道具を手放し、寝室に戻り、私の着替えを手伝ってほしい。少なくとも私に声をかけてほしい。何を着るべきか教えてほしい。心配しなくてもいいと言ってほしい。何も問題ないと言ってほしい。

兵士たちはドタドタ歩き、銃で椅子をひっくり返す。急げ。急げ。私はふいに母に怒りを覚える。私よりクララを救いたいのだろう。暗闇で私の手を握るより、食品庫から食品を選びたいのだろう。それなら、私にとって心地よいもの、私に幸運をもたらすものを自分で見つけなければ。まだ暗い四月の朝は肌寒いというのに、私は青色の薄いシルクドレスを身につける。エリックにキスされたときに着ていたものだ。プリーツに指を這わせる。青色の細いスエードのベルトを締める。彼にもう一度抱きしめてもらえるようにこのドレスを着る。このドレスを着れば、私は魅力的で守られる存在、いつでも愛を取り戻せる存在でいられる。身震いするようなことが起こっても、これが希望の印となり、何か奥深く、優れたものに対する私の信頼の表れとなる。エリックと彼の家族がやはり暗闇で着替え、持ち物を急いで集めている様子が目に浮かぶ。彼が私のことを考えているのを感じる。エネルギーが耳からつま先へ流れ落ちていく。目を閉じ、その愛と希望の輝きの残光が私を温めてくれるように、わが身を抱きしめる。

私だけの世界に不快な現在が侵入する。「浴室はどこだ？」兵士のひとりがマグダに向かって叫ぶ。横柄で、皮肉屋で、いつも浮ついている姉が兵士に睨まれ、身をすくませる。私は怖がる姉を見たことがない。姉は誰かを怒らせたり、人を笑わせたりするチャンスを逃したことがない。相手が権威者であっても、屈したことがない。学校で教師が教室に入ってきても、決められているように立たなかった。「エレファント」ある日、とても背の低い男性数学教師は、姉を名字で呼んで叱責した。姉はつま先で立ち上がると教師を見つめた。「まあ、そこにいらしたの？」と姉は言った。「見えませんでした」

しかし、今日の男たちは銃を持っている。露骨な発言も、反抗的な受け答えもできない。姉はおとなしく廊下の先にある浴室の扉を指差す。兵士は彼女を押しのける。彼は銃を持っている。自分の優越性を示すのに、それ以外に何が必要だろう？　そのとき、私は状況がいつ、もっとずっと悪いものになってもおかしくないことに気づく。あらゆる瞬間に暴力の可能性が隠れていることに。人生が、いつ、どんなふうに粉々になるのか、私たちにはまったくわからない。命令どおりにしても助からないかもしれない。

「外に出ろ。今すぐ。小旅行に出かける時間だ」と兵士たちが言う。母が旅行かばんを閉め、それを父が運ぶ。母はグレーのコートのボタンをかけ、指揮官のすぐ後ろを歩き、通りへ向かう。次は私で、それからマグダがつづく。歩道の縁石で私たちを待つ護送車へ行く前に振り返ると、父がわが家を出るところだ。父は片手に旅行かばんを持ち、まごついた顔で玄関扉の前に立っている。深夜の旅行者は鍵を探してポケットを叩く。ひとりの兵士が荒々しい悪態をつくと、踵《かかと》で扉を蹴り開ける。

「さあ、どうぞ」と兵士は言う。「見納めだ。よく見ておけ」

父は暗い空間をじっと見つめる。一瞬、父は混乱したらしい。その兵士が寛大なのか、意地が悪いのか決めかねているかのように。すると兵士が父の膝を蹴り、父は私たちの方へよろめきながら歩き、他の家族が待つ護送車に向かう。

私は両親を守ろうとする衝動と、もう両親に守ってもらえない悲しみの間で葛藤する。エリック、と私は祈る。どこへ行こうとあなたを見つけられるように、力を貸して。ふたりの未来を忘れないで。ふたりの愛を忘れないで。マグダは無言で、板を打っただけのシートに私と並んで座る。後悔はたくさんあるが、これはとりわけ忘れられない。私は姉の手を握ってやらなかった。

夜が明ける頃、護送車は町はずれにあるジャカブ煉瓦工場横に止まり、私たちはその中に押し込まれる。私たちは運がいい。早く到着した人たちには乾燥小屋が割り当てられる。ここに閉じ込められた一万二千人近くものユダヤ人の大半は、ろくに屋根もない場所で眠る。そして全員が床で寝る。体を覆うものはコートしかなく、春の冷気に震える。規則違反をした人たちが収容所の中央に連れていかれ、ゴムの警棒で打たれるときには両耳を塞ぐ。ここには水道がない。荷馬車で水を入れたバケツが運ばれてくるが、十分ではない。当初は配給される食料と、母が家から持ち出した残り物で作るパンケーキで満足できるが、しばらくすると絶え間なくズキズキする空腹痛に悩まされる。マグダが隣のバラックで出会った昔の体操教師は、そんな飢餓状態の中、生まれたばかりの赤ん坊の世話に苦労している。「母乳が出なくなったら、どうすればいいの？」と私たちに愚痴をこぼす。「赤ん坊は泣いてばかりよ」

収容所はふたつのブロックに分かれ、どちらも通りに面している。私たちのブロックにいるのは、わが家のある地区に暮らすユダヤ人ばかりだ。カッサのユダヤ人全員がこの煉瓦工場に収容されているとわかる。私たちの隣人、店主、教師、友人たちがいる。だが、私たちのアパートメントから歩いて三十分のところに住んでいた祖父母は、このブロックにはいない。ゲートと警備兵が片方のブロックをもう片方から隔てている。私たちは反対側には行けない。しかし私は警備兵に頼み込み、祖父母を探しに行く許可をもらう。壁のないバラックを歩き、小さな声で繰り返しふたりの名前を呼ぶ。寄り添う家族の列を行ったり来たりしながら、エリックの名前も呼ぶ。時間をかけ、粘り強く探せばいいだけだと自分に言い聞かせる。エリックはきっと見つかる。あるいは彼が私を見つけてくれる。

だが、祖父母は見つからない。エリックは見つからない。

ところがある午後、水を運ぶ荷馬車が到着し、大勢が小さな手桶を持って押し寄せる間、家族のコートの番をしながら、ひとり座る私を彼が見つける。彼は私の額、両頬、唇にキスする。私はシルクドレスのスエードのベルトに触れ、幸運をもたらしてくれたことに感謝する。

それからはどうにかして毎日会う。時折、ふたりで私たちにこれから何が起こるか考える。ケニエルメズーという場所へ送られるという噂が広まる。その捕虜収容所で、家族とともに働き、戦争が終わるまで過ごすのだ。それが偽の希望を与えようとするハンガリー警察と矢十字党が流した噂であることを、私たちは知らない。終戦後、各地の郵便局で、遠方に住む心配した親類たちが出した手紙が未開封のまま山積みになる。その宛先にはケニエルメズーとある。だが、そんな場所は存在しない。

実際に存在する場所、私たちが乗ることになる列車を待つ場所は、想像を絶するところだ。終戦後。それはエリックと私が心のままに想像を膨らませる時代だ。私たちは大学へ行く。パレスチナへ移住する。学生時代に始めた芸術家の集まりと読書クラブを再開させる。フロイトの『夢判断』を読破する。

煉瓦工場の中から、路面電車がガタガタと通り過ぎるのが聞こえる。それは手の届く場所にある。飛び乗るのはなんと簡単なことか。しかし、外側のフェンスに近づく者は誰であれ、警告もなく撃たれる。私より少しだけ年上の少女が逃亡を試みる。その遺体は見せしめとして収容所の中央に吊るされる。両親は少女が死んだことについて、私にも、マグダにも、何も言わない。「砂糖の小さな欠片《かけら》を探せ」父が私たちに言う。「砂糖の塊を手に入れたら、手放すな。いつもポケットに小さな甘いものを入れておくんだ」

ある日、祖父母が工場から最初に出る護送車のひとつで遠くに送られると聞く。私たちはケニエルメズーでふたりに会えると考える。エリックにお休みのキスをし、彼の唇こそ私が頼れる甘いものだと確信する。


工場に来てひと月ほど経ったある早朝、私たちがいる区画の全員が立ち退くことになる。私は慌ててエリックに伝言を渡してくれる人を探す。「あきらめなさい、ディッ」と母が言う。母も父と一緒に、クララ宛に別れの手紙を書いていたが、送る術《すべ》がない。母がそれを捨てるのを見守る。煙草の灰のように歩道に落とすのを見る。それは三千もの人たちの足元に消える。突進しては止まり、突進しては止まりを繰り返す間、シルクドレスが脚を擦る。私たち三千人は工場の門まで行進し、列をなして待っているトラックに押し込まれる。ふたたび私たちは暗闇で体を寄せ合う。トラックが発車する寸前、私の名を呼ぶ声を聞く。エリックだ。トラックの横板ごしに呼んでいる。私は声がする方へ強引に進む。

「ここよ！」私が呼ぶと同時にエンジンがかかる。横板がびっしりと打ち付けられているため、彼を見ることも、彼に触れることもできない。

「君の目をけっして忘れない」と彼は言う。「君の手をけっして忘れない」この言葉を絶えず繰り返しながら、鉄道駅で混雑した車両に乗り込む。心に刻みつけた彼の声に浸る私には、士官の怒鳴り声も、子どもたちの泣き声も聞こえない。〈今日を生き延びれば、彼に私の目を見せられる。

私の手を見せられる〉この言葉のリズムに合わせて呼吸する。〈今日を生き延びれば……。今日を生き延びれば、明日、私は自由になる〉

車両はこれまで乗ったどの車両とも違う。それは旅客列車ではない。家畜や貨物を輸送するためのものだ。私たちは人間という貨物だ。ひとつの車両に百人乗っている。一時間が一週間のように感じられる。不安が時間を引き延ばす。不安と、線路を走る車輪が情け容赦なく立てる騒音。パンひとかたまりを八人で分ける。水のバケツがひとつ。排泄物用のバケツがひとつ。汗と排泄物の匂いがする。途中で死ぬ人たちがいる。誰もが家族に寄りかかりながら、死者を肩で押しのけながら、立ったまま眠る。

ひとりの父親が娘に何か手渡すのを見る。錠剤の箱だ。「奴らがお前に何かしようとしたら……」と父親は言う。時折、列車が止まり、各車両から数名が水を汲《く》みに行かされる。マグダも一度バケツを持つ。「ここはポーランドだわ」戻ってきた彼女が伝える。あとから、それがどうしてわかったのか説明する。水を汲みに行くと、畑から出てきた男がポーランド語とドイツ語で大声で話しかけてきた。そして、その町の名を教えたあと、大げさに自分の首を指で切る仕草をしたのだった。「私たちを怖がらせようとしてるだけよ」とマグダは言う。

列車はどんどん進む。両親は私の両側にへたり込む。ふたりは何も話さない。互いに触れるところも見ない。父の白髪交じりの髭が伸びる。実際より老けて見えることに私は怯える。父に髭を剃《そ》るよう頼む。この旅が終わるとき、実際に若々しさが命を救うとは知る由《よし》もないが。それはただの虫の知らせ。ただ少女が以前の父を恋しがり、また食い道楽に戻ってほしい、陽気な浮気者、色男でいてほしいと願っているだけだ。父には、「これは死ぬより悪い状況だ」と家族にささやきながら錠剤を与える、あの父親のようになってほしくないのだ。

けれども、私が父の頬にキスし、「パパ、お願い、髭を剃って」と言うと、父は腹立たしげに答える。「何のために？」と父は言う。「何のために？ 何のためにだい？」私は自分が言うべきでないことを言い、父を苛立たせたことに恥じ入る。なぜ言うべきでないことを言ってしまったのか？ なぜ父に指図するのが私の役目だと考えたのか？ 学費を失くしたときの父の激怒を思い出す。慰めを求め、母に寄りかかる。私は両親に、知らない者同士のように座っているのでなく、互いに手を伸ばしてほしいと思う。母はほとんど話をしない。しかし、母は不平も言わない。死を願っているわけでもない。ただ自分の殻に閉じこもっているだけだ。

「ディツカ」ある夜、母が暗闇に向かって言う。「よく聞いて。私たちは自分の行き先を知らない。これから何が起こるのか知らない。だけど、忘れないで。あなたの心の中にあるものを奪える者などいないことを」

私はまたエリックの夢に落ちていく。そして、ふたたび目を覚ます。

家畜運搬用貨車の扉が開けられ、眩しい五月の日光が差し込んでくる。私たちは必死に外に出る。空気と光のもとへと急ぐ。降りようと急ぐあまり、ぶつかり合いながら、ほとんど転げ落ちるようにして貨車から出る。数日間、絶え間なく列車に揺られたあとでは、安定した地面に真っ直ぐ立つのもむずかしい。なんとかして姿勢を保とうとする——少しずつバランスを取り戻し、神経と手足を落ち着かせる。黒っぽい冬用コートがひしめき合い、細長く伸びる泥の上に集まっているのが見える。誰かのスカーフや持ち物を入れた布の包みの眩しい白さと、強制的に付けさせられた星の黄色が見える。『働けば自由になれる』というスローガンが見える。音楽が演奏されている。

父は突然、機嫌がよくなる。「ほらね」と父は言う。「恐ろしい場所のはずがない」プラットフォームがこれほど混雑していなかったら、踊りだしそうな顔をしている。「戦争が終わるまで少し働くだけだ」と父は言う。煉瓦工場で聞いた噂は事実に違いない。ここにいるのは労働するためだ。私は近くに畑が拡がってないかと周囲を見渡し、私の真向かいで細い体を屈ませ、農作物の世話をしているエリックを想像する。しかし見えるのは、切れ目なくつづく地平線。家畜運搬用貨車の黒い板、無限につづく鉄条網、低い建物。この荒涼とした平地を遮るものは、はるか向こうに見える何本かの木と煙突だけだ。

制服の男たちが私たちをかき分けてくる。誰も何も説明しない。彼らはただ大声で単純な指示を出す。こっちへ行け。あっちへ行け。ナチスは指差し、押しやる。男性たちは別の列に移動させられる。父が私たちに手を振るのが見える。もしかすると彼らは家族の場所を確保するために先に行かされるのかもしれない。今夜、眠るのはどこだろう。食事ができるのはいつだろう。母とマグダと私は女性と子どもの長い列に一緒に立つ。少しずつ進む。指揮者のように指を振り、私たちに運命を伝える男へと近づいていく。この男が悪名高い死の天使、ヨーゼフ・メンゲレ博士だと、私はまだ知らない。彼に近づきながら、あまりに傲慢で、あまりに冷酷なその目から視線を逸らすことができない。さらに近くまで行くと、笑顔になると隙間のある歯がちらりと見え、少年のようにも見える。病人はいないか、とたずねる声は優しくすらある。病気だと答える人は左側へ送られる。

「十四歳以上、四十歳以下の者はこの列に残れ」別の士官が言う。「四十歳以上は左側へ移動」老人、子ども、赤ん坊を抱えた母親たちの長い列が左側へ枝分かれしていく。母は白髪、早くから髪全体が白いが、顔は私と同じように滑らかで皺《しわ》はない。マグダと私は母をふたりの間に挟む。

私たちの順番がくる。メンゲレ博士が指揮を執る。母を指差し、左側へと指示する。私は母につづこうとする。彼は私の肩をつかむ。「お母さんにはすぐに会える」と彼は言う。「シャワーを浴びに行くだけだから」彼はマグダと私を右側へ押しやる。

私たちは左側と右側の意味がわからない。「これからどこへ行くの？」私たちは互いにたずねる。「これからどうなるの？」

私たちは人がまばらな広場にある別の場所へと行進させられる。周囲にいるのは女性だけで、ほとんどが若い。元気そうな人たちもいる。列車内のひどい悪臭と狭苦しい暗闇のあとで、新鮮な空気を吸い、日光を浴びられるのがうれしくて、今にもはしゃぎまわりそうだ。しかし他の人たちは唇を嚙んでいる。恐怖心が伝わっていくが、好奇心もある。

さらに低い建物の前で止められる。縞模様の服を着た女性たちが私たちを囲んで立つ。まもなく、彼女たちが囚人で、他の囚人を統率する係であることがわかる。しかし、私たちは自分がこの囚人であることにまだ気づいていない。ずっと日差しの下にいるため、コートのボタンを外すと、縞模様の服を着た少女のひとりが青いシルクドレスをじっと見つめる。彼女は偉そうな態度で私の方へ歩いてくる。

「あら、すごい」とポーランド語で言う。地面を蹴り、私のローヒールに埃を巻き上げる。私が事態に気づく前に、彼女は小さなサンゴが入った金のピアスに手を伸ばす。それはハンガリーの習慣に従い、私が生まれたときからずっと耳につけているものだ。強く引っ張られ、刺すような痛みが走る。彼女はピアスを自分のポケットに入れる。

痛い目に遭わされながらも、私はなんとか彼女に気に入られようとする。いつものように私は仲間を求める。しかし、彼女の馬鹿にするようなあざ笑いは、引き裂かれた耳たぶより私を傷つける。「どうしてこんなことするの?」と私は言う。「ピアスが欲しければ、あげたのに」

「あんたが自由な生活をし、学校へ行き、劇場に行ってる間、私はここでボロボロになってたんだ」と彼女は言う。

彼女はここにどれくらい長くいたのだろう。細身だががっしりした体格だ。そして堂々としている。ダンサーなのかもしれない。私が普通の生活を思い出させたことで、そんなに腹を立てる理由は何だろう? 「私はいつ母に会えるのかしら?」と私は彼女にたずねる。「すぐに会えると言われたけれど」

彼女は私を冷たく鋭い目で凝視する。その目に共感はまったくない。激しい怒り以外のものはない。彼女は遠くに並ぶ煙突のひとつから立ち昇る煙を指差す。「あんたの母親はあそこで燃えてる」と彼女は言う。「もう彼女のことは過去形で話したほうがいいよ」

第3章　メンゲレの「小さな踊り子」

「人生の喜びはどれも内側からやってくる」とバレエの先生は私に言った。私はその言葉の意味を理解していなかった。アウシュヴィッツに来るまでは。

マグダは母が入った建物の上にある煙突を凝視する。「魂は死なない」と彼女は言う。姉は慰めの言葉を見つける。しかし、私は衝撃の真っ只中にいる。何も考えられない。今、起こっていることであれ、すでに起こってしまったことであれ、自分の理解を超える出来事について考えることができない。炎に焼かれる母の姿など想像もできない。母は亡くなったのだときちんと理解することもできない。理由をたずねることもできない。悲しむことさえできない。今は無理だ。次の瞬間、次のひと息を生き残るために全神経を集中させる。姉がいれば、私は生き残れる。姉の影であるかのようにぴったり寄り添っていれば、私は生き残れる。

私たちは集団となり、水音だけ響く中、シャワーを浴びる。私たちは髪を奪われる。髪を刈られ、裸のまま、野外に立たされ、囚人服を待つ。カポ（訳注／ナチス強制収容所の囚人班長。囚人でありながら他の囚人の監視役として特権を与えられた）とナチス親衛隊たちが私たちの濡れた裸の肌を眺めながら、侮辱的な言葉を矢のように浴びせる。言葉よりもっと悪いのはその目つきだ。彼らに睨みつけられる嫌悪感に皮膚が裂け、肋骨がバラバラになるかと思う。彼らの憎悪は支配的で高慢さも感じさせ、気分が悪くなるほどだ。

それまで、私の裸を見る最初の男性はエリックだと考えていた。憎しみの視線が作る傷跡のない私の肌を彼が見ることはもうないだろう。私はすでに彼らによって人間以下の何かにされてしまったのだろうか？　私は昔の少女の面影を残していられるだろうか？〈僕はけっして君の目を、手を忘れない〉気をたしかに持たなければ。自分のためでないとしても、エリックのために。

私はマグダを見る。姉は衝撃のあまり黙り込んでいた。訳のわからぬまま、あちこち連れまわされ、混雑した列に並ばされても、なんとか切り抜け、いつも私の横にいてくれた。太陽が沈む中、姉は震えている。刈り取られた巻き毛、めちゃくちゃにされた髪の太い房を両手で握りしめている。もう何時間も裸で立たされているのに、それを持っていれば、落ち着いていられる、人間でいられるかのように自分の髪を握りしめている。ふたりは触れられそうなほどすぐ近くにいるが、それでも姉が恋しい。マグダ。自信満々で、冗談ばかり言うセクシーな女性。彼女はどこに行ったの？　彼女も同じ質問をしているらしい。ボロボロの髪の塊の中に自分自身を探している。

この場所にある矛盾が私を狼狽《ろうばい》させる。殺人に気づいたばかりだが、それがここでは効率よく行われている。それも組織的に。しかし囚人服の分配については組織的ではないらしい。私たちは一日の大半、待たされているのだから。看守は残酷で厳格とはいえ、責任者がいないようだ。彼らが私たちの体を凝視するのは、見る価値があるからではない。それが意味するのは、私たちがどれほど世の中から忘れられてしまったかということだ。まったく訳がわからない。だが、こうやって、まったく理由もなく、だらだらと待たされることもまた、計画の一部に違いない。鉄条網と、死と、屈辱と、絶えず昇っている煙の中にしか安定したものがない場所で、私はどうしたら自分自身を安定させていられるのだろう？

マグダがようやく私に話しかける。「私、どんなふうに見える？」と彼女がたずねる。「本当のことを言って」

本当のこと？　彼女は汚らしい犬のようだ。裸の怪しい人。もちろんこんなことは言えないが、どんな嘘をついてもひどく傷つけることになる。だから私は奇想天外な答え、傷つけない本当のことを見つけなくてはならない。その恐ろしいほど青い目を見つめ、姉にとっても、「私はどんなふうに見える？」とたずねるのは、私が聞いた中で最も勇気のいる質問だと考える。ここに鏡はない。だから私に、自分自身を見つけ、向き合うのを手助けしてくれと頼んでいるのだ。だからこそ、私は自分が伝えるべき、ひとつの真実を彼女に告げる。

「姉さんの目」私は姉に言う。「すごく美しいわ。髪に隠れていたときには気づかなかった」人は自分が失ったものに目を向けるか、それともまだもっているものに目を向けるか、自分で選ぶことができる。私はそのとき、それを初めて理解する。

「ありがとう」彼女がささやく。

私が姉にたずねたいこと、伝えたいこともあるが、言葉にしない方がよさそうだ。言葉にしたところで、この新しい現実を具体的に言い表すことはできない。列車がどんどん進んでいく間、私がもたれたグレーのコートのママの肩も。髭が伸びすぎたパパの顔も。あの陰鬱で空腹の時間を巻き戻すためならなんでもすることも。両親が煙になってしまったことも。両親のどちらもが。父も死んだと考えるべきなのだ。なんとか声を出し、もう少しでマグダにたずねそうになる。私たちはたった一日で完全に孤児になったわけではないと期待してもいいのか、と。だが、そのとき、私の目の前でマグダが自分の指を開いて髪を放し、埃っぽい地面に落とす。

彼らが囚人服を持ってくる――体に合わないグレーの服はチクチクする綿とウールでできている。空は暗くなっていく。彼らは私たちを集め、薄暗く粗末なバラックへ連れていく。私たちは何段もある寝棚の一枚の板に六人が眠ることになる。そんな不快な部屋でも入るとほっとする。延々と煙を吐く煙突を見なくていいからだ。ピアスを奪った若い女性のカポは私たちに寝棚を割り当て、規則を説明する。夜間、外に出ることは許されない。バケツがある――夜のトイレだ。マグダと私は寝棚を共有する人たちと一緒に最上段の板で横になろうとする。頭と足を互い違いにして寝れば、スペースに余裕ができるとわかる。それでも誰かを押しやることなく、寝返りをしたり、姿勢を変えたりするのは無理だ。そこで一緒に調和して寝返りする方法を考え出す。カポは新しい囚人それぞれにボウルを配る。「なくすな」と彼女は警告する。「ボウルがなければ、食事はないからね」

暗くなっていくバラックの中、立ったまま次の命令を待つ。食事は与えられるのだろうか？　寝るように言われるのだろうか？　すると音楽が聞こえてくる。木管楽器や弦楽器の音は私の錯覚に違いないと考える。しかし、別の囚人が、ここには超一級のバイオリニストが率いる収容所オーケストラがあると教えてくれる。クララだ！　私はそう考える。だが、彼女の言うバイオリニストはウィーンの人だ。

バラックの外から、ドイツ語で話すキビキビした声が聞こえる。カポが背筋を伸ばすと、扉がガタガタと開く。入り口にいたのは、選別される列で見た覚えのある軍服姿の将校だ。唇を開けた笑い方、前歯の隙間から、私にはあの男だとわかる。それがメンゲレ博士だと知る。彼は洗練された殺人鬼で、芸術愛好家だ。彼は夜になるとバラックをまわり、自分を楽しませる才能ある囚人を探す。今夜は助手たちを引き連れて立ち寄り、ダブダブの服と急いで刈り込まれた髪の新参者たちを、まるで網で捕らえるかのようにじっくり眺める。私たちは部屋の隅にある木製の寝棚に背を当てたまま、動かない。彼は私たちを吟味する。マグダの手がわずかに私の手をかすめる。メンゲレ博士が大声で質問すると、私が事態に気づく前に、私の近くにいる少女たちが、私を前に、死の天使の近くへと押し出す。私がカッサでバレリーナと体操選手としてトレーニングしていたと話したからだ。

彼は私をしげしげと見つめる。私はどこを見ればいいのかわからない。そこで前方の開いた扉を真っ直ぐ見つめる。オーケストラはすぐ外に集まっている。無言で命令を待っている。私は冥界のエウリュディケの気分だ。オルフェウスが見事な竪琴の音色で冥府の王ハーデースの心を溶かし、私を自由にしてくれるのを待っている。それとも、私はサロメで、継父ヘロデのために踊り、ベールを次々と取り、肌を露わにする。踊りは彼女に力を与えるだろうか？　それとも、力を剝ぎ取るだろうか？

「小さな踊り子さん」とメンゲレ博士は言う。「私のために踊っておくれ」

彼は音楽家たちに演奏を始めるよう命令する。『美しく青きドナウ』円舞曲の聞き慣れた冒頭の旋律が、暗く、風通しの悪い部屋に染み込んでいく。メンゲレがギョロリと私を見つめる。私は運がいい。『美しく青きドナウ』の振り付けなら、眠っていても踊れるほど知っている。しかし私の手足は重い。まるで危険が迫っているのに逃げ出せない悪夢の中にいるようだ。「踊れ！」と彼がふたたび命令すると、自分の体が動き始めるのを感じる。

最初はハイキック。それからピルエットとターン。スプリット。そしてアップ。ステップを踏み、体を曲げ、回転していると、メンゲレが助手に話しかけるのが聞こえる。私から目を離さないが、見守りながらも関心は任務に移っている。音楽ごしに彼の声が聞こえる。もうひとりの将校と、今いる百人の少女のうち、誰を次に殺すか話し合っている。もしステップを間違えたら、もし彼の機嫌を損ねることをしたら、殺されるのは私かもしれない。私は踊る。私は踊る。私は地獄で踊っている。私たちの運命を決める死刑執行人を見ていられない。私は目を閉じる。

振り付けと、何年にもわたる訓練に集中する——体のライン、カーブ、それぞれが詩の一語のようになり、こんな物語を伝える。ひとりの少女が舞踏会に到着する。彼女は興奮と期待にスピンする。それから、立ち止まって考え、周囲を見る。これから数時間のうちに何が起こるの？　誰に出会うの？　両腕を活発に動かしながら、ターンして泉に向かい、そのシーンをまとめる。腰をかがめて花を摘《つ》み、それを自分の崇拝者や飲み騒ぐ人たちに一本ずつ投げ与える。人びとに花を投げ、愛の証しを配るのだ。バイオリンの音が大きくなるのが聞こえる。胸がドキドキする。

秘密めいた暗闇の中で、母の言葉が聞こえる。まるで母が粗末な部屋のそこにいて、音楽の背後でささやいているかのように。〈忘れないで。あなたの心の中にあるものを奪える者などいないことを〉

メンゲレ博士、ガリガリに痩せた囚人仲間たち、したたかに生き残る者とまもなく死ぬ者、さらには私の最愛の姉ですら消える。存在する唯一の世界は私の頭の中にあるものだ。『美しく青きドナウ』が終わり、チャイコフスキーの『ロミオとジュリエット』が聞こえる。バラックの床がブダペスト・オペラハウスの舞台になる。私は客席のファンのために踊る。ホットライトの輝きの中で踊る。舞台で恋人ロミオに高々とリフトされながら、私は彼のために踊る。愛のために踊る。命のために踊る。

私は踊りながら、生涯忘れることのない、ひとつの知恵を見いだす。どんな神の奇跡がこの洞察力をもたらすのか、私には永遠にわからない。この恐怖が終わっても、私はその知恵に何度も命を救われる。今朝、私の母を殺したばかりの熟練の殺人鬼、メンゲレ博士は、私よりずっと惨めな存在だと私にはわかる。私の心は自由だが、彼はけっして自由になれない。ずっと自分がしたことを背負って生きていかねばならない。私より彼の方がよほど囚人だ。最後の優美なスプリットで演技を終えながら、私は祈るが、その対象は私自身ではない。私は彼のために祈る。彼が私を殺さなくてすみますように、と彼のために祈る。

彼は私のパフォーマンスに感心したに違いない。私にパンひとかたまりを投げてよこしたからだ——今にしてみると、その行為がのちに私の命を救うことになる。夕方が夜になる頃、そのパンをマグダと寝棚を共にする仲間たちと分け合う。私はパンがもらえてうれしい。生きていることがうれしい。

アウシュヴィッツでの最初の数週間に生き抜くためのルールを学ぶ。看守からパンをひとかけら盗めばヒーローになれるが、囚人から盗めば汚名を負わされ、死ぬことになる。競争や支配には意味がなく、協力関係が何より重視される。生き残るとは、自分の欲望を超越し、自分以外の誰かや何かに尽くすこと。私にとってその誰かとはマグダであり、何かとは自由になった未来にエリックと再会するという希望だ。生き残るためには、目を開いているときでも、内なる世界、聖域を呼び出す。ある囚人仲間は収容前の自分の写真をなんとかして手元に残していた。髪が長かった自分の写真を。そのおかげで彼女は、自分が何者なのかを、その人物がまだ存在していることを自分自身に言い聞かせることができた。その認識が隠れ家となり、生きる意志を失わないでいられたのだ。

私の記憶では、それから数ヵ月後の冬、古いコートが支給された。彼らはサイズなど気にせず、手当たり次第にただ投げてよこした。ぴったりのものを探し、それを手に入れるために争うのは自分の責任だ。マグダは運がよかった。彼らが彼女に投げたのは厚みのある暖かいコートで、長くて重さもあり、ボタンも首元まですべて付いていた。とても暖かいから、誰もが欲しがった。それなのに彼女はすぐさま交換してしまった。代わりに彼女が選んだのは、安っぽく小さめで、丈もなんとか膝に届く程度だったが、胸をたっぷり見せつけられるものだった。マグダにとって、セクシーなものを着ることは、暖かく過ごすことより、生き残るための優れた道具だったのだ。自分を魅力的に感じられることは、彼女の内面に何かを、尊厳のようなものを、彼女にとっては身体的な快適さより価値のあるものを、与えた。

　私たちは飢えに苦しみながらも、祝宴を開いていたことを思い出す。アウシュヴィッツでは、みんないつも料理していた。頭の中で一時間毎にお祝いをし、ハンガリーのチキンパプリカシュに入れるパプリカの量や、七層のチョコレートケーキのおいしい作り方について言い争った。私たちはアッペルという点呼のために午前四時に起床し、凍えそうに寒い暗闇に立ち、人数を集計され、再集計された。その時間になると、あたりに肉の焼ける強い匂いが充満していた。そのあと、それぞれの労働場所へと行進する——カナダと呼ばれる倉庫では、新しく到着した囚人の持ち物の分類を、バラックでは徹底的な清掃をさせられた。火葬場では、運の悪い囚人たちが火葬を待つ死体から金歯や髪や皮膚を収集させられた——行進しながら、私たちはおしゃべりした。まるで市場へ向かっているかのように、一週間分の献立を考えたり、果物や野菜それぞれの熟《う》れ具合を知る方法を話し合ったりしたものだ。料理を教え合うこともあった。ハンガリーのクレープ、パラチンタの作り方。クレープはどれくらい薄くすべき？　砂糖はどれくらい使うの？　ナッツはどれくらい入れる？　セーケイグヤーシュ（訳注／ハンガリーの煮込み料理）にキャラウェイは入れる？　タマネギは二個使う？　いいえ、三個。いいえ、一個半でいいわ。想像で作り上げた料理によだれを垂らし、その日の本物の食事——水っぽいスープと干からびたパンひと切れ——

を取るときには、母が屋根裏で飼っていたガチョウに毎日トウモロコシを与え、肝臓をどんどん肥大させ、時期が来たら屠畜し、その肝臓を混ぜたパテを作った話をしたものだ。

夜になり、寝棚に倒れ込み、ようやく眠りについても、やはり食べ物の夢を見た。村の時計が十時のチャイムを鳴らすと、父は通りの向かいにある肉屋の包みを抱え、こっそりとアパートメントに入ってくる。今日、新聞紙で包み隠しているのは豚肉の切り身。「ディツカ、こっちに来て、味見しなさい」と父が手招きする。「あなたはなんてお手本なの」と母が文句を言う。「ユダヤ人の女の子に豚肉を食べさせるなんて」だが、母は半分笑っている。母はシュトルーデルを作っている最中で、パイ生地をダイニングテーブルに広げ、紙のように薄くなるまで両手でテーブルに叩きつける。

母のシュトルーデルのコショウとサクランボのピリッとした味。辛い味つけの卵。母が自分でカットしたパスタ。切るのがあまりに速いので、母が指まで切り落とすのではないかと怖かった。そして何よりも金曜の夜のパン、ハーラ。母にとって食べ物とは、出来上がった食事を楽しむことと同じくらい、それを創り出す芸術的才能が大切なものだった。アウシュヴィッツでは食べ物の空想が私たちを支えた。アスリートや音楽家が頭の中でイメージを作り出すメンタルトレーニングを行い、技術を高めるのと同様、私たちバラックの芸術家も、いつだって頭の中でイメージを作り出していた。頭の中で作り上げたものが、それぞれの栄養をくれたのだ。

ある夜の就寝前、バラックで美人コンテストを行う。私たちは不格好なグレーの服と薄汚い下着のままモデルを演じる。ハンガリーには、美しさは肩にこそ宿るという諺《ことわざ》がある。誰もマグダのようにはポーズを取れない。彼女が優勝する。しかし、誰も寝つけない。

「もっといいコンテストを思いついた」とマグダが言う。「誰のおっぱいが一番でしょう?」

私たちは暗闇で服を脱ぎ、胸を突き出しながら歩きまわる。私はほんの数ヵ月前まで、練習場で日に五時間以上トレーニングしていた。父に私のお腹を叩いて、どれほど強靭か試すように頼んだものだ。私は父を持ち上げ、運ぶこともできた。バラックの中、トップレスで凍えながら、今も自分の体にあの誇りを感じる。以前は母の丸みのある魅力的なおっぱいがうらやましく、自分の小さな胸を恥ずかしく思った。でも、ヨーロッパでは控えめな胸が好まれるのだ。私は暗闇をモデルのように気取って歩きまわる。そして、このコンテストでは私が優勝する!

「私の有名な妹よ」とマグダが言い、私たちは眠りに落ちる。

恐怖が人に教えるものは選ぶことができる。悲しみと不安に辛辣《しんらつ》になることも、冷淡になることも、身がすくみ動けなくなることも選択肢のひとつだ。しかし、子どものようなところ、生き生きと好奇心に満ちたところ、無邪気なところを手放さないことも選べるのだ。

別の夜、隣の寝棚の若い女性が戦争前に結婚していたことを知る。私は彼女から情報を聞き出そうとする。「どんな感じ?」と私はたずねる。「ひとりの男と一緒にいるって?」セックスのことを聞いているわけではない。まったく違うとも言えないが。もちろん男女間の情熱には興味がある。それよりも毎日一緒にいることについて知りたいのだ。彼女のため息を聞いた私は、死によっても損なわれない、美しい何かの響きを感じ取る。彼女が数分ほど話すうち、結婚生活とは私の両親が送ったようなものでなく、輝きを放つ何かだとわかる。祖父母の愛情の穏やかな心地よさより、もっと明るいもの。それは愛。それも完璧な愛のように思える。

「お前が賢くてうれしいわ。美人じゃないからね」と母から言われると、自分はつまらなくて価値のない存在なのかと不安になった。しかしアウシュヴィッツでは、母の言葉は別の意味をもって響いた。私には頭脳がある。私は賢い。私はものごとを理解できる。頭の中で聞こえるその言葉が、希望を持ちつづける能力に大きな違いをもたらした。それは他の囚人たちにとっても同じだった。私たちが気づいたのは、自分には頼れる内面的な強さがあることだ――自分自身にしっかり言い聞かせれば、たとえ外からの力が自分たちを抑え込み、抹殺しようとしても、心は自由だと感じ、道徳心を手放すことなく、心の拠り所と自信をもつことができた。「私は優れている」と言い切ることを私たちは身につけた。

「私は何も悪いことをしていない」

「いつかきっと、この状態が変わり、いいことが起こる」

アウシュヴィッツで知り合ったある少女は病気が重く、衰弱していた。私は毎朝、彼女が寝棚で死んでいるのではないかと思い、囚人を選別する列に並ぶたびに、彼女が死に向かう列へ並ばされるのではないかと心配した。しかし、彼女は私を驚かせてくれた。毎朝、また一日働くためになんとか体力を回復し、選別の列でメンゲレから指し示されるたびに目を生き生きと輝かせた。ところが夜になると寝棚に倒れ込み、きしむような音を立てて呼吸する。私は彼女に毎日どうやって切り抜けているのかとたずねた。「クリスマスまでには解放されると聞いたの」と彼女は言った。彼女は頭の中に正確なカレンダーを描き、解放まであと何日と何時間とカウントダウンしながら、自由になるまで生き抜くと心に決めたのだ。

やがてクリスマスになっても、解放者は来なかった。翌日、彼女は死んだ。希望という内なる声が彼女を生きつづけさせたが、その希望を失ったとき、もう生きつづけられなくなったのだろう。ナチス親衛隊、カポ、囚人仲間など、私の周囲にいた人たちのほぼ全員が、アッペルから労働の一日が終わるまで、選別の列から食事の列まで、毎日、どんなときにも私にこう言った。「死の収容所からは生きて出られない」私はそう言われながらも、それとは違う物語を聞かせてくれる内なる声を育てようとした。「これは一時的な状態だ」と自分に言い聞かせたものだ。〈今日を生き延びれば、明日、私は自由になる〉

アウシュヴィッツでは毎日シャワー室へ行かされたが、毎回、不安で仕方なかった。シャワーヘッドから流れ出てくるものが、水なのか、ガスなのか、わからなかったからだ。自分たちに水が降り注ぐのを感じれば、安堵《あんど》の息を吐く。油っぽい石鹸を体中に塗りたくる。私はまだ骨と皮だけになっていない。不安が消えたあとの静けさの中で、私は自分の体を認識する。腕も大腿も腹もダンサーの筋肉のままで、まだ張りがある。私はエリックが出てくるファンタジーに入り込む。ふたりは今、大学生になり、ブダペストで暮らしている。カフェに教科書を持ち込み、勉強する。彼の視線がページを離れ、私の顔のあちこちを移動する。視線が私の目と唇で止まるのがわかる。顔を上げ、キスを受けようと想像したところで、シャワー室が静まり返っていることに気づく。みぞおちのあたりがぞっとする。誰よりも恐れている男が扉のところに立っている。死の天使が真っ直ぐ私を見つめている。私は床を見つめ、他の人たちがまた息をし始めるのを待つ。そうなれば、彼が去ったとわかるからだ。しかし、彼は立ち去らない。

「お前!」と彼が呼ぶ。「私の小さな踊り子さん」

エリックの声をメンゲレよりずっと大きくして聞き取ろうとする。〈君の目をけっして忘れない。君の手をけっして忘れない〉

「来い」と彼は命令する。

私は従う。それ以外、私に何ができるだろう? 私は彼のコートのボタンを見ながら歩き、囚人仲間たちの目は見ない。そこに映し出される自分の恐怖を見るなど、考えるのも嫌だから。息をして。息をするのよ、と自分自身に言い聞かせる。彼は裸で濡れたままの私を従え、廊下を進み、机と椅子がおかれたオフィスに入る。私の体から冷たい床に水が滴《したた》り落ちる。彼は机に寄りかかり、時間をかけて私を眺める。恐ろしさのあまり何も考えられないが、反射のようなわずかな衝動が私の体を駆け抜ける。彼を蹴れ。顔をハイキックしてやれ。床に身を投げ、小さなボールのように体を丸め、縮こまれ。彼が私をどうしようと考えているのであれ、それがあっという間に終わることを願う。

「近くに来い」と彼が言う。

ほんの少し前に進み、彼と向かい合うが、顔は見ない。自分の生きている部分、私は大丈夫、生き延びられる、という気持ちだけに集中する。近づきながら、彼の体を感じる。メンソールの香り。舌にブリキ缶の味がする。体が震えているかぎり、自分は生きているとわかる。彼の指がコートのボタンを外す。私は大丈夫、生き延びられる。ママとその長い長い髪を思い出す。それを頭の上まで巻き上げ、夜になるとカーテンのように下ろしていた様子を。私は全裸で、母を殺した者といるが、彼には母を奪い去ることはできない。彼が指で触れられる距離まで近づき、その指をけっして感じ取るまいと心に決めたちょうどそのとき、別の部屋で電話が鳴る。彼は身を引く。コートのボタンをかけ直す。

「動くな」と彼は命令し、扉を開ける。

彼が隣室で電話を取るのが聞こえる。その声は淡々とし、素っ気ない。私はどうすればいいのかわからず、逃げ出す。気がつけば、私は姉の横に座り、いつものお玉一杯のスープをむさぼり食べている。薄いスープの中にジャガイモの皮の小さな欠片が浮き、まるでかさぶたのように見える。彼に見つかり、懲らしめられるのではないか。彼は始めたことを終わらせるのではないか。彼は私を選別で死の列に並ばせるのではないか、という恐怖心がつねに私につきまとう。それが頭から離れない。次に何が起こるのか、私にはわからない。けれども、今のところは心の中で自分自身を生かせておける。

今日は生き延びた、と頭の中で繰り返す。〈今日は生き延びた。明日、私は自由になる〉

第4章　ライ麦パンと側転

一九四四年夏のある時点で、マグダと私は収容所にハンガリーのユダヤ人が送られてこないことに気づく。あとで知ったことだが、ドイツへの追従を嫌った摂政ホルティが、七月にユダヤ人の国外移送を止めた。しかし、遅すぎた。たった二ヵ月で、すでに何十万人ものユダヤ人が収容所に送られ、四十万人が殺されていた。十月までにホルティの政府はナチスの手に落ちた。ところが、ハンガリー——主にブダペスト——に残っていた二十万人のユダヤ人はアウシュヴィッツには移送されなかった。彼らはオーストリアまで、二百マイルの強行軍を強いられた。けれども、当時の私たちはそういったことを知らなかった。収容所の外の生活や戦争について、なにひとつ知らなかったのだ。

ある冬の朝、私たちはまた別の列に並んでいる。寒さが肌を刺す。私たちは入れ墨をされるところだ。自分の番を待つ。袖を巻き上げる。腕を見せる。私は無意識に反応し、すべき動作をする。あまりの寒さと空腹に、ほとんど何も感じない。私がここにいることを誰か知っているの？その疑問はずっと頭にあっても、今ではそれも、消えることのない濃霧の向こうにあるようにぼんやりしている。いつも考えていたことが思い出せない。エリックの姿を思い描くのよ、と自分に言い聞かせなければならない。しかし意識的に彼のことを考えても、その顔を再現できない。なんとか記憶を探っているうちに、不意にどきりとする。マグダはどこ？　目覚めたとき、職場まで行進するとき、眠りに落ちる前に、まず考えるのがそれだ。さっと周囲に目を走らせ、彼女が今も私の後ろにいることを確認する。目が合わなくても、彼女も私を見守っていることがわかる。私は翌朝ふたりで分けるために、夕食のパンを残すようになった。

針とインクをもった将校が、今、目の前にいる。私の手首をつかみ、針を刺そうとした直後、私を横に押しやる。「お前のためにインクを無駄にしない」と彼は言う。私を別の列に追いやる。「これは死に向かう列よ」すぐ横にいる少女が言う。「もう終わり」彼女は埃を被ったかのように全身灰色だ。列の前にいる誰かが祈っている。つねに死の脅威にさらされている場所にいながら、この瞬間、私はどきりとする。突然、死にかけた状態と死んだ状態の違いを考える。アウシュヴィッツにはその両方が存在する。煙突は煙を吐きつづける。どの瞬間が最後になってもおかしくない。それなら、なぜ気にするの？　なぜわざわざ考えるの？　とはいえ、この瞬間が、まさに今が、地上における私の最後の瞬間だとすれば、あきらめと敗北の中でそれを台無しにしなければならないのか？　この瞬間を、もう死んだかのように過ごさなくてはならないのか？「この列が何なのか、私たちにはわからないでしょ」私は横にいる少女に言う。訳のわからないものを前にしたとき、恐怖に駆られるのではなく、好奇心を抱いたらどうなるだろう？

そのとき、マグダの姿が見える。彼女は別の列に並ばされていた。死に追いやられようと、労働させられようと、他の囚人たちのように別の収容所に移されようと、どうでもいい。姉と一緒にいられれば。姉が私といてくれれば。私たちは家族からまだ完全に切り離されていない数少ない幸運な囚人だ。私は姉のために生きていると言っても言い過ぎではない。姉は私のために生きていると言っても言い過ぎではない。中庭は混乱状態にある。いくつもの列が何を意味するのか私にはわからない。私にわかる唯一のことは、この先にあるものがなんであれ、私はマグダとともに行かなければならないということ。たとえ先にあるものが死であろうとも。ふたりを遮る、凍って固まった雪がつくる隔たりを凝視する。見張りたちが取り囲んでいる。私に計画はない。時間がのろのろと、しかしどんどん進む。マグダと私は視線を交わす。その青い目を見る。次の瞬間、私は動く。私は側転をしている。地面に手をつき、足を空に向け、くるくるまわる。ある見張りが私を見つめる。彼は真っ直ぐに立っている。次に逆さまになっている。いつ撃たれてもおかしくない。死にたくはないが、何度も何度も回転せずにいられない。見張りは銃を持ち上げない。呆気《あっけ》にとられて撃てないのか？　目がまわって私が見えないのか？　すると彼が私にウィンクする。たしかに私にウィンクする。オーケーと言っているらしい。今回は君の勝ちだよ、と。

見張りの注意を完全に引きつけた数秒の間に、マグダは中庭を横切り、私の列に加わる。次に何が起こるのであれ、それを待つ少女たちの群れにふたりは紛れ込む。

私たちは集団になり、凍りつくような中庭を横切り、列車のプラットフォームへ向かう。六ヵ月前に私たちが到着し、父と離され、母の人生の最後の瞬間にふたりで母を挟むように歩いた場所だ。あのときは音楽が演奏されていたが、今は静けさに包まれている。風が静けさであるなら。

つねに襲いかかる過酷な寒さも、死と冬が大きく口を開けてつくため息も、私にとってもう音とは思えない。頭の中は疑問と恐怖でいっぱいだが、そんな気分がずっとつづいたせいで、もはや気分とは思えない。いつだって終わりに近づいているようなものだ。

戦争が終わるまで働く場所へ行くだけだ、と言われた。二分でもニュースが聞けたなら、次なる犠牲者として消えるのは、戦争そのものかもしれないとわかっただろう。私たちがそこで家畜運搬用貨車につづく狭いスロープを上る順番を待ち、立っている頃、ポーランドの片側からロシア軍が、反対側から米軍が近づきつつある。ナチスはアウシュヴィッツから少しずつ引き上げつつある。私たちのあとに残る囚人たちは、アウシュヴィッツでもうひと月生き残ることができれば、まもなく自由の身になれる。暗闇に座り、列車の出発を待つ。ナチス親衛隊でなく、ドイツ国防軍の兵士が扉から頭を突っ込み、ハンガリー語で話しかける。「食べなければだめだ」と彼は言う。「奴らが何をしようと食べることを忘れるな。君たちは自由の身になれそうなんだ。たぶん、もうじきだ」彼が与えているのは希望なのだろうか？　それとも、空約束？　嘘？　この兵士は煉瓦工場にいた矢十字党のようなものなのかもしれない。私たちの直観力を封じ込めようと、権力側に都合のいい噂を広めようとしているのかもしれない。そうでなければ、誰が飢えている人間に食べろと言う？

しかし、家畜運搬用貨車の暗闇の中でさえ、何マイルもつづく鉄条網と何マイルもつづく雪を背景にした彼の顔を見た私は、その目が優しいことに気づく。今では優しさすら光による錯覚のように思えるとは、なんと奇妙なことだろう。

どのくらい移動しているのかわからない。私とマグダは互いの肩に寄りかかって眠る。一度、姉の声で目が覚める。暗闇の中では誰と話しているのかわからない。「私の先生よ」と彼女が教えてくれる。あの煉瓦工場にいた人。赤ん坊が泣いてばかりいた人。アウシュヴィッツでは幼い子どもを連れた女性は全員、最初からガス室へ送られた。彼女がまだ生きている事実が意味するものはただひとつ。赤ん坊は死んだのだ。どちらの方が悪いのだろうと私は考える。母親を失った子どもになることか、子どもを失った母親になることか。扉が開くと、私たちはドイツにいた。

私たちの数は百人足らずだ。子どものサマーキャンプ場と思われる施設に収容される。二段ベッドとわずかながら食料のあるキッチンもあり、自炊する。

朝になると撚糸《ねんし》工場での労働に送られる。私たちは革手袋をつける。糸が絡まないように紡績機の糸車を停止させる仕事だ。たとえ手袋をつけても、糸車で手が切れる。マグダの昔の教師がマグダの隣の糸車の前に座る。彼女が大声で泣いている。手から出血し、痛いからだろうと私は思う。しかし、教師はマグダのために泣いているのだ。「あなたにとって、手は欠かせないものなのに」と彼女は嘆く。「あなたはピアニストよ。手を失くしたらどうするの?」

仕事を監督するドイツ人の女性作業長が彼女を黙らせる。「あんたたちは仕事があって運がいいんだ」と言う。「近いうちに殺されることになるよ」

その夜、キッチンで、見張りの監視下で夕食を作る。「私たちはガス室送りを免れたというのに」とマグダは言う。「糸を作りながら死ぬのよ」それがおかしいのは、私たちが生きているから。

この戦争は生き残れないかもしれないが、アウシュヴィッツは生き延びたのだ。夕食のためにジャガイモの皮を剝く。飢えるほどの配給量に慣れすぎた私は、食べ物の屑《くず》すら無駄にできない。ジャガイモの皮を下着に隠す。見張りが別の部屋にいる隙にオーブンで皮を焼く。痛む手でそれを急いで口に入れるが、皮が熱すぎて食べられない。

「私たち、ガス室は免れたのに、ジャガイモの皮を食べて死ぬのね」と誰かが言うと、みんなが腹の底から笑う。自分たちにまだそんな大笑いができるとは思わなかった。私たちは笑う。アウシュヴィッツで毎週、負傷したドイツ兵の輸血用に強制的に献血させられたとき、私が笑ったように。腕に針を刺されて座りながら、自分を笑わせたものだ。平和主義者の踊り子の血液とともに、勝利を祈る！　と。腕を引いて拒否することはできなかった。そんなことをすれば撃たれただろう。自分を迫害する者に銃や拳で反抗することはできなかった。けれども、自分の力を手にする方法を見つけることはできた。そして、今の私たちの笑いには力がある。私たちの仲間意識や陽気さは、私がおっぱいコンテストで優勝したアウシュヴィッツの夜を思い出させる。話すことが栄養なのだ。

「誰の故郷が一番か？」ハヴァという少女が問いかける。私たちは議論し、故郷を賛美する。「ユーゴスラヴィアほど美しいところはないわ」とハヴァは譲らない。しかし、これは勝者のいないコンテストだ。故郷とは、もはや場所でも、国でもない。それはひとつの感覚であり、具体的に話すほど、どこにでもあるものになる。話し過ぎれば、消えてしまう危険がある。

撚糸工場で数週間働いたあと、ある朝、ナチス親衛隊が縞模様の囚人服を渡し、今、着ているグレーの服から着替えろと言う。私たちはまた別の列車に乗る。しかし今回は、縞模様の囚人服で列車の屋根に乗せられる。イギリス軍による列車爆撃を牽制するため、人間の囮《おとり》になるのだ。列車は弾薬を積んでいる。

「糸の次は弾丸とはね」と誰かが言う。

「お嬢さん方、私たち、昇格いたしました」とマグダが言う。

有蓋車の上に吹く風はすさまじく吹き飛ばされそうだ。しかし、少なくともこの寒さの中では空腹を忘れていられる。どうせ死ぬなら、凍死、それとも焼死？　ガス、それとも銃？　それは前ぶれもなく起こる。列車の上には人間である囚人がいるというのに、イギリス軍は私たちに向け、ヒュー、ドカンと爆弾を落とす。煙。叫び声。列車は止まり、私は飛び降りる。降りたのは私が最初だ。線路沿いの雪の山腹を細い木々が作る木立に向かって駆け上り、そこまで来ると立ち止まり、雪の中に姉を探しながら息を整える。木々の中にマグダはいない。列車から逃げる姿も見えない。いくつもの爆弾がヒューと音を立て、線路で爆発する。列車の傍らに人の体が積み重なっているのが見える。マグダ。

選択しなければならない。逃亡できる。森に逃げ込め。命をつかみ取れ。自由はすぐそこにある。歩くだけでいい。でも、マグダが生きていて、私が置き去りにしたら、誰が彼女にパンをあげるの？　だけど、もし死んでいたら？　それはカメラのシャッターを切る音のような瞬間。カシャ、森へ。カシャ、線路へ。私は山腹を駆け下りる。

マグダは溝に座っている。死んだ少女を膝に抱いて。ハヴァだ。マグダの顎から血が流れ落ちる。近くの車両の中で男たちが食べている。彼らも囚人だが、私たちとは違う。囚人服ではなく、普通の服を着ている。さらに、彼らには食べ物がある。ドイツの政治犯なのだろう。とにかく、私たちよりましな立場にいる。彼らは食べているのだから。ハヴァは死に、姉は生きているというのに、私は食べ物のことしか考えられない。こんなときに美人のマグダは血を流している。「食べ物をせがむチャンスなのに、そんな姿になって」と私は彼女を叱りつける。「そんな傷があったら、気を引くこともできないじゃない」彼女に怒っているかぎり、もう少しで現実になっていたことへの恐怖や生々しい心の痛みを感じないでいられる。どちらも生きていること、ふたりがまた致命的な瞬間を生き残ったことを喜び、感謝するどころか、私は姉に怒り狂っている。私は神と運命に怒り狂いながら、混乱と心の痛みを、血の流れる姉の顔に向けた。

私の侮辱にマグダは反応しない。血を拭いもしない。見張りが周囲をまわり、私たちに怒鳴り、銃で遺体をつつき、動かない者が本当に死んでいることを確かめる。私たちはハヴァを汚れた雪の中に置き去りにし、生き残った者たちと立ち上がる。

「ディツカは逃げられたのに」とマグダは言う。私が愚か者であるかのように。一時間もしないうちに弾薬は新しい車両に積み直され、私たちはまた縞模様の囚人服で車両の上部に乗る。マグダの顎の血は乾いている。

私たちは囚人で難民だ。もうずいぶん前から、今日が何月何日なのかも、今が何時なのかもわからない。マグダは私を導く星。彼女が近くにいれば、他に何もいらない。ある朝、弾薬を積んだ列車から降ろされ、何日も一列になって行進する。雪が解け始め、枯れた草が姿を見せる。おそらく何週間も行進している。爆弾が落ちる。すぐ近くに落ちることもある。燃える町並みが見える。ドイツ中の小さな町で止まり、南へ、東へと移動しながら、途中にある工場で労働を強いられる。

ナチス親衛隊の最大の関心事は囚人の人数だ。私は残った人数を数えたりしない。毎日、人数が減っているとわかっているから数えないのかもしれない。ここは死の収容所ではない。とはいえ、死に方はいくらでもある。道路沿いの溝は背中や胸を撃たれた人たちの血で赤く染まる――逃げようとした者、行進についていけなかった者たちだ。脚が凍りついた少女たちもいる。完全に凍りつき、まるで木が切り倒されるように倒れる。極度の疲労。風雨にさらされる日々。発熱。飢え。看守が引き金を引かなくても、肉体が引く。

何日も食べないこともあった。丘の上まで来ると、農場、離れ屋、家畜小屋が見える。

「ちょっと待って」とマグダが言う。彼女は農場まで走り下り、木の間を通り抜ける。煙草を吸っているナチス親衛隊に見つからないよう願いながら。

私は庭の垣根の方にジグザグに進んでいくマグダを見守る。春野菜には早すぎるが、私なら牛の餌でも、干からびた茎でも食べる。眠っている部屋にネズミがちょこちょこ入ってくれば、少女たちは飛びつく。私が見つめることで、マグダに注意が向かないようにする。目を逸らしたあと、ちらりと振り返るとその姿が見えない。銃が発射される。さらにもう一度。誰かが姉を見つけたのだ。見張りは私たちに怒鳴り、人数を確認し、銃を抜く。さらに何度か銃声がする。マグダの姿は見えない。私に力を貸して。私に力を貸して。気がつくと母に祈っている。母がいつもピアノの上の母親の肖像写真に向かって祈っていたように、私は母に祈っている。分娩中にもそうしていたとマグダから聞いた。私が生まれた夜、マグダは母がこう叫ぶのを聞いたのだ。「母さん、力を貸して！」その直後、マグダは赤ん坊――私――の泣き声を聞き、母が「あなたが助けてくれた」とつぶやいたと言う。死者に助けを求めるのは、母から受け継いだこと。母さん、私たちに力を貸して、と私は祈る。すると木の間にちらりと灰色のものが見える。マグダは生きている。銃弾を逃れた。そして、どういうわけか見つからずにすんだ。マグダがふたたび横に立つまで、私は息もできない。

「ジャガイモがあったの」と彼女は言う。「あの野郎どもが撃ち始めなければ、今頃ジャガイモを食べていたのに」

リンゴのようにジャガイモにかじりつく様を想像する。私はわざわざ擦《こす》ってきれいにすることもない。イモや皮と一緒に土も食べるだろう。

チェコとの国境近くにある弾薬工場に働きに行く。そのとき、三月だとわかる。ある朝、みんなと眠っていた倉庫のような宿舎の長椅子から立ち上がれない。私は高熱を出し、悪寒がし、衰弱している。

「起きなさい、ディツカ」マグダが私に命令する。「病気だなんて報告できないのよ」

アウシュヴィッツでは働けない者は病院へ連れていくと言われた後、姿を消した。状況は今も同じはずだ。ここには殺人用の設備はない。殺害目的のパイプを通した煉瓦の建物などない。だが、弾丸がひとつあれば、同じように死ぬ。それでも私は立ち上がれない。祖父母のことをとりとめなくつぶやく自分の声が聞こえる。私たちに学校をずる休みさせ、ケーキ屋に連れていってくれる。母はケーキを取り上げることができない。頭のどこかで自分は混乱しているとわかってはいても、正気に戻れない。マグダは私を黙らせ、コートで私を覆う――熱が出ているなら体を温めようと彼女は言うが、実は私を隠すためだ。「指一本動かさないで」と彼女は言う。

工場はすぐ近く、流れの速い川にかかる小さな橋を渡ったところにある。私はコートの下に横たわり、私がいないことが発覚し、見張りが私を撃ちに倉庫まで来ると予想し、そこにいないかのように装う。機械の騒音の中にいるマグダには、その銃声が聞こえるだろうか？　私は今、誰の役にも立たない存在だ。

私は混乱した眠りに落ちていく。火事の夢を見る。おなじみの夢だ――もう一年近く見てきた、体がホカホカする夢だ。けれども目覚めると、今回は煙の匂いに息が詰まりそうになる。倉庫が火事なのだろうか？　扉まで行くのが怖い。力の入らない両脚でそこまで行けないのではないかと怯える。扉まで行ったら、ここにいるのがわかってしまうのではないかと怯える。そのとき、爆弾の音が聞こえる。ヒューという音と爆風。攻撃が始まったのに、よく寝ていられたものだ。長椅子から起き上がる。いちばん安全な場所はどこ？　走れたとしたら、どこへ行く？　叫び声が聞こえる。「工場が火事だ！　工場が火事だ！」と誰かが叫ぶ。

私はふたたび自分と姉との距離を意識する。その距離を測るのは私の得意技となっていた。掌《てのひら》いくつ分離れている？　脚なら何本分？　側転なら何回転分？　今はふたりの間に橋がある。水と木材。そして炎がある。小屋の扉から炎が目に入る。私はようやく立ち上がり、扉の枠に寄りかかる。工場までの橋が燃え、工場が煙にのまれている。爆撃を生き延びた者たちにとって、混乱は一時的に収まっている。逃げるチャンス。マグダが窓を押し開き、木々へと突進する姿が思い浮かぶ。枝の間から空を見上げる。自由までの道のりがどれほど遠くても逃げようとする。彼女が急いで逃げてくれれば、私は解放される。床に滑り落ち、二度と立ち上がらなくてすむ。どれほどほっとするだろう。生きていることは大きな束縛だ。両脚をスカーフのように折りたたむ。力を抜き、眠りかける。すると炎の後光を背にしたマグダがいる。すでに死んでいる。私より先に。私は追いつこうとする。炎の熱を感じる。すぐに彼女のところへ行く。すぐに。「今、行くわ！」と私は呼びかける。「待って！」

彼女がどの瞬間に幻影から本物になったのかわからない。彼女の話からなんとか理解できたのは、私のところに戻るために、燃え上がる橋を渡ってきたことだ。

「姉さんは大馬鹿ね」と私は言う。「逃げられたのに」

今は四月。丘の草が急に緑色になる。一日、一日と日照時間が長くなる。町外れを通ると、子どもたちが私たちに唾を吐く。こんな子どもまで私たちを憎むように洗脳されたとは、なんと悲しいことか。

「私がどんなふうに復讐するか、わかる?」とマグダが言う。「ドイツ人の母親を殺してやる。ドイツ人が母さんを殺すなら、私はドイツ人の母親を殺してやる」

私には違う願いがある。それは、私たちに唾を吐いた男の子が、いつの日か憎む必要などないと気づくこと。私の復讐の空想の中では、今、私たちに「汚いユダヤ人! 社会の害虫!」と叫ぶ男の子が、バラの花束を差し出す。「今はわかります」と彼は言う。「あなたを憎む理由などないことを。理由などまったくありません」私たちは互いを許し合い、抱きしめ合う。その空想のことはマグダに話さない。

ある日の夕暮れ時、ナチス親衛隊は宿泊場所である公民館に私たちを押し込む。今夜も食べ物はない。「建物から出た者は即座に撃つからな」と見張りが警告する。

「ディッカ」ベッド代わりの木板に身を横たえながら、マグダがうめくように言う。「私、もうそう長くないわ」

「やめてよ」と私は言う。彼女は私を怖がらせている。弱気になった彼女は抜かれた銃より私を怯えさせる。普段なら姉はこんな話はしない。あきらめることもない。私が重荷になっていたのかもしれない。具合の悪かった私の世話で疲れ果てたのかもしれない。「姉さんは死んだりしない」と私は言う。「今夜は食事をしましょう」

「おやおや、ディッカ」と彼女は言い、壁の方に寝返る。

姉に教えよう。希望はあることを教えよう。わずかな食べ物を手に入れて、姉を元気にしてみせる。ナチス親衛隊は夕方の薄明かりの中、扉近くに集まり、配給された食料を食べている。私たちの卑屈な態度を面白がり、残り物を投げてくれることもある。そこで私は彼らの前でひざまずく。「お願いです。お願いです」と私は施しを求める。彼らは笑う。ひとりの兵士が缶入り肉の一切れを私に向かって掲げたので、そちらに突進すると、兵士は自分の口に入れ、みんなで大笑いする。彼らは私が疲れ果てるまでこんなふうに弄ぶ。マグダは眠っている。このまま彼女を落ち込ませておくのは嫌だ。ナチス親衛隊はピクニックを終えると、用足しや煙草を吸いに行く。私は通用口からこっそり抜け出す。

肥やしとリンゴの花とドイツ煙草の匂いがする。芝生は湿気があり、冷たい。漆喰《しっくい》仕上げの塀の向こうに庭が見える。小さなレタスの球、豆のつる、ニンジンの羽のような緑色の葉が見える。もうニンジンを抜き取ったかのように、私の口にカリカリとした感触と土の味が広がる。塀をよじ登るのはむずかしくない。その上で体が揺れたせいで両膝を少し擦りむき出血したが、おかげで肌に新鮮な空気が触れたように感じる。まるで深いところに沈んでいた幸運が浮かび上がってくるような感じだ。私は有頂天になる。ニンジンの葉を握り、引っ張ると、土がその根を解き放つときに縫い目を引き裂くような音がする。両手に重い感触がする。根からぶらさがる土の塊。その土の匂いでさえご馳走のようだ——種子のように、そこにあらゆる可能性が封じ込められているように感じる。ふたたび塀を登ると、両膝に土がパラパラと落ちる。マグダが一年ぶりの新鮮な野菜にかぶりつく顔を思い浮かべる。私は大胆に行動し、それは報われた。それこそ、私がマグダに見せたかったもの。食事よりも、血液に栄養素を溶け込ませることよりも、ただ希望を与えたかったのだ。私はふたたび地面に飛び降りる。

　しかし、そこにいるのは私だけではない。男が私を見下ろす。銃をつかむ。ナチス親衛隊ではなく、ドイツ国防軍兵士だ。銃より悪いのはその目、厳しい目だ。よくまあ、そんなことができるな？　とその目が言う。痛い目に遭わせてやる。彼は私をひざまずかせる。銃の撃鉄を起こし、私の胸に向ける。お願い、お願い、お願い、お願い。メンゲレといたときのように祈る。私を殺さないように彼を助けてください。体が震える。ニンジンが脚に当たる。彼は一瞬銃を下ろしたあと、ふたたび持ち上げる。カチッ、カチッ。死の恐怖より悪いのは、体が動かず、なすすべもない感覚。次の瞬間、何が起こるかわからない感覚だ。彼は私を引っ張り立たせ、マグダが眠る建物の方向に向かせる。そして、銃の台尻で私を中に押しやる。

「小便だ」と彼が中にいる見張りに伝え、彼らは一緒に下品に笑う。私はニンジンを服にたくし込む。

　マグダはなかなか起きない。目を開ける前に、その掌にニンジンを押しつけなくてはならない。マグダはあまりに慌てて食べたので、頬の内側も嚙んでしまう。私に礼を言いながら泣いている。


　翌朝、ナチス親衛隊に大声で起こされる。また行進の時間だ。飢え、げっそりしている私は、ニンジンのことは夢だったに違いないと思う。だが、マグダがポケットに残しておいた、ひとつかみのニンジンの葉を見せる。それはしおれていた。以前の生活なら捨ててしまうか、屋根裏のガチョウに食べさせるような野菜くずだ。しかし、今は素晴らしいものに見える。まるで魔法によって金貨で一杯になるおとぎ話のポットのように。垂れ下がり、茶色っぽくなったニンジンの葉は、秘密の力が働いた証しなのだ。危険を冒して取りに行くべきでなかったが、私はそうした。私は生き残るべきでなかったが、私はそうなった。「べき」という言葉などいらないものだ。そこにあるのは支配だけではない。別の道徳基準、別の影響力も働いている。私たちは骨と皮だ。私たちはあまりに具合が悪く、栄養不足のため、歩くのもやっとの状態で、ましてや行進や労働など無理だ。けれども、そのニンジンは私を力づけてくれる。〈今日を生き延びれば、明日、私は自由になる〉私は頭の中でこの言葉を繰り返す。

私たちは人数確認のための列に並ぶ。私はまだ頭の中であの言葉を繰り返している。恐怖に満ちたさらなる一日を送るために、肌寒い朝の中へ出発しようとしたちょうどそのとき、扉のあたりで騒動が起きる。ナチス親衛隊の見張りがドイツ語で怒鳴ると、別の男が怒鳴り返し、無理やり部屋に入ってくる。私は息をのみ、倒れないようにマグダの肘をつかむ。あの庭にいた兵士だ。厳しい顔つきで部屋を見渡している。

「生意気にも規則を破った小娘はどこだ？」と彼は詰問する。

私は震える。体を落ち着かせることができない。彼は仕返しに来た。みんなの前で罰を与えたいのだ。あるいは、そうしなければならないと思っている。彼が私に説明のできない優しさを示したことが誰かの知るところとなり、自分の危険な行為の報いを受けなければならない。私を懲らしめることで、自分を懲らしめなければならないのだ。私はおののき、恐ろしさのあまり、ほとんど息もできない。私は追い込まれている。自分が死のすぐ隣にいるのがわかる。

「小さな犯罪者はどこにいる？」と彼がもう一度たずねる。

彼は今にも私を見つける。あるいは、マグダのコートからのぞくニンジンの葉を見つける。彼が私に気づくまで待つ緊張感に耐えられない。私は床に崩れ落ち、彼のところまで這っていく。マグダは私を止めようとするが、遅すぎる。私は彼の足元にうずくまる。彼のブーツの泥と、床の木目が目に入る。

「お前」と彼が言う。その声には嫌悪感がある。私は目を閉じる。私は蹴られるのを覚悟する。撃たれるのを覚悟する。

何か重い物が私の足の近くに落ちる。石なのか？　石を投げつけて殺すのだろうか？　時間をかけて？

違う。パンだ。黒いライ麦パンの小さなかたまり。「あんなことをするとは、よほど腹が減っていたに違いない」と彼は言う。

今、あの男性に会うことができたらどんなにいいか。あの男性は、ヒトラーの帝国が十二年間つづいても、人びとから善意を奪うほどの憎しみは生まれなかったという証しだ。彼の目は私の父の目。緑色。そして慰めに満ちていた。

第5章　死の階段

ふたたび何日も何週間も行進する。アウシュヴィッツを出てからずっとドイツ内にいたが、ある日、オーストリアへの国境に到着し、そこで国境通過を待つ。私たちが長々とつづく列に並ぶ間、見張りたちは世間話に興じる。私の目にはその列が秩序の錯覚のように映る。何かのあとには当然、次がつづくという錯覚だ。立ち止まっていられるのは安らぎだ。見張りたちの会話に聞き入る。ルーズベルト大統領が死んだと言っている。戦争の終結を託されたのはトルーマンだ。この苦しみの外にある世界で、ものごとが変化しているのを聞くのはおかしな気分だ。新しい方針が決定される。そういう出来事は日々の生活から遠く離れたところで起こる。今、まさにこの瞬間にも、誰かが私に関わる選択をしていることに気づき、衝撃を受ける。厳密に言えば、私のことではない。私は名もなき存在だ。だが、権力をもつ誰かが決断を下し、それにより私に起こることが決まる。向かうのは北、南、東、それとも西なのか？　ドイツ、それともオーストリアなのか？　戦争が終わるまでに生き残っているユダヤ人たちをどうすべきなのか？

「戦争が終わったら……」と見張りは始める。しかし、彼は自分の考えを語らない。これはかつてエリックと私が楽しんだ未来の話のようだ。戦争が終わったら……。状況を適切に判断すれば、彼はまだ生きていると考えてよいのだろうか？　自分は鉄道駅の外で待っているところという空想にふける。そこで一枚の切符を買うつもりだが、その行き先、彼に会う場所を決めなければならない。プラハ？　ウィーン？　デュッセルドルフ？　プレショフ？　パリ？　反射的にポケットに手を入れ、パスポートを探す。エリック、私の大切な人。これから会いに行くわ。女性国境警備兵が私とマグダにドイツ語で大声で呼びかけ、別の列へ行くよう指図する。私は動き始める。しかしマグダは動かない。警備兵がふたたび大声を出す。マグダは動かず、反応しない。頭がおかしくなったの？　なぜ私について来ないの？　警備兵はマグダの顔に向かって怒鳴るが、マグダは首をかしげる。

「わかりません」とマグダはハンガリー語で警備兵に言う。もちろん彼女はわかっている。私たちはどちらもドイツ語が堪能だ。

「わかっているくせに！」と警備兵が怒鳴る。

「わかりません」とマグダは繰り返す。その声はまったく穏やかだ。肩をそびやかし、背筋を伸ばしている。私は何かを見逃しているだろうか？　姉はどうしてわからないふりをしているのか？　反抗的な態度を取っても、よいことなどないのに。正気を失ってしまったのだろうか？　ふたりは言い争いをつづける。ただし、マグダは言い争ってなどいない。単調に、穏やかに、わかりません、わかりません、と繰り返しているだけだ。警備兵が自制心を失う。銃の台尻をマグダの顔に強く打ちつける。さらに警備兵はマグダに殴りかかる。マグダが倒れるまで殴りつづけたのち、私と別の少女に合図し、マグダを一緒に連れていかせる。

マグダは痣《あざ》だらけで、咳《せ》き込んでいるが、その目は輝いている。「私は『わかりません』と言った」と彼女は言う。「私は『わかりません』と言ったんだ」彼女にとって、それは素晴らしい敗北。彼女がもつ力の証し。警備兵が自制心を失うまで、一歩も引かなかったのだから。マグダは民間人として抵抗することで、自分を運命の犠牲者でなく、選択の主のように感じている。

しかし、マグダが感じた力は長つづきしない。私たちはまもなく行進を再開し、これまで目にしたどこよりもひどい場所に向かう。

マウトハウゼンに到着する。そこは男性だけの強制収容所。囚人はそこにある石切り場で花崗岩を切り出し、運ばされる。石はヒトラーの夢の都市、ドイツの新しい首都、新ベルリンの建設に使用される。階段と死体しか目に入らない。白い石でできた階段が上へ上へと伸び、空まで歩いて行けるかのようだ。死体がいたるところに山積みになっている。死体はおかしな格好にねじれ、まるで壊れた鉄条網の残骸のようだ。骸骨のように痩せ、傷を負った体がもつれ合い、ほとんど人間の形をなしていない。私たちは白い階段の上で一列に並ぶ。それは「死の階段」と呼ばれる。この階段で次の選別を待つのだろう。その選別が、死に向かうのか、それともさらなる労働に向かうのかを決める。噂が列を伝わってくる。聞くところによれば、マウトハウゼンの囚人たちは、五十キロの石の塊を石切り場から一八六段上まで運ばされる。一列になって駆け上るのだ。私はエジプトのファラオの奴隷だった祖先たちが、石の重みに前かがみになる姿を思い浮かべる。この死の階段では、石を背負い、階段を駆け上っているとき、前にいる誰かが階段を踏み外したり、倒れ込んだりすれば、後ろの者、その後ろの者が次々と落ちていき、列全体が崩れ落ちた結果、山積みになるのだと教えられる。しかし、そこで生き残ってしまうと、もっと悲惨なことになるらしい。生き残った者たちは断崖の先端に立たされる。その名を落下傘兵の壁という。そこで銃口を突きつけられた状態で、選択を強いられる。自分が射殺されるか、それとも横にいる囚人を崖から突き落とすか？

「私を突き落として」とマグダが言う。「そんな状況になったら」

「私もよ」と私。姉が撃たれるのを見るより、千回落ちる方がましだ。ひどく衰弱し、飢えている私たちには、礼儀からこんなことを言う余裕はない。その言葉は愛情から出たものであると同時に、自己保身から出たものでもある。また重い物を運ばされるのは嫌だ。いっそ石の間に落としてほしい。

私の体重は囚人たちが死の階段を運び上げる石より、ずっと、ずっと軽い。あまりに軽いから、葉っぱや羽根のように吹き流されてしまう。下へ、下へと。今も落ちていきそうだ。次の一段を上がるのでなく、仰向けに倒れそうだ。今の私は空っぽなのだろう。地面に留め置く重さがない。重さがほとんどないという幻想、生の重荷を解き放つ幻想に浸りかけていると、列の前にいる誰かがその魔法を解く。

「あそこに火葬場がある」と彼女が言う。

私は上を見る。死の収容所を離れてから何ヵ月も経ったせいで、煙突が当たり前のようにそびえ立つ光景を忘れていた。ある意味、それは安心感を与えてくれる。真っ直ぐに積み重ねられた煉瓦を見て、死がすぐ近くにあると感じることは――煙突は向こう側に渡る橋、肉体から大気に変化する場所にすぎないと理解することは――自分は死んだも同然と考えることは――ある意味、筋が通っている。

そう思いながらも、その煙突が煙を吐くかぎり、私には戦う相手がいる。私には目的がある。「私たちは朝に死ぬ」という噂が流れる。あきらめの気持ちが、避けようもなく、つねに働いている重力のように、私を強く引っ張るのを感じる。

日が暮れ、階段で眠る。選別を始めるのに、どうしてこんなに時間がかかるのだろう？　気持ちが沈んでいく。朝には死ぬ。朝になれば、私たちは死ぬ。母は子どもと老人の列に加わったとき、これから起こることに気づいただろうか？　マグダと私が別の道に進むよう指示されたのを見たときは？　死にあらがっただろうか？　死を受け入れただろうか？　最後まで気づかなかっただろうか？　死の間際に自分が死ぬのだとわかることは重要なのだろうか？　朝には死ぬ。朝になれば、私たちは死ぬ。噂が、確実に起きることが、石切り場の石にこだまするかのように繰り返されるのが聞こえる。私たちはただ消えてなくなるために何百マイルも行進させられたのだろうか？

頭の中を整理したい。死の間際に考えることを月並みなもの、気の滅入るものにしたくない。何が重要なの？　これまでの人生にどんな意味があったの？　死の間際に思うことが、これまで見てきた恐怖の再現になるのは嫌だ。私は生きていることを実感したい。生きるということを味わいたい。エリックの声と彼の唇を思い出す。いまだ私をぞくぞくさせてくれそうな考えを探す。〈君の目をけっして忘れない。君の手をけっして忘れない〉それが私が思い出したいことだ――胸にあふれる熱いもの、さっと赤く染まる自分の肌――「思い出す」という言葉がぴったりなわけではないが。自分にまだ体があるうちに自分の体を楽しみたい。

ずいぶん前、カッサにいた頃、エミール・ゾラの『ナナ』を読むのを母に禁じられた私は、その本をこっそりと浴室に持ち込み、密かに読んだ。明日、死ぬのなら、処女のまま死ぬことになる。自分の体を知り尽くせないなら、そもそもなぜ体があるのか？　それでは私の人生の大半が謎だったことになる。初潮が来た日を思い出す。放課後、自転車で帰宅すると、白いスカートが血まみれになっていた。私は怯えた。母に駆け寄り、泣きながら、どこに傷があるのか一緒に探してと頼んだ。すると母は私を平手打ちした。初潮が来た女の子を平手打ちするのがハンガリーの習慣とは知らなかった。月経についてもなんの知識もなかった。母も姉たちも教師もコーチも友人も、誰ひとり、体の仕組みについて何も説明してくれなかった。知っていたのは、女性にはない何かが男性にはあるということだけだった。父の裸も見たことがなかったが、エリックに抱きしめられると、彼のその部分が押しつけられるのを感じたことはある。彼はそれに触れてくれとは言わなかったし、自分の体について何も教えてくれなかった。しかし、彼の体――そして私自身の体――は解かれるのを待つ謎であり、触れ合うと互いの間でエネルギーを放つという感覚が気に入っていた。

今やそれは解くことのない謎となった。欲望の小さな星々を感じたことはあるが、満足感を、約束された光の銀河のすべてを感じることはもうけっしてないのだ。私は死の階段でそのことを嘆き悲しんでいた。母、父、姉、恋人、国、家など、知っているものをすべて失うこと、失ってしまったことはつらい。それなのに、なぜ自分が知らないものまで失わなくてはならないの？　なぜ未来を失わなくてはならないの？　私の可能性は？　私が産まなかった子どもたちは？　父が縫うことのない私のウェディングドレスはどうなるの？　私は処女のまま死ぬのだ。それを死の間際に考えることにしたくない。私が考えるべきは神のことだ。

けっして揺るがない力を想像しようとする。マグダは信仰を失った。彼女だけでなく、大勢の人が。「こんなことをさせておく神なんて信じられない」と彼らは言う。私には彼らの意味するところがわからない。ガス室や溝、絶壁や一八六段の白い階段で私たちを殺しているのは神ではない、と理解するのはむずかしいと思ったことはない。死の収容所を運営しているのは神ではない。それは人間だ。しかし、ここでもまた恐怖を目の当たりにし、そのままにさせたいとは思わない。私は神のことを、踊っている子どものような存在として想像する。快活で、純真で、好奇心が強い。

今、神の近くにいようとするなら、私もそうでなくてはならない。驚くべきものに感動し、疑問を抱く自分の一部を最後の瞬間まで生かしつづけたい。私がここにいること、ここで行われていることを知っている人、アウシュヴィッツやマウトハウゼンのような場所の存在を知っている人はいるのだろうか、と疑問に思う。両親は今の私を見ているのだろうか、と疑問に思う。エリックはどうだろう。男性の裸はどんなものだろう。今、まわりは男性ばかりだ。もう生きていない男性たち。私が見ても彼らの自尊心を傷つけることはない。それよりもっと悪い罪は好奇心を手放すことだ、と自分に言い聞かせる。

私は階段で眠るマグダを残し、死体が積み重なる泥だらけの丘の斜面へと這っていく。まだ服を着ている者から服を剝ぎ取るつもりはない。死者を弄ぶつもりはない。しかし、男性が墜落していれば、私は見る。

ある男性を見ると、両脚を曲げている。両脚が同じ体のもののようには見えないが、両脚が合わさっている場所はわかる。陰毛が見える。私と同じで、黒っぽく、硬い。そこに小さなものがぶらさがっている。小さなマッシュルームに似た柔らかいものが泥の中からのぞいている。女性のものはすべて内にしまい込まれているのに、男性のものはむき出しで、ひどく無防備なのがとても不思議だ。私は満足する。これで、自分を生み出した生物学に無知なまま死ななくてすむ。

夜が明けると列が動き始める。みんな口数が少ない。声をあげて泣く者がいる。祈る者がいる。ほとんどの者がそれぞれに恐怖、後悔、あきらめ、あるいは安堵の念に浸っている。昨夜見たものをマグダには伝えない。この列は移動が速い。もうあまり時間が残されていない。よく夜空に見つけていた星座を思い出そうとする。母が焼いたパンの味を思い出そうとする。

「ディツカ」マグダが呼ぶが、私は弱々しい呼吸を何度かしたあとに、ようやくそれが自分の呼び名だと気づく。階段の最上部に来ていた。選別する将校はすぐ前にいる。全員が同じ方向に進まされる。これは選別の列ではない。どこかに誘導されている。本当におしまいなんだ。彼らは全員まとめて死に追いやるために朝まで待ったのだ。互いに再会を誓うべきなの？　それとも謝罪の言葉？　何を言うべきなのだろう？　私たちの前には五人の少女がいる。姉には何を言うべきなの？　ふたりの少女。

そのとき、列が止まる。門の近くに集まっているナチス親衛隊の見張りたちの方へ連れていかれる。

「逃げようとする者は撃つ！」彼らはこちらに向かって大声で言う。「遅れを取った者は撃つ！」

私たちはまたも救われた。理由はわからない。

私たちは行進する。

これはマウトハウゼンからグンスキルヒェンへの死の行進だ。それまで強いられた行進の中で距離はいちばん短い。しかし、私たちはそれまでにかなり衰弱していたため、二千人のうち、生き残るのはたった百人だ。マグダと私はけっして離れまい、倒れまいと互いにしがみつく。一時間ごとにかなりの数の少女たちが溝や道端に倒れ込む。衰弱した者や病人が動けなくなれば、その場で殺される。私たちはまるでタンポポの頭花のようだ。種となり、風に飛ばされ、白い綿毛はあと少ししか残っていない。私は、ただ、ただ、飢えていた。

体中が痛い。それなのに体中の感覚がない。もう一歩も歩けない。あまりの痛さに自分が動いていることを感じられない。私はただの痛みの回路、痛みをフィードバックする信号だ。マグダと他の少女たちが両腕で私を持ち上げるまで、自分が転んだことに気づかない。彼女たちは互いの指を組み合わせ、人間の椅子を作ってくれた。

「あなたはパンを分けてくれたから」とそのひとりが言う。

それを聞いても訳がわからない。パンを味わったのはいつのことだったか？　しかし、やがて記憶が蘇る。アウシュヴィッツでの最初の夜。演奏を命令するメンゲレ。私に踊るよう命令するメンゲレ。この体が踊った。この心がオペラハウスを夢見た。この体があのパンを食べた。あの夜、こう考え、今ふたたび同じことを考えているのは私だ。メンゲレが母を殺した。メンゲレが私を生かした。一年近く前にパンの皮を分け合った少女が、私のことを覚えていてくれたのだ。彼女は最後の力をふり絞り、マグダや他の少女たちと指を組み合わせ、私を空中に持ち上げる。ある意味、この瞬間を作ったのはメンゲレだ。あの夜も、その後の夜も、彼は私たちの誰も殺していない。そして、パンをくれたのだから。

第6章　イワシの缶詰の光

前より悲惨な場所は必ずある。それが私たちが生きていることに対するご褒美だ。行進が終わると、私たちはグンスキルヒェン強制収容所にいる。そこはマウトハウゼンの補助収容所のひとつで、村に近い湿地の森に木造建築物がいくつか建っている。奴隷労働者数百人を収容する場所に、現在、一万八千人が収容され、満員状態だ。ここは死の収容所ではない。ここにはガス室も火葬場もない。しかし、私たちが死ぬためにここに送られたのは間違いない。

生きている者と死んでいる者の判別はむずかしい。病気が体の中に外に、入り込んでくる。発疹チフス。赤痢。シラミ。皮膚潰瘍《かいよう》。重なり合う体。生きている者、腐りかけている者。馬の死体が半分かじられている。生で食べろ。肉を切るのにナイフなどいらないだろう？　骨からかじり取ればいい。混み合う木造建築物か地面の上で三層になり、折り重なるように眠る。自分の下の誰かが死んでも、眠っていればいい。死者を引っ張り出す力などない。空腹のあまり、体をふたつ折りにしている少女がいる。腐りきり、真っ黒になった足がある。

じめじめと鬱蒼とした森に押し込まれた。大火を起こし、ひとり残らず焼死させるためだ。あちこちにダイナマイトが取り付けられる。爆発が起こり、その炎に焼き尽くされるのを待つ。大きな爆破以外にも危険はある。飢餓、発熱、病気。トイレは、収容所全体で、十二個の穴のある掘り込み式がひとつあるだけだ。順番を待てずに漏らしてしまえば、その場で射殺される。自分の排泄物が溜まった場所で。ゴミを焼く炎がいくつもくすぶっている。地面は泥の穴と化し、歩く力があったとしても、泥と糞の混じったドロドロしたものに足を取られる。アウシュヴィッツを出て、五～六ヵ月が過ぎている。

マグダが火遊びをする。それが手招きする死に対する彼女の答えだ。彼女はフランス人と出会う。パリから来た男で、戦争前はリュ・ドゥなんとかという住所に住んでいた。私はそれを忘れまいとする。こんな恐怖のどん底にいても、人と人の間には恋の化学反応が生まれ、そのおかげで胸がいっぱいになり、気持ちが明るくなる。私はふたりを眺める。まるで夏のカフェに座り、ふたりの間の小皿をカチャカチャいわせているかのように話をしている。これこそ生きているということ。尊い胸のときめきを恐怖に対抗する火打ち石として利用するのだ。精神を破滅させるな。松明《たいまつ》のように掲げろ。フランス人に名前を教え、彼の住所を記憶に刻み込み、パンのようにゆっくりと味わい、嚙みしめろ。

グンスキルヒェンにほんの数日いただけで、私は歩けない人になる。まだ気づいていないが、背骨を骨折している（今でさえ、どこで、どんなふうにそんな怪我をしたのかわからない）。私にわかるのは、私には力が残されていないことだけ。空気が湿った屋外に横たわり、見知らぬ者たちの体と絡み合い、誰もが重なり合って眠る。その中にはすでに死んでいる者、ずいぶん前に死んだ者もいれば、私のようになんとか生きている者もいる。現実ではないとわかっているものが見える。すべてが、現実だが現実であるべきでないものと混ざり合って見える。母が私に本を読み聞かせる。スカーレットが叫ぶ。「私は実際には存在しないものを愛してきたの」父は私にプチフールを投げ与える。クララはメンデルスゾーンのバイオリン協奏曲を弾き始める。窓際で弾くのは、通行人が気づき、顔を上げてくれるから。注目を引き寄せられるから。露骨にそんなことはできないからだ。これこそ生きている者がすること。人は自分の必要に合わせて弦を震わせる。この恐ろしい場所で、人が人肉を食べるのを見る。私にできるだろうか？　自分の命のために、死者の骨からぶら下がる皮膚にかぶりつき、嚙めるだろうか？　許されないほど残酷に人の体が汚されるのを目撃したこともある。ナチス親衛隊の将校たちが少年を木に縛りつけ、その足、手、両腕、耳を撃った――罪のない子どもが射撃訓練に使われたのだ。また、どういうわけか即座に殺されることなく、アウシュヴィッツに入れられた妊婦がいた。陣痛が始まると、ナチス親衛隊はその両脚を縛りつけた。私は彼女ほど苦しむ人を見たことがない。

飢えた者が死者の肉を食べるのを見ると、胃から苦いものがせり上がる。目の前が真っ暗になる。私にはできない。けれども食べなければならない。食べなければ死ぬ。踏み潰された泥から草が育っている。その葉をよく見ると、長さも色合いもそれぞれ違うのがわかる。草を食べよう。あの葉ではなく、こちらの葉を選ぶ。その選択で私の頭はいっぱいになる。これこそ選択が意味することだ。食べるか、食べないか。草を食べるか、人肉を食べるか。この葉を食べるか、あの葉か。ほとんどの時間、私たちは眠る。飲むものは何もない。時間の感覚がまったくなくなる。

たいてい眠っている。目覚めているときでさえ、意識を保つのに苦労する。

ふと見ると、マグダが缶詰を手に私のところへ這ってくる。缶詰は日差しを受け、きらりと光る。イワシの缶詰だ。中立の立場にある赤十字が囚人に支援物資を届けるのを許され、マグダがうずくまって列に並び、イワシの缶詰を手に入れたのだった。しかし、開ける方法がない。それは残酷さの新たな味わいにすぎない。善意から出た善行でさえ、無駄になる。姉はゆっくりと餓死しつつある。手に食べ物を握りながら。マグダはかつて気をしっかりもつために自分の髪を握りしめたように、缶詰を握りしめる。開けられない缶詰は、今の彼女がもつ最も人間らしい部分だ。私たちは死者であり、死にかけている者でもある。自分がどちらなのかわからない。


昼間が夜と入れ替わるのを意識の端で気づいている。目を開けても、自分が寝ていたのか、気を失っていたのかわからず、どれくらいそうしていたのかもわからない。たずねる力もない。どれくらい経ったのだろう？　自分の呼吸を感じ取れるときもある。頭を動かし、マグダを探そうとするときもある。彼女の名前を思い出せないときもある。

いくつもの叫び声が死にも似た眠りから私を目覚めさせる。あの叫び声は死の使者に違いない。私は約束された爆発、約束された熱さを待つ。目を閉じたまま、焼かれるのを待つ。だが、爆発は起こらない。炎もない。目を開けると、収容所を道路や空から覆い隠している松林から、何台ものジープがゆっくりと入ってくるのが見える。「アメリカ人が来たぞ！　アメリカ人がここにいる！」衰弱した者が叫んでいる。ジープがぼんやりと波打っているように見える。まるで水越しに、あるいは猛烈な暑さの中で眺めているかのようだ。これは集団幻覚なのだろうか？　誰かが『聖者の行進』を歌っている。七十年以上もの間、この時の感覚を忘れたことはない。しかし、その出来事の最中、私にはその意味がまったくわからない。

私に見えるのは軍服の男たち。私に見えるのは星条旗――それが米国の国旗だと気づく。私に見えるのは鮮やかに71という数字が装飾された旗。ひとりの米国人が囚人たちに煙草を手渡しているのが見える。あまりの空腹に彼らは紙も含めてまるごと食べてしまう。私は死体にもつれた状態でじっと見る。どの脚が自分の脚なのかわからない。「生きている者はいるか？」米国人がドイツ語で呼びかける。「生きているなら、手を挙げてくれ」自分が生きていることを知らせようと、指を動かそうとする。ひとりの兵士がズボンについた泥の筋が見えるほど、すぐ近くまで歩み寄る。彼の汗の匂いがわかる。ここにいます、と呼びかけたい。私はここです。声が出ない。彼は死体を探しまわる。彼の目が私に気づかないまま通り過ぎる。彼は汚れた布で自分の顔を覆う。「僕の声が聞こえたら、手を挙げてくれ」と彼は言う。布を口からほとんど動かさないまま話す。私は必死に自分の指を見つけようとする。お前はここから生きて出られない、と彼らは言った。私のピアスをもぎ取ったカポ。インクを無駄にしたくなかった入れ墨係のナチス親衛隊将校。撚糸工場の女性作業長。あの長い長い行進中に囚人たちを射殺したナチス親衛隊。これが彼らにとっては正しいことなのだ。

兵士は英語で何か叫ぶ。誰かが大声で答える。彼らは立ち去ろうとしている。

そのとき、地面で光が爆発する。炎が上がる。ついに来た。驚いたことに、それはなんの音も立てない。兵士たちが振り向く。無感覚の体が突然、熱くなる――炎の熱だと思う。あるいは熱があるのか。しかし、違う。火災ではない。輝く光は炎ではない。マグダのイワシ缶が日光を反射している！　意識的であれ、偶然であれ、彼女は魚の缶詰で兵士の注意を引きつけたのだ。彼らが戻ってくる。私たちにはもう一度チャンスがある。心の中で踊れるなら、自分の体に気づかせることができる。目を閉じ、精神を集中させ、両手を頭の上に挙げ、頭の中でアラベスクの姿勢を取る。兵士たちのひとりがもうひとりに、ふたたび叫ぶのが聞こえる。ひとりは私のすぐ近くにいる。私は目をしっかり閉じたまま、踊りつづける。その兵士と一緒に踊っているのだと想像する。メンゲレがいたバラックでロミオがしたように、彼が私を頭上にリフトしているのだと。そこに愛が存在し、それが戦争から飛び立つのだと。その対極には、いつも、どんな場合も死が存在するのだと。

するとと、自分の手が感じられる。それが自分の手だとわかるのは、兵士が触れているから。私は目を開ける。彼の幅のある黒っぽい手が私の指を撫でまわすのを見る。私の手に何かを押しつける。ビー玉。色とりどりのビー玉だ。赤色、茶色、緑色、黄色。

「食べ物だよ」と兵士は言う。彼は私の目をのぞき込む。その肌は見たこともないほど黒く、唇は厚く、目は深い茶色だ。私が手を口まで持っていくのを手伝ってくれる。ビー玉を乾いた舌に載せるのを助けてくれる。唾液があふれ、何か甘い味がする。チョコレートの味がする。この風味の名前を思い出す。いつもポケットに小さな甘いものを入れておくんだ、と父は言った。ここにその甘いものがある。

でも、マグダは？　彼女も見つかったのだろうか？　まだ言葉を話せず、声も出ない。つっかえながら、ありがとうと言うこともできない。姉の名前の音節を声にすることもできない。兵士からもらった小さなお菓子を舐めるのがやっとだ。もっと食べ物を求める欲望以外ほとんど何も考えられない。水も飲みたい。彼の注意は私を死体の山から引っ張り出すことに向けられている。まず私から死体を引き剝がさなくてはならないのだ。顔も手足もだらりとした死体。ガリガリに痩せていても重く、持ち上げるとき、彼は顔を歪め、力を振り絞る。顔に汗が流れる。悪臭に咳き込む。口を覆う布の位置を調整する。死後どれくらい経っているのか、誰にわかるだろう？私よりほんの少し先に逝っただけかもしれない。感謝の気持ちをどう伝えればいいのかわからない。けれども、それを全身でひしひしと感じている。

今、彼は私を抱き上げ、地面に仰向けに横たえる。重なる死体からわずかに離して。梢《こずえ》の隙間から空が見える。顔に湿った空気を感じ、体の下に泥だらけの草地の湿り気を感じる。その感覚の中で心を落ち着かせる。母の長い巻き髪、父のシルクハットと口髭が目に浮かぶ。私が感じ、これまで感じてきたあらゆるものは、ふたりから、私を生み出したふたりの結婚から生まれたもの。ふたりは腕の中で私を揺らしてくれた。私を地球に生み出してくれた。私の誕生についてマグダから聞いた話を思い出す。「あなたが助けてくれた」と母はその母親に向かって泣いた。「あなたが助けてくれた」

今、マグダは私の横の草地にいる。イワシの缶詰を握っている。私たちは最後の選別を生き抜いたのだ。私たちは生きている。一緒にいる。私たちは自由だ。

2

脱出

第7章　暗闇になりかけた人

このような瞬間——収監の終わり、戦争の終わり——を想像したとすれば、それは胸が喜びであふれる感覚だ。声をかぎりにこう叫ぶ自分を想像した。「私は自由！　私は自由よ！」

けれども今、私に声はない。私たちは沈黙の川。グンスキルヒェン墓地から最寄りの町へと流れていく、解放された者たちの流れだ。私は間に合わせの荷車に乗る。車輪がキーキーと音を立てる。私はかろうじて意識を保つ。この自由には喜びも安堵もない。それは、森の外に向かうゆっくりした散歩。呆然とした顔。なんとか生きてはいるが、うつらうつらしている状態。しかし、食べ物をがつがつ詰め込んでは危険だ。間違った食べ物は生命を危険にさらす。そして自由とは、潰瘍、シラミ、発疹チフス、膨れ上がった腹、ぼんやりした目のことだ。

気がつけば、マグダが私の横を歩いている。荷車がガタガタ揺れるたび、体中が痛む。痛いとか、痛くないとか考える贅沢など、もう一年以上味わっていない。私に考えられたのは、他の人たちについていく方法、一歩前に進む方法、その場所でわずかな食べ物を手に入れる方法、機敏に歩く方法、立ち止まらない方法、生きつづける方法、取り残されない方法だった。今、危機は去り、心の痛みと体の苦しみが意識を幻覚に変える。サイレント映画。骸骨の行進。大半は廃人同様で、歩くこともできない。荷車に横たわるか、杖に寄りかかる。囚人服は汚れ、擦り切れ、あまりにボロボロで、皮膚をほとんど隠していない。皮膚も骨をほとんど隠していない。まるで解剖学の標本だ。肘、膝、踵、頬、指関節、肋骨が問いかけのように突き出ている。今の私たちは何なのか？　骨はおぞましく、目は洞穴。空虚で暗く、空っぽだ。うつろな顔。暗藍色の指の爪。まるで動くトラウマ。のろのろ進む食屍鬼《しょくしき》のパレード。歩くたび、荷車が敷石に乗り上げるたび、私たちはふらつく。オーストリア、ヴェルスの広場は囚人の列で埋められる。町の人たちが窓から目を丸くして眺める。私たちは怯えている。誰もしゃべらない。広場が沈黙で満たされる。人びとが自宅に駆け込む。子どもたちは目を覆う。地獄を生き抜いた私たちは、他人の目には悪夢のような姿に映る。

　重要なのは食べ、飲むこと。しかし、大量に、急いで取ってはいけない。食べ物の過剰摂取も起こり得る。そうせずにいられない者もいる。自制心など、筋肉や贅肉と一緒に溶けてなくなったからだ。飢えていた時間が長すぎた。のちに聞いたことだが、同郷のある少女、姉クララの友人の妹は、アウシュヴィッツから解放されたというのに、結局、食べすぎで死んでしまった。飢えたままでいても、飢えを終わらせても、命取りになる。幸運にも、私に必要な咀嚼《そしゃく》力はなかなか元に戻らない。幸運にも、米軍兵士たちがくれるのはわずかな食べ物。ほとんどがお菓子。あの色のついた小さなビー玉はエムアンドエムズというものだとわかる。

　私たちを自宅に住まわせたがる人はいない。ヒトラーが死んでから一週間足らず。ドイツが公式に降伏するのは、まだ数日先のことだ。武力衝突はヨーロッパのいたる地域で終わりに近づきつつあっても、いまだ戦時だ。食料と希望が足りている人などいない。そのうえ、生還者で元捕虜である私たちをいまだに敵だと考える人たちもいた。寄生虫。社会の害虫。戦争がユダヤ人差別を終わらせるわけではない。米軍兵士たちがマグダと私をドイツ人家族の家に連れていく。母親、父親、祖母、三人の子どもがいる家庭だ。そこは、私たちが移動できる体力を取り戻すまで暮らすところだ。用心しろ、と米国人たちは片言のドイツ語で警告する。まだ平和が戻ったわけではない。何が起こるかわからない。

そこの両親は家族の所持品を残らず寝室に持ち込み、父親がその扉に鍵をかけて見せる。子どもたちは順番に私たちを見に来ては走って逃げ、母親のスカートの後ろに顔を隠す。私たちは彼らの強い興味と恐怖の対象なのだ。ナチス親衛隊の表情のない目、本能的な残酷さ、支配力を握る喜びを示す場違いな歓声には慣れている。自分を鼓舞することで偉くなった気になり、目的意識と支配意識を高める彼らのやり方には慣れている。しかし、子どもたちが私たちに向ける眼差しはそれよりつらい。私たちは無邪気さに対する罪なのだ。まるで罪人であるかのように私たちを見る眼差しから、それがわかる。その顔が示す衝撃は憎しみよりつらい。

兵士たちが私たちの寝室へ案内してくれる。そこは子ども部屋だ。私たちは戦争孤児なのだ。彼らは私を抱き上げ、木製ベビーベッドに入れる。私はそんなにも小さい。体重は三十二キロだ。私はひとりで歩けない。まるで赤ん坊。考えるとき、ほとんど言葉を使わない。使うのは痛みや必要なものがあるときだけだ。私は抱きしめてもらいたくて泣きたくなるが、抱いてくれる人などいない。マグダは小さなベッドでボールのように体を丸める。

扉の向こうからの物音で目が覚める。眠りすらもろい。私はつねに怯えている。すでに起こったことに、これから起こるかもしれないことに怯えている。暗闇の中で音がすると、自宅から追い出されたあの早朝、クララのコールをコートに隠した母と、アパートメントを振り返って見ていた父を思い出す。過去が蘇るたび、自宅と両親をもう一度失う。ベビーベッドの木製の柵を見つめながら、自分をなだめて眠りに戻ろう、あるいはせめて気持ちを落ち着かせようとする。しかし物音はつづく。何かが壊れる音と大きな足音。すると扉がぱっと開く。米兵がふたり、部屋になだれ込む。互いの体や小さな棚にぶつかる。ランプの明かりが暗い部屋に差し込む。兵士のひとりが私を指差して笑い、自分の股をつかむ。マグダがいない。どこにいるかわからない。私が叫べば聞こえるところにいるのか、私のように怯え、どこかで身をすくませているのか。

母の声が聞こえる。結婚前に純潔を失ってはだめよ、と私たちに説教したものだ。私が純潔とは何なのか知る前に。知る必要などなかった。その脅しの意味はわかっている。自分自身を台無しにするな。期待を裏切るな。今、手荒く扱われたら、私は汚されるだけではなく、殺されるかもしれない。私はとても弱っているからだ。けれども、怖いのは単に死ぬことや苦痛ではない。母に軽蔑されるのが怖い。兵士は仲間を扉に押し戻し、見張らせる。私のところに来ると、滑稽なほど甘くささやく。ざらざらした声は落ち着きがない。汗と酒臭い息はカビに似て鋭い。自分から遠ざけなければならない。だが、投げつけるものがない。座ることすらままならない。叫び声を上げようとしても、声は小鳥のさえずりのようだ。扉のところの兵士が笑っている。いや、笑ってはいない。語気を荒らげている。英語はわからないが、赤ん坊のことを言っているのはわかる。兵士がベビーベッドの柵に寄りかかる。自分の腰を手でまさぐる。私を利用するつもりだ。粉々にするつもりだ。彼が銃を引き抜く。それを無分別に松明のように振りまわす。その両手でつかまれるのを覚悟する。しかし、彼はそうはせず、後ずさりする。扉まで、仲間のところまで下がっていく。扉が音を立てて閉まる。私は暗闇にひとりきりだ。

私は眠れない。あの兵士はきっと戻ってくる。マグダはどこなの？　他の兵士に連れていかれたの？　やせ衰えているとはいえ、彼女の体つきは私よりずっとまともで、いまだ女らしさを感じさせる。気持ちを落ち着かせるため、自分の男性に関する知識、人間の色彩を整理しようとする。エリックは繊細だが楽天的。父は自分自身と境遇に失望し、打ちひしがれるときがあっても、与えられた状況で最善を尽くし、小さな喜びを見つけるときもある。メンゲレ博士は好色で抑制が利く。採りたてのニンジンを持つ私を捕まえたドイツ国防軍兵士は、厳しいが慈悲深く、親切だ。グンスキルヒェン強制収容所の死体の山から私を引っ張り出してくれた米軍兵士は、意志が強く、勇敢だ。そして、今、この新しい色合い、この新しい陰影が加わる。解放者でありながら、襲撃者でもある兵士の存在は重いが、空虚でもある。大きく暗い虚無。まるで彼の体から人間性が消されたかのようだ。

あの夜、マグダがどこにいたのかわからない。今でさえ、彼女は覚えていない。しかし、私はあの恐ろしい夜から、何か大切なもの、けっして忘れないものを得る。私をレイプしかけたあの男、始めたことを終わらせに戻ってきたかもしれないあの男もまた、恐ろしい目に遭った。私と同じく、おそらく彼も、あの出来事を追い払おう、記憶の片隅に追いやろうとしながら一生を過ごしたのだろう。あの夜、彼は暗闇で途方に暮れるあまり、自分が暗闇になりかけたのだと私は考える。だが、そうはならなかった。彼はそうならない選択をしたからだ。

翌朝、あの兵士が戻ってくる。そう気づいたのは、まだ酒の臭いをぷんぷんさせていたから、そして恐怖のせいで薄暗がりの中であっても、私がその顔つきを記憶に刻み込んだからだ。私は両膝を抱えてすすり泣く。まるで動物のような声で。自分では止められない。それは虫の音にも似た、単調で、甲高い不快音。彼はベビーベッドの横にひざまずく。泣いている。ふたつの言葉を繰り返す。私にはその意味はわからないが、その音は記憶している。フォギブ・ミー。フォギブ・ミー。私に布袋を手渡す。重くて持ち上げられない私に代わって、中身を出してくれる――軍用食の小さな缶詰がいくつもマットレスに落ちる。私に缶詰の絵を見せる。指をさし、話す。メニューを説明する風変わりなレストランの支配人のように、次の食事は何にするか私に選ばせる。彼が話す言葉はわからない。私は絵を眺める。彼は缶詰をひとつこじ開けると、スプーンでひと口食べさせてくれる。ハムに何か甘いもの、レーズンが加えてある。父が豚肉の秘密の包みを分けてくれなかったら、その味がわからなかったかもしれない――ハンガリー人はハムと甘いものを組み合わせることはないが。私は口を開けたまま、次のひと口を受け取る。もちろん、私は彼を許す。私は飢え、彼は食べ物を持ってくるのだから。

彼は毎日やってくる。マグダはまた男性の気を引けるほど元気になっていたので、彼女に関心を持たれるのが楽しくて、この家に来るのだと、その頃は信じていた。ところが来る日も来る日も、彼はマグダにはほとんど目を向けない。私のところに来る。彼が解決しなければならない対象は私なのだ。おそらく、自分がもう少しで加えそうになった暴行の罪滅ぼしをしているのだろう。あるいは、彼の、私の、そして世界の希望と純真さは蘇らせられる、衰弱した少女はまた歩けるようになると、彼自身に証明する必要があるのかもしれない。この米軍兵士は六週間も私を気遣ってくれるが、私はあまりに衰弱し、疲労困憊していたため、彼の名前を呼んだり、書いたりすることもできない――それでも、私をベビーベッドから抱き上げ、手を引き、なだめながら一歩ずつ進ませ、部屋を歩きまわらせる。動こうとすると上背部がまるで燃えている石炭のように痛む。体重が移動する、まさにその瞬間を感じ取ることで、片足から反対側に体重を移し替えることに集中する。彼の指をしっかりつかみながら、両手を頭上に持っていく。彼を父だと考える。私が男の子であることを望んでいたのに、それでも私を愛してくれた父。お前は町で最高のドレスを着たレディになると、何度も言ってくれた。父のことを思うと、熱が背中から抜け出し、胸が熱くなる。痛みがあり、愛がある。赤ん坊は世の中にはふたつの色合いがあることを知り、私もそれを学び直している。

私より健康の回復が早いマグダは、ふたりの生活を整えようとする。ドイツ人家族が家を空けたある日、マグダはクローゼットを開け、自分たちが着られる衣服を探す。さらにクララ、ブダペストの母の弟、ミシュコルツの母の妹に宛て、手紙を送る。誰にも読まれない手紙もあるだろう。しかし、生き残っている人を見つけ、ヴェルスを出たあと、生活を築くべき場所を見つけるためだ。自分の名前をどう書いたのか思い出せない。住所は言うまでもない。文章。いったい何のことやら。

ある日、米軍兵士がノートと鉛筆を持ってくる。私たちはアルファベットから始める。彼が大文字のAを書く。Aの小文字はa。大文字のB。小文字はb。彼が私に鉛筆を渡し、うなずく。私に字が書けるのだろうか？　彼は私に書かせようとする。私がどれだけ退行したのか、どれだけ思い出せるのか知りたいのだ。CとCは書ける。Dとdも。思い出した！　彼が私を励ます。元気づける。Eとe。Fとf。しかし、そこで私はつまずく。次にGが来るのはわかるが、頭に浮かんでこない。ページの上にどう描くのか思い出せない。

ある日、彼がラジオを持参する。これまで聞いたことがないほど楽しい音楽を聞かせてくれる。軽快な音楽。気持ちを前向きにする音楽。ホルンの音色が聞こえる。音楽が動けと言っている。そのきらめきは性的な誘惑ではない――それよりもっと深いもの。断ることなどできない招待状だ。米軍兵士とその友人たちは、マグダと私の目の前で、その音楽に合わせたダンスを見せてくれる――ジルバ、ブギウギ。社交ダンスのように男同士でペアを組む。肩の抱き方さえ私には新鮮だ――社交ダンス風であっても、自由でしなやかだ。くだけた感じだが、だらしないわけではない。どうしたらエネルギーいっぱいでありながら、そんなに柔軟でいられるの？　それほど素早く動けるの？　音楽がどんな動きを導こうと、体をそれに合わせて動かせる。私もあんなふうに踊りたい。自分の筋肉に動きを思い出させたい。

ある朝、浴室に行ったマグダが、震えながら部屋に戻る。髪が濡れ、衣服をきちんと着ていない。ベッドの上で目を閉じ、体を揺らす。彼女の入浴中、私はベッドで眠っていた――今では私の体はベビーベッドには大きすぎる――ので、私が目覚めていることに彼女が気づいているかどうかわからない。

解放からひと月以上経っていた。マグダと私はこの四十日間、ほとんどずっと一緒にこの部屋で過ごしてきた。体の使い方を取り戻し、話す能力、書く能力、ダンスに挑む能力すら取り戻した。クララのことも話せるようになり、どこかで生きていて、私たちを探しているという希望も話せるようになる。しかし、自分たちがこれまで耐えてきたことは話題にできない。

もしかすると、私たちはその沈黙の中に、トラウマから解放される世界を築こうとしていたのかもしれない。ヴェルスは一時的な生活の場であり、きっと新しい生活が手招きしている。もしかすると、私たちは互いと自分自身に、未来を築くための空っぽの空間を与えようとしているのかもしれない。その空間を暴力や喪失のイメージで汚したくない。目に入るものは、死以外のものにしたい。だから、私たちの間には、何であれ、苦しみを乗り越えたという幻想を壊すものについて話さないという暗黙の合意があるのだ。

今、姉はぶるぶる震え、苦しんでいる。私が目覚めていると伝えたら、どうしたのとたずねたら、ショックを受けているのがわかると言ったら、震えの原因が何であれ、彼女はひとりきりにならないですむ。しかし、眠っているふりをすれば、この新しい痛みを映し出すことのない鏡を彼女のために残しておける。私は映し出すものを選ぶ鏡になれる。彼女が関わりたいものを映し返し、それ以外のものはすべて見えないままにしておけるのだ。

だが、結局、どうすべきか決めなくてもよくなる。彼女が話し始める。

「この家を出る前に仕返ししてやる」と彼女は誓う。

住んでいる家の家族と会うことはほとんどなかったが、彼女の押し殺した激しい怒りは、私に最悪の事態を想像させる。彼女が裸のとき、父親が浴室に入っていく場面を思い描く。「彼が……」私はつっかえながらたずねる。

「違うわ」マグダの呼吸が急に変化する。「石鹸を使おうとした。そうしたら、部屋がぐるぐるまわり始めて」

「具合が悪いの？」

「違う。でも、そうかも。私にはわからない」

「熱がある？」

「違うの。問題は石鹸よ、ディッ。私は石鹸に触ることができなかった。パニックみたいなものに襲われて」

「誰もあなたを傷つけてない？」

「それは大丈夫。問題は石鹸だった。あなたもみんなの話を知ってるでしょ。石鹸は人間から作られたらしいって。あいつらが殺した人間から」それが本当かどうか、私にはわからない。だが、グンスキルヒェン強制収容所で起きていたことと似ているだろうか？　もしかすると。

「私はまだ、ドイツ人の母親を殺したいと思ってるのよ」マグダが言う。これが彼女の空想で口癖だった、あの冬に歩いた何マイルもの道のりを思い出す。「私にはそれができるんだからね」

前進しつづけるための方法は様々だ。起きたことを受け入れて生きるには、自分らしい方法を見つける必要がある。それがどんなものか、私にはまだわからない。死の収容所からは自由になったが、創造し、人生を築き、選択する自由も手に入れなければならない。自分の自由を見つけないかぎり、果てしない暗闇の中を、ただぐるぐるとまわっているだけなのだ。

その後、体の健康の回復を助けてくれる医師たちに出会う。けれども、精神面の回復について説明してくれる人はいない。それがわかり始めるまでに何年もかかる。

ある日、あの米軍兵士と友人たちが訪れ、私たちはヴェルスを去ることになると言う。ロシア軍が生還者の帰還を支援しているのだ。その訪問はお別れを言うためだ。彼らが持参したラジオから、グレン・ミラーの『イン・ザ・ムード』が聞こえ、みんなで羽目を外す。背骨を骨折している私はステップを踏むのがやっとだが、心の中ではコマのようにまわっている。スロー、スロー、ファスト、ファスト、スロー。スロー、スロー、ファスト、ファスト、スロー。私にもできる――両腕と両脚をリラックスさせても、だらりとはさせない。グレン・ミラー。デューク・エリントン。私はビッグバンドのビッグネームを何度も繰り返す。あの米軍兵士は注意深いターン、わずかなディップ（訳注／男性が女性を抱えて女性を倒す動き）、ブレイクアウェイ（訳注／女性が男性から逃れ、ソロで踊る動き）で私をリードする。まだ体力はないものの、自分の体に可能性を感じ取ることができ、体が回復しさえすれば、なんでもできると言えそうだ。その後、何年も経ってから、切断手術を受けた患者に、幻肢《げんし》がどんなに混乱するものか説明してもらったことがある。解放から六週間後、グレン・ミラーに合わせ、生き残った姉と、私をレイプしかけたがしなかった米軍兵士と踊ったとき、私は逆の幻肢を感じていた。失いはしたが自分の一部であった何かが戻ってきたという感覚ではなく、何かがやってきて、あるべき場所に収まるというものだ。私には、ふたたび自分のものにできる四肢と人生が持つあらゆる可能性が感じられる。

＊
＊
＊

ヴェルスからウィーンまで数時間の列車の旅で、ロシアが占領するオーストリアを通り抜けながら、私はいまだ体中に残るシラミや風疹による発疹を引っ掻《か》いている。故郷。私たちは故郷に向かっている。二日後には故郷にいる！　とはいえ、帰郷の喜びを敗戦の惨状と切り離して考えることはできない。母と祖父母が亡くなったことはわかっている。父もそうであることは間違いない。彼らが亡くなってから一年以上が経った。彼らのいない故郷に帰ることは、ふたたび彼らを失うことでもある。もしかしたら、クララは。私は期待を持ちつづける。もしかしたら、エリックは。

私たちの隣にふたりの兄弟が座っている。彼らも生還者だ。孤児。カッサ出身。私たちと同じだ！　レスターとイムレという。あとでわかることだが、彼らの父親は死の行進の最中、ふたりの間を歩いているときに背中を撃たれた。私たちの故郷から国外追放された一万五千人以上のうち戦争を生き延びたのは、私たちも含め、たった七十人だったと、まもなく知ることになる。

「僕たちにはお互いがいる」彼らは言う。「僕たちは運がいい。運がいいんだよ」

レスターとイムレ、マグダと私。私たちは例外的な存在だ。ナチスはただ何百万人もの人間を殺害しただけではない。彼らは家族を抹殺したのだ。そして今、行方不明者と死者の名簿という、理解しがたいものの傍らで、私たちの人生はつづく。のちにヨーロッパ中の難民キャンプから消息が届く。再会。結婚。誕生。婚礼衣装を入手するためにカップルに発行される特別配給切符の話を聞く。私たちも国連救済復興会議の新聞を探しまわり、大陸中に散らばった生還者のリストを息を止めて眺め、そこに家族の名前がないかと期待することになる。しかし、今は列車の窓の外を眺め、何もない耕地、壊れた橋、ところどころで弱々しく成長し始めた農作物を見る以外することがない。連合軍によるオーストリア占領はあと十年つづく。通過する町々には安堵感やお祭りムードはない――不安と飢えに歯を食いしばっているような雰囲気だ。戦争は終わった。だが、それは尾を引いている。

「私の唇、みっともない?」ウィーン郊外近くまで来たとき、マグダがたずねる。彼女は景色に重なって窓ガラスに映る自分の姿を眺めている。

「どうして? 使う予定でもあるの?」私はふざけ、容赦なく人をからかう彼女らしさを引き出そうとする。私はいくつものあり得ない空想を抑えつけようとする。エリックがどこかで生きている。私はすぐに間に合わせのベールを被った戦後の花嫁になる。私は最愛の人と永遠に結ばれ、けっして独りぼっちにならない。

「真面目に言ってるの」と彼女は言う。「本当のことを教えて」

マグダの不安にアウシュヴィッツの最初の日を思い出す。頭を短く刈られた裸の姉が、自分の髪の房を握りしめて立つ姿。もしかすると姉は、次に何が起こるのかという世界規模の巨大な恐怖を、より具体的で個人的な恐怖に凝縮させているのかもしれない――恋人が見つかるほど魅力的でないという恐怖、みっともない唇をしているという恐怖に。あるいは、彼女の疑問はもっと深い不安の中でもつれ合っているのかもしれない――自分の本質的な価値について問いながら。

「唇の何が問題なの？」私はたずねる。

「ママは嫌ってた。道で出会った人が私の目を褒めてくれたことがあった。そうしたら、ママがこう言ったの。『ええ、目は美しいんですけどね。でも、この分厚い唇を見てくださいな』」

生き残ることは白か黒で、その中間はない。命を賭けた闘いに、「でも」が入り込む余地はない。しかし今、「でも」がどっと流れ込んでくる。食べるパンはある。でも、一文無しだ。体重が増えつつある。でも、心は重い。生きている。でも、母は死んだ。

レスターとイムレは数日ウィーンに滞在することにする。故郷に着いたら、私たちを探すと約束する。マグダと私はさらに八時間、列車を乗り継ぎ、北西にあるプラハに向かう。ところがある男が車両の入り口を塞ぐ。「この国の人間だけだ」とあざ笑う。この国の人間。男はスロヴァキア人だ。ユダヤ人は列車の屋根に乗らなければならない。

「ナチスは負けた」マグダがつぶやく。「でも、前と何も変わらない」

他に家に帰る手段はない。車両の上部によじ登り、他の難民たちの仲間入りをする。私たちは手をつなぎ合う。マグダはラシ・グラッドスタインという若い男性の隣に座る。彼はマグダの指を、ほとんど骨だけの自分の指で優しく撫でる。これまでどこにいたのかとたずね合うことはない。体つきと怯えた目を見れば、知るべきことはすべてわかるからだ。マグダは温かさを求め、ラシの薄い胸に寄りかかる。ふたりが互いの中に見つけたらしい慰め、魅力、絆に嫉妬を感じる。私はエリックへの愛に、再会に対する希望にひたむきなあまり、今、私を抱きしめてくれる男性の腕を求めることができない。エリックの言葉を忘れたとしても、他の男性に心地よさや親密さを求めることは怖くてできないと思う。私は骨と皮だけ。体中がシラミや腫《は》れ物だらけ。誰が私を求めるだろう？　思い切ってつながりを求めて拒否されない方がいい。自分がどれほどひどい状態か確認しない方がいい。それに今、最高の避難所を与えてくれるのは誰だろう？　私が耐えてきたものを知っている人、生還者仲間だろうか？　それとも、それを知らない人、私にそれを忘れさせてくれる人だろうか？　地獄の苦しみを味わう前の私を知っている人、以前の私に戻るのを助けてくれる人だろうか？　私の粉々にされた部分に気づくことなく、今の私を眺めることのできる人だろうか？　〈君の目をけっして忘れない〉とエリックは私に言った。〈君の手をけっして忘れない〉一年以上もの間、自分を自由へと導く地図のように、この言葉を握りしめてきた。でも、もしエリックが今の私を正視できなかったら？　再会し、人生を築いたとしても、私たちの子どもが亡霊の子どもだったら？

私はマグダに寄りかかり、体を丸める。彼女とラシは未来について話している。

「僕は医者になる」と彼が言う。

品のある若者で、私のように一～二ヵ月前には死の一歩手前にいた。彼は生き延び、彼は癒やす。人びとを癒やすのだ。その大志に私は励まされる。衝撃を受ける。彼は死の収容所から夢を抱いて出てきた。だが、わざわざ危ない橋を渡っているように思える。飢えと残虐行為を知った今でさえ、私はいくつもの小さな傷の痛みを覚えている。偏見によって踏みにじられた夢。オリンピック強化チームから私を外したときのコーチの話し方。祖父がシンガーミシン社を退職し、年金小切手を待っていたときのことを思い出す。祖父はそれを待ち焦がれていた。口を開けば、その話をした。やがて最初の小切手を受け取った。しかし、その一週間後、私たちは煉瓦工場に移動させられた。数週間後には彼は死んだ。私は間違った夢を見るのは嫌だ。

「アメリカに叔父がいる」ラシがつづける。「テキサスに。僕はそこに行き、働いて学費を貯めるんだ」

「私たちもアメリカに行くかもしれない」とマグダが言う。ブロンクスのマチルダ叔母さんのことを考えているに違いない。列車の屋根で私たちのまわりに座る人たちは、みんな米国やパレスチナの話をしている。どうして死んだ者の遺灰の中で生きつづけるのか？　自分が嫌われている場所で生き残るためにぎりぎりの生活をつづけるのか？　まもなく米国とパレスチナへの移民が制限されることを知る。この世には制限も偏見もない安息の地など存在しない。どこへ行こうと、人生はつねにこんなものなのかもしれない。今にも爆撃されたり、銃撃されたり、溝に投げ入れられたりするのではないかという恐怖は抱かないようにする。どのみち、列車の屋根に乗らされる身なのだ。風に逆らい、手を握り合う。

＊　＊　＊

プラハでふたたび列車を乗り換えることになっている。ラシにお別れを言う。マグダは彼に昔の住所、コシュート・ラヨシュ通り六番を教える。彼は連絡すると約束する。次の出発まで時間があるので、足を伸ばし、日差しの下に座り、ひっそりとパンを食べる余裕がある。公園を見つけたい。緑地や花が見たい。数歩歩くたびに目を閉じ、町や通り、歩道や人の賑わいの匂いを吸い込む。パン屋、排気ガス、香水。私たちが地獄の苦しみを味わっている間にも、こういったもののすべてが存在していたとは信じられない。店のウィンドウをじっと見つめる。お金がないことなど、どうでもいい。もちろん、それは困ったことだが。コシツェでは食べ物はただでもらえない。しかしこの瞬間、ドレスやストッキングが売られていることを知り、宝石類、パイプ、文房具を目にするだけで、十分に満腹感を覚える。人生と商取引はつづいていく。女性がサマードレスの重みを指で確かめる。男性がネックレスに見惚《みと》れる。大切なのは物でなく、それが美しいこと。ここは美しいものを想像し、作り、称賛する能力を失わなかった人が大勢いる都市だ。

私はまた住民になる――どこかの住民に。私はお使いに行き、贈り物を買う。郵便局の列に並ぶ。自分で焼いたパンを食べる。父に敬意を表し、素敵なクチュールを着る。母に敬意を表し、オペラ鑑賞に出かける。母がワーグナーを聴きながら身を乗り出していた様子、すすり泣いていた様子を思い浮かべながら。交響楽団の演奏を聴きに行く。そしてクララのために、メンデルスゾーンのバイオリン協奏曲が演奏されるあらゆるコンサートを探し求める。あの願望と悲嘆。メロディーが上昇したのち、さざ波のようなカデンツァ。砕け散る音。上昇コードが奏でる緊迫感。そのあと、弦楽器のもっと不吉な主旋律が、ソロバイオリンの高まる夢を脅かす。私は歩道に立ちながら、姉のバイオリンの響きが聞こえるように目を閉じる。マグダの声にどきりとする。

「起きてよ、ディッツ」

目を開けると、都市の混雑した地区、公園の入り口の近くにいる。ソロバイオリニストの演奏を宣伝するコンサートポスターが目に入る。

ポスターの写真は私の姉だ。

そのポスターの中で、私のクララがバイオリンを手に座っている。

第8章　扉がないなら窓から入る

コシツェで列車を降りる。故郷はもはやハンガリーではない。ふたたびチェコスロヴァキアの一部となっている。私たちは六月の日差しに目を瞬く。タクシーに乗るお金もなく、何かを買うお金もなく、家族で暮らした古いアパートメントが誰かに使われているかどうかもわからず、これからどうやって生きていけばいいのかもわからない。それでも、私たちは故郷にいる。クララを探すつもりだ。ほんの数週間前にプラハでコンサートを開いたクララ。どこかで生きているクララ。

メススキー公園を通り抜け、町の中心部へ向かう。人びとが野外のテーブルやベンチに座っている。子どもたちが噴水の周囲に集まっている。少年たちがマグダのところに集まるのを眺めた時計台がある。父の店のバルコニーの手すりで金色のメダルが輝いている。父がいる！　そう思い込んだ私は父の煙草の匂いを感じ取り、頬に顎髭を感じる。しかし、店の窓は暗い。自宅の住所、コシュート・ラヨシュ通り六番に向かう。近くの歩道で、私たちを煉瓦工場へ運んだ護送車が停車していた場所で奇跡が起こる。クララが現れる。正面玄関から出てくるところだ。三つ編みにした髪を母のように巻き上げている。バイオリンを抱えている。私を見るなり、歩道にバイオリンケースを落とし、こちらに駆け寄る。うめき声を出す。「ディッカ、ディッカ！」と泣き叫ぶ。私を赤ん坊のように抱き上げ、両腕に抱えて揺する。

「抱きしめてはだめ！」マグダが金切り声で言う。「シラミと腫れ物だらけだから！」

大切な妹よ、私たちは深い傷を負ったと言いたいのだろう。私たちが見てきたことで、あなたが傷つかないで、という意味だ。状況をもっと悪くするのはやめて。何があったかとたずねないで。忽然と姿を消したりしないで。

クララは私を揺らし、また揺らす。「私の大事な子なんです！」と彼女は見知らぬ歩行者に話しかける。この瞬間から、彼女が私の母親になる。私たちの顔つきから、その立場が空白で、埋める必要があることをすでに察していたのだ。

最後に会ってから、少なくとも一年半が経っていた。クララは演奏会を開くためにラジオ局へ行くところだ。私たちは、彼女を見えないところへ、手の届かないところへやるまいと必死になる。「ここにいて。いてよ」と訴える。しかし、彼女はすでに遅れている。「私が演奏しなければ、食べていけないでしょ」と彼女が言う。「急いで入りましょう。ついてきて」

今は話す時間がなくてよかったのかもしれない。どんなふうに話を始めればいいのかわからないからだ。私たちのあまりにやつれた姿にクララは衝撃を受けたに違いないが、やはりそれでよかったのだろう。はっきりわかったことがある。クララには愛情と救済を示すためにできることがあり、私たちを癒やしに向けて導くことができる。休養以上のものが必要になる。おそらく私たちは正常な状態には戻れないだろう。それでも、彼女には今すぐできることがある。私たちを中に入れると、汚れた服を脱がせる。両親が眠っていたベッドの白いシーツの上で私たちが体を伸ばすのを手伝う。私たちの体中の発疹に消炎効果のあるカラミンローションを塗る。痒《かゆ》くて痒くてしかたない発疹は、あっという間に私たちの体から彼女の体に伝染《うつ》る。体中の皮膚がヒリヒリしても、クララはなんとか演奏会をやり終える。私たちは再会を体で感じ取ったのだ。

マグダと私は少なくとも一週間はベッドで過ごす。裸のまま、カラミンローションにまみれた状態で。クララは私たちに何もたずねない。父と母の居場所をたずねない。彼女が話すから、私たちは話す必要がない。彼女が話すから、彼女は聞く必要がない。彼女が語るすべてが奇跡のように表現される。本当に奇跡的なことだ。ここで私たちは一緒にいる。私たちは幸運な者たち。私たちのような再会は極めてまれだ。母方の叔母と叔父は橋から落とされ、ドナウ川で溺死した。クララは感情を交えず、淡々と話す。ハンガリーに最後まで残っていたユダヤ人が集められたとき、彼女は見つからずにすんだ。彼女はキリスト教徒と偽り、教授の家で暮らした。「ある日、教授が言ったの。『明日から聖書を勉強しなさい。それを教えることになる。女子修道院で暮らすんだ』私を隠しつづけるにはそれが最善策だったみたい。修道院はブダペストから二百マイルくらいのところにあった。私は修道衣を着た。でも、そのうち音楽学校から来た女の子に気づかれたので、こっそり列車に乗って、ブダペストに戻ったの」

夏のある日、彼女は両親から手紙を受け取る。それは煉瓦工場にいる間に両親が書いた手紙で、閉じ込められている場所、家族が無事で一緒にいること、ケニエルメズーという労働収容所へ送られるらしいことをクララに知らせる内容だった。煉瓦工場を去るとき、母が歩道に手紙を落とすのを見たことを思い出す。投函できなかったからだ。そのときは、母があきらめ、捨てたのかと思った。だが、クララが生き残った話を聞くにつれ、見方が変わる。手紙を手放したとき、母は希望を捨ててはいなかった——希望に火を点《とも》していたのだ。手紙を落としたとき、絶望していたのであれ、希望をもっていたのであれ、どちらにしろ、彼女は思い切った行動を取った。

その手紙が指し示していたのは、私の姉、ブダペストに隠れるブロンドのユダヤ人。そこには彼女の住所が書かれている。私たちがアウシュヴィッツへと暗闇の中を運ばれている間に、誰かが、見知らぬ人がその手紙を手にした。その人は手紙を開けることもできた。クララを矢十字党に突き出すこともできた。ゴミ箱に捨てることも、そのまま通りに放っておくこともできた。しかし、その見知らぬ人は手紙に切手を貼り、ブダペストのクララに郵送してくれた。このことは私にとって、姉がふたたび現れたことと同じくらい驚くべきこと。それはまるで手品。人と人は命綱で繋がっているという証し。そんな時代にさえ、世の中には思いやりがまだ存在していたという証しでもある。三千人の足が土を蹴り上げ、その多くがポーランドの煙突に直行した頃、母の手紙は運ばれていった。そして、ブロンドの少女がバイオリンをおき、その封を開けた。

クララはもうひとつ、ハッピーエンドの物語をする。

私たちが煉瓦工場に移動させられたこと、近いうちにケニエルメズーという誰も知らない土地へ送られることを知った彼女は、私たちの居場所がどこであれ、そこへ自分も送ってくれと願い出ようと、ブダペストのドイツ領事館まで行った。ところが領事館の門衛は彼女に言った。「お嬢ちゃん、お帰りなさい。ここに来てはいけない」彼女は拒絶されるつもりはなかった。その建物にこっそり入ろうとした。彼女を見つけた門衛は、その肩、腕、腹、顔をめった打ちにした。「出ていけ！」彼はもう一度言った。

「彼はめった打ちにすることで、私の命を救ってくれたのよ」と彼女は私たちに言う。

戦争が終わりに近づき、ロシア軍がブダペストを包囲しても、ナチスはいっそう執拗に都市からユダヤ人を追い出そうとした。「私たちは名前と宗教を記載した写真付きの身分証明書を持ち歩かないといけなかった。いつも通りでそれをチェックされ、ユダヤ人だとわかれば、殺されかねなかった。自分の証明書を持っていたくなかったけど、終戦後に身分を証明する何かが必要になるかもしれないと心配だった。それで、ある女友だちに保管してもらうことにしたの。彼女は港の向こうに住んでいたので、橋を渡らないと行けなかった。橋まで行くと、兵士たちが身分証明書をチェックしていた。彼らは、『あなたの身分を証明するものを見せてください』と言った。私は持っていないと答えた。でも、どういうわけか、自分でもわからないけれど、私を通してくれた。きっとブロンドの髪と青い目をしているからもういいと思ったんだわ。あれから友人の家に証明書を取り戻しに行っていない」

扉から入りなければ、窓から入りなさい、と母はいつも言っていた。生き残るための扉はない。元の体に戻るための扉もない。もう窓しかない。けれども、閂《かんぬき》には簡単に手が届かず、窓枠は小さすぎて体が通らない。とはいえ、今いる場所には立っていられない。道を見つけなくてはならない。

ドイツ降伏後、マグダと私がヴェルスで健康を取り戻している頃、クララはふたたび領事館を訪れる。この時期、ブダペストは赤軍によりナチスの支配から解放されていたため、行き先はロシア領事館だ。彼女は私たちの状況を知ろうとする。領事館に私たち家族の情報はなかったが、「演奏会を無料で開いてくれれば、コシツェの自宅に帰れるように支援しようと言われる。「演奏会には二百人ものロシア人が聴きに来た。そのあと、私は列車の屋根に乗り、自宅まで連れてこられた。停車した時も眠っている時も見張られていたわ」

彼女がアパートメントの扉を開けると、すべてがめちゃくちゃで、家具や持ち物は略奪されていた。どの部屋も馬屋として使われたので、床は馬糞だらけだった。私たちがヴェルスで食べること、歩くこと、名前を書くことを学び直している頃、クララはお金のために演奏会を開き、床をゴシゴシ洗っていたのだ。

そして、今、私たちが帰ってきた。発疹が治ると、順番にアパートメントの外に出た。三人いるのに、まともな靴が一足しかないからだ。靴を履く順番が来ると、私は歩道をゆっくり歩き、行ったり来たりする。まだ体力がなく、遠くへは行けない。隣人が私に気づく。「君が生き残ったとは、驚いたよ」と彼は言う。「いつ見ても、痩せっぽちのちびっ子だったのに」私は勝ち誇った気分になる。あらゆる困難を乗り越え、ハッピーエンドになったのだ！　だが、後ろめたさを感じる。なぜ私なのだろう？　なぜ私が生き残ったのだろう？　説明のしようがない。それは単なる偶然。それとも間違いなのか。

人間は二種類に分類できる。生き残った者と生き残らなかった者。後者は存在しないから、自分の話を伝えられない。母の母親の肖像写真が今も壁に掛かる。黒っぽい髪を真ん中で分け、後ろできつい団子にしている。滑らかな額に巻き毛の房が少しかかっている。写真では笑っていないが、厳しいというより真剣な目をしている。抜け目のない生真面目な顔つきでこちらを見ている。マグダは母がよくしていたように、その写真に話しかける。助けを求めることもある。不平を言ったり、暴言を吐いたりもする。「あのナチスの野郎どもが……。あのいまいましい矢十字党が……」肖像写真下の壁際で響いていたピアノは消えている。あのピアノは日々の生活に深く関わっていたため、息をすることのようにほとんど気づかない存在だった。今ではそれがないことが部屋を支配している。マグダはその何もない空間に激怒する。ピアノがなくては、彼女の何かが欠けてしまう。彼女という存在の一部。彼女の自己表現のはけ口。それがないと彼女は怒る。響き渡るような大きな声でわがままを言う。私は彼女のそんなところにあこがれる。私の怒りは内側に向けられ、肺の中で固まる。

日が経つにつれ、マグダは強くなるが、私は弱いままだ。上背部の痛みが消えないため、歩くのがむずかしく、胸が重苦しい。出かけることは滅多にない。具合が悪くなくても、行きたいところがない。すべての質問への答えが死であるなら、どうして散歩に行くのか？　生きている者とどんな関わり方をしても、どんどん増えていく亡霊の集まりとともに自分が世の中を歩んでいるとわかるだけなのに、なぜ人と話すのか？　誰もがあまりに多くの人を悼んでいるときに、なぜ特定の誰かのことを悲しむのか？

私はふたりの姉に頼る。クララは私の献身的な看護師。マグダは私の情報源。大きな世界とのつながり。ある日、彼女は息を切らして帰宅する。「あのピアノ！」と彼女は言う。「あれを見つけた。カフェにあるの。うちのピアノよ。取り返さなきゃ」

カフェのオーナーはそれがわが家のものだと信じない。クララとマグダは代わる代わる懇願する。ふたりは説明する。応接間で開いた家族の室内楽演奏会のこと。クララの友人のチェリストで、音楽学校のもうひとりの神童ヤーノシュ・シュタルケルが、プロデビューの年にわが家でクララと演奏会を開いたこと。しかし、ふたりの説得に効果はない。ついにマグダがピアノ調律師を捜し出す。調律師はマグダとともにカフェに向かい、オーナーと話し、ピアノの蓋の内側をのぞき、製造番号を確認する。「そうです」と彼はうなずきながら明言する。「これはエレファント家のピアノです」彼は男性たちを集め、私たちのアパートメントに運んでくれる。

私の内側には私という存在を証明できる何か、私自身を私自身に戻せる何かがあるのだろうか？もしそんなものがあるなら、私は蓋を持ち上げ、番号を確認するために誰を捜し出すだろう？

ある日、マチルダ叔母さんから小包が届く。差出人住所にはブロンクス、バレンタイン通りとある。彼女は紅茶とクリスコを送ってくれる。それまでクリスコを見たことがなかったので、料理やパン焼きに使うバターの代用品とはまったく知らなかった。そのため、そのまま食べたり、パンに塗ったりした。ティーバッグは何度も再利用した。同じ茶葉でお茶を何杯淹れられるかしら？

たまに玄関のベルが鳴ると、私はベッドで飛び上がる。それは最高の瞬間だ。誰かが扉の外で待っている。扉を開けるまでの数秒間、それは誰であってもおかしくない。父だと想像することもある。やはり父は最初の選別をくぐり抜けたのだ。仕事を見つけ、実際より若く見られながら終戦まで過ごし、今ここで煙草を吸いながら、チャコを手に持ち、長いメジャーを首からスカーフのようにぶら下げている。玄関前の階段に立つエリックを想像することもある。彼はバラの花束を抱えている。

父は戻ってこない。だから私たちは彼は死んだと確信する。

ある日、レスター・コルダがベルを鳴らす。ヴェルスからウィーンへの列車で一緒になった兄弟のひとりだ。私たちの様子を見に来たのだ。「チチと呼んで」と彼は言う。彼は空気の淀んだ部屋に流れ込む新鮮な空気のようだ。ふたりの姉と私はずっと宙ぶらりんのままだ。先に進もうとしながら、過去を振り返っている。エネルギーの大部分を使い、何かを——健康、所有物、喪失と収容の前の人生でできていたことを——取り戻そうとしている。私たちの生活に対するチチの思いやりと気遣いを感じた私は、人生にはそれ以上のものがあることを思い出す。

クララは別の部屋でバイオリンの練習をしている。その音楽を聞いたチチの目が輝く。「あの音楽家に会わせてもらえる?」と彼が頼み、クララは好意を示す。ハンガリーのチャルダッシュを演奏する。チチは踊りだす。もしかすると、人生を築き上げるべき時期に来たのかもしれない——以前の人生に戻るのではなく、新たにつくり出すのだ。

一九四五年の夏の間、チチは常連客となる。クララが演奏会のためにプラハまで移動しなければならないときには、チチが同行を申し出る。

「ウェディングケーキを焼くべきかしら？」マグダがたずねる。

「やめて」とクララが言う。「彼には恋人がいるわ。気を使ってくれてるだけよ」

「本当に恋に落ちてないって言える？」私がたずねる。

「彼は私たちの両親を忘れないでいてくれる」と彼女は言う。「だから、私は彼の両親のことを忘れない」


家に戻り、数週間経った頃、体力はぎりぎりだが、エリックが以前に住んでいたアパートメントまで歩く。彼の家族は誰も戻っていない。アパートメントは空っぽだ。それでもできるかぎり頻繁に見にこようと誓う。期待したあとにがっかりするのもつらいが、離れ離れでいるのはもっとつらい。エリックの不在を悲しむのは、ひとりの人間以上のものを悲しむことだ。どの収容所にいても、彼にここにいてほしいと願い、ふたりで約束した将来にしがみつくことができた。〈今日を生き延びれば、明日、私は自由になる〉自由の皮肉は、希望や目的を見つけるのが簡単でなくなることだ。今となっては、結婚相手が私の両親を知ることはないという事実に折り合いをつけなくてはならない。子どもを授かっても、彼らが祖父母を知ることはない。つらいのは私の喪失感だけではない。それは未来に波紋を広げる。永遠につづいていく。母は私に、額の広い男性を探しなさい、知性があるということだから、と言ったものだ。「ハンカチの使い方をよく見るのよ」とも言った。「いつも清潔なものを持ち歩いているか確かめなさい。靴を磨いていること も確かめなくては」私の結婚式に母が出席することはない。私が誰になり、私が誰を選ぶのか、母が知ることはないのだ。

今やクララが私の母親だ。愛情から、そして生まれつきそうする能力があるから母親役をしている。罪悪感のせいでもある。彼女はアウシュヴィッツにいなかったから、私たちを守れなかった。だから今、私たちを守ろうとする。料理はすべて彼女がする。私には赤ん坊のようにスプーンで食べさせてくれる。彼女が大好きだ。その心遣いがうれしい。抱きしめられ、安心させてもらえるのがうれしい。けれども、同時に息が詰まりそうになる。彼女の優しさはこちらにひと息つく余裕を与えない。それに彼女はお返しを求めているように思える。感謝の気持ちや褒め言葉ではない。もっと深い何か。自分の生きがいとして私に寄りかかっていると感じる。自分が存在する理由として。彼女は私の世話に、自分が生かされた理由を見つける。だから私の役目は生きていられるくらい健康になり、しかし彼女を必要とするくらい無力でいることだ。それこそ、私が生き残った理由なのだ。

六月が終わっても、背中が治らない。肩甲骨の間がつねにきしむような、刺されるような感じがする。さらに胸の痛みも消えず、息をしても痛い。やがて熱も出る。クララが私を病院に連れていく。彼女は私が個室に入り、最高のケアを受けられるように強く求める。私が費用のことを心配すると、演奏会を増やせばいい、費用は自分がなんとかすると言う。診察に来た医師に見覚えがある。私の学友の兄だ。名前はガビー。彼の妹が天使ガブリエルと呼んでいたのを思い出す。彼女は亡くなったとわかる。アウシュヴィッツで死んだのだ。彼はそこで妹に会わなかったかとたずねる。彼女の思い出となるような最後の姿を私が知っていたらいいのだが。嘘をつこうかとも考える。勇敢な行動を取る彼女、兄のことを愛情を込めて話す彼女を見たと彼に伝えようか。しかし、嘘はつかない。父やエリックの最後の様子について、どれほど慰めになろうと真実ではないことを聞かされるより、訳のわからない闇に向き合う方がましだからだ。天使ガブリエルは私に解放以来、初めての医療を施す。彼が下した診断は、腸チフス、肺炎、胸膜炎、そして背骨の骨折だ。取り外しのできる、胴体全体を覆うギプスを作ってくれる。夜にはそれをベッドにおいてから這い上り、それに潜り込む。ギプスの甲羅だ。

ガビーの訪問は単なる治療を超えたものとなる。彼は治療費を求めない。私たちは座り、思い出を語る。私は姉たちといると、はっきりと口に出して嘆き悲しむことができない。あまりに生々しく、まだ目の前にあるものだから。それに、一緒に悲しめば、私たちが今、共にいられるという奇跡を汚してしまうようにも思える。だから、私たちが抱き合って泣くことはない。けれども、ガビーといると、思い切って悲しむことができる。ある日、私はガビーにエリックのことをたずねる。ガビーはエリックを覚えていたが、彼がどうなったのかは知らない。しかし、ガビーの同僚には、タトラ山脈にある難民帰還センターで働いている人たちがいた。彼らにエリックの消息をたずねてくれると言う。

ある午後、ガビーは私の背骨を診察する。彼は私が腹ばいになるまで待ち、わかったことを伝える。「エリックはアウシュヴィッツに送られた」と彼は言う。「彼は一月に亡くなった。解放の前日に」

胸が張り裂けそうだ。悲しみが一気に吹き出し、号泣するが涙も出ない——喉でガラガラと唸《うな》り声がするだけだ。最愛の人の最後の日々、その苦しみについて、力尽きたとき、その心と魂がどんな状態にあったのかについて、はっきり考えたり、たずねたりするのはまだ無理だ。私は彼を失ったことに対する悲しみと憤りに飲み込まれる。あと数時間、もしかするとあとほんの数呼吸、彼が持ちこたえていたら、今、一緒にいられたのかもしれないのに。私は声が嗄《か》れるまで、テーブルにうつぶして嘆き悲しむ。

ショックが消えるにつれ、奇妙なことに真実を知る痛みが安堵を与えてくれることに気づく。父の死は漠然としたままだ。だが、エリックはもういないとはっきり知ることは、長く痛みに苦しんだあとに、はっきりこの病気だと診断を下されるようなもの。痛みの原因を特定できれば、癒やすべきものがはっきりわかるのだ。

とはいえ、診断は治療ではない。エリックの声を、記憶に刻み込まれたあの言葉を、あの希望をどうすればいいのか、今はわからない。

七月が終わるまでに熱は下がるが、それでもガビーは私の回復ぶりに満足しない。折れた背骨にあまりに長く圧迫されていた肺には、水がいっぱい溜まっている。彼は私が結核に感染しているかもしれないと心配し、タトラ山脈にある結核専門病院に行くよう勧める。彼がエリックの死の情報を得た難民帰還センターの近くにある病院だ。クララが同行し、山地の最寄りの村まで列車で行くことになる。マグダはアパートメントに残る。アパートメントを苦労して元の状態にしたこともあり、さらにわずかとはいえ、思いがけない訪問者が来る可能性もあるため、一日たりとも空ける危険は冒せないからだ。クララは旅の間、私が子どもであるかのように世話をする。そして、乗り合わせた人たちに、「私の大切な子を見てください！」と大きな声で言うのだ。私は早熟なよちよち歩きの幼児のように彼らに微笑む。実際、私はそんなふうに見える。髪は腸チフスのせいでふたたび抜け落ちたあと生えかけたばかりで、赤ん坊のように柔らかい。その頭をスカーフで覆うのをクララが手伝う。標高が上がるにつれ、乾燥した高山の空気に胸が洗われるような気がするが、呼吸はまだ苦しい。私の肺にはずっと溜まっているものがある。外に流すのを自分が許さない涙のすべてが、内にある水たまりに流れ込んでいるかのようだ。悲しみに知らないふりはできないが、それを吐き出すこともできないらしい。

クララはまたラジオ局で演奏するために——彼女の演奏会は私たちの唯一の収入源——コシツェに戻る予定で、回復するまで入院する予定の結核専門病院まで同行できない。けれども、どうしても私をひとりで行かせようとしない。病院へ行く予定の人を知らないかと難民帰還センターでたずねまわると、近くのホテルに滞在している若い男性がやはり治療のためそこに行くことがわかる。そのホテルのロビーでその男性に近づいていくと、彼は女の子にキスしている。

「列車で会おう」と彼は不満げに言う。

駅のプラットフォームで近づいていくと、まだあの女の子にキスしている。白髪交じりのその男性は、私より少なくとも十歳は上だ。私は九月に十八歳になるが、細い手足と平らな胸、はげ頭のせいで十二歳くらいに見える。抱き合うふたりの傍らに気まずい思いで立ちながら、どうやって注意を引けばいいのかわからない。私は苛立つ。これが私の世話を委ねるべき男性なの？「手を貸していただけませんか？」と私はようやくたずねる。「病院まで私に付き添ってくださるはずです」「今、忙しいんだよ」と彼は言う。返事をするためにキスをやめようともしない。うっとうしい妹を振り払おうとする兄のようだ。「列車で会おう」

クララがお世辞と気遣いを浴びせつづけていると、彼の尊大な態度が消える。自分がなぜそれほど苛立つのかわからない。彼の恋人は生きているのに、私の恋人は死んだからだろうか？　それとも、自分があまりに頼りない人間で、誰かの配慮や許可がなければ、行方不明になってしまう危険があると感じるからだろうか？

彼は列車の中で私にはサンドイッチを、自分には新聞を買う。互いの名前と堅苦しい挨拶以外、話さない。ベーラが彼の名前だ。私にとって彼は列車に乗る無礼な人、嫌々ながら助けを求めなければならない人、嫌々ながら助けを与えてくれる人にすぎない。

目的の駅に到着すると、結核専門病院まで歩かなければいけないことがわかる。これで彼の気を散らす新聞はなくなる。

「戦争前には何をしていたの？」と彼がたずねる。私はこれまで気づかなかったものに気づく――彼には吃音《きつおん》がある。自分は体操選手で、バレエダンサーでもあったと伝えると、彼はこう言う。「ある冗談を思い出すよ」

私は期待しながら彼を見る。ハンガリー人のユーモアがたっぷり聞ける。マグダと私が寝棚の仲間たちとおっぱいコンテストを開いたとき、私がアウシュヴィッツで感じたあの安堵感、過酷な時代に笑いがもたらすあの幸福感を感じられる、と。

「あるところに鳥がいました」と彼が始める。「その鳥は死にかけていました。牛がやってきて、鳥を少し温めました――体の後ろの末端から。君にその意味がわかるならね――すると鳥は吐き始めました。そこにトラックがやってきて、鳥を轢《ひ》き殺しました。年老いた知恵のある馬がやってきて、路上に死んだ鳥を見つけました。馬が言いました。『頭に糞を載せながら踊るなと教えただろう?』」ベーラは自分の冗談に笑う。

しかし、こちらは侮辱を感じる。彼は面白いつもりだが、彼が伝えようとしているのは、お前の頭には糞が載っているということなのだろう。お前はひどい姿だと言いたいのだろう。そんな姿で、自分をダンサーと呼ぶなと言っているのだろう。

彼に侮辱される直前のほんの一瞬、彼に関心を向けられてどんなにほっとしたことか。戦争前は私は誰だったのかと聞かれるのは、大きな慰めなのだ。戦争前に存在した自分――前進していた自分のことを伝えるのは素晴らしい慰めになる。彼の冗談は、戦争が取り返しがつかないほど私を変え、痛めつけたことを裏づける。知らない人からけなされるのはつらい。彼の言うとおりだからこそ、悲しい。それでも私は、無神経な男、あるいはそのハンガリー風の皮肉に捨て台詞を吐かせる気はない。髪がどんなに短くても、顔がどんなに細くても、胸にある悲しみがどんなに深くても、私の中には快活なダンサーがまだ生きていることを彼に見せてやる。私は彼の前方に跳躍すると、道の真ん中でスプリットをする。

結局のところ、私は結核ではなかった。それでもやはり、肺に溜まった水の治療のために、三週間入院させられる。結核の感染に怯えるあまり、手でなく足でドアを開ける。ドアノブの細菌に触れたところで、伝染らないことは知っていたが。結核でなかったのはよいが、いまだ健康ではない。胸が水浸しになっているような感覚、額の陰鬱なズキズキする痛みを説明する言葉が見つからない。目に入って取れない埃のようなものだ。のちにこの感覚に名前がつけられる。のちにそれがうつ病と呼ばれることを知る。今、私にわかっているのは、ベッドを出るにも努力がいるということだけだ。呼吸にも努力がいる。そしてさらに悪いのは、自分の存在の意味を感じ取るにも努力がいることだ。なぜ起きるのか？ 起きても、そこに何があるのか？ 希望を見いだせなかったアウシュヴィッツでは自殺したいとは思わなかった。日々、そんなことを言う人たちに囲まれていたのに。「ここを出るには、死体になるしかないんだ」しかし、その不吉な予言は私に闘う相手をくれた。今、私は健康を取り戻しつつある。今、私は、両親は二度と戻らない、エリックは二度と戻らないという覆せない事実に向き合っている。そんな私の唯一の悪魔は自分の中にいる。自らの命を絶つという考えが頭に浮かぶ。私は苦しみから逃れたいのだ。死ぬことを選んでもいいのではないか？

ベーラの病室は私の真上だった。ある日、彼は私の様子を見に病室に立ち寄る。「笑わせてあげよう」と彼は言う。「そうすれば元気になれる。まあ見ててごらん」彼は舌を揺すり、両耳を引っ張り、動物の鳴き声をまねる。赤ん坊をあやす方法だ。馬鹿らしく、侮辱的かもしれないが、それでも自分を抑えられない。笑いが潮の流れのように私からわき上がる。「笑わないように」と医師たちから警告されていた。まるでいつでも笑いを誘うことがあるかのように。まるで私には笑い死にする危険があるかのように。「笑うと痛みが悪化しますよ」彼らは正しかった。痛みを起こすが、同時にいい気分になれる。

その夜は眠れないまま、真上のベッドにいるベーラを思い、感心させてやろうと学校で覚えた知識を思い出す。翌日、彼が病室を訪れると、ギリシャ神話について、昨夜思い出せたことを残らず伝える。ほとんど知られていない神や女神たちの名を挙げながら。エリックと私が一緒に読んだ最後の本である、フロイトの『夢判断』についても話す。私は彼のために自分の役を演じる。両親が夕食に招いた客によくそうしたように。一番の出し物であるクララが舞台に立つ前に、私がスポットライトを浴びたのだ。ベーラはよくできる生徒を見る教師のように私を見守る。彼は自分自身のことはあまり話さないが、幼い頃にバイオリンを習い、今でも室内楽のレコードをかけながら、指揮者になりきるのが好きだった。

ベーラは二十七歳だ。私はほんの子どもだ。彼の人生には他の女性たちがいる。私が駅のプラットフォームで邪魔をしたとき、キスしていた女性。そして、彼の話によれば、ここ結核専門病院にも、彼の従姉《いとこ》マリアンナの親友で、戦争前、高校時代にデートしていた女性が患者として入院している。彼女は病状がとても重い。もう助からない。彼は自分をその女性の婚約者と呼び、死の床にある彼女のために希望があるように振る舞い、彼女の母のために希望があるように振る舞う。数ヵ月後、ベーラには妻もいることがわかる——ほとんど面識のない人、親密な関係になっていない女性、非ユダヤ人。戦争初期に家族と財産を守る目的で、書類上の結婚をした相手だ。

これは愛ではない。私は飢えているだけだ。とても飢えているからだ。私が彼を楽しませているというだけの話だ。そして、彼は読書クラブのあの過ぎ去った日にエリックがしたように、私を見つめる。まるで私が聡明であるかのように。まるで私の話には価値があるかのように。ひとまず、それで十分だ。

結核専門病院の最後の夜、こぢんまりと快適な病室に横たわっていると、声が聞こえる。山地の麓から、地球の中心から。床と薄いマットレスを突き破ってくるそれは私を包み、エネルギーで満たす。「生きるなら」とその声が言う。「何かのために立ち上がらなければならない」「手紙を書くよ」翌朝、お別れの時にベーラは言う。これは愛ではない。私は彼を愛に縛りつけはしない。

コシツェに戻ると、マグダが鉄道駅で出迎えてくれる。クララは再会以来、私を独り占めしてきたから、マグダとふたりになるのがどういうものか忘れていた。髪が伸びていた。巻き毛が顔を縁取っている。目は輝きを取り戻している。元気そうだ。彼女は私がいなかった三週間の噂話を一気に吐き出す。チチは恋人と別れ、今は平然とクララを口説いている。コシツェの生還者たちが娯楽クラブを立ち上げ、そこで私が踊ることを彼女はもう約束していた。そして、列車の上で出会った男性ラシから手紙が届き、テキサスにいる親戚から移民ビザ扶養宣誓供述書が届いたと書かれていた。彼はまもなくエルパソというところで親戚と合流する。マグダによれば、ラシはこれから親戚の家具店で働き、医学校の学費を貯めるのだ。

「クララは先に結婚することで、私に恥をかかせない方がいいわ」とマグダは言う。

こんなふうに私たちは癒やされていく。人喰いと人殺しは過去のこと。草地で葉を選んだのは過去のこと。現在は、正常だと感じられる古風な習慣と礼儀を重んじ、規則を守り、役目を果たす。何も起こらなかったかのように生活することで、あの喪失と恐怖、人生をひどい仕打ちで中断させられたことは深く考えない。失われた世代になどなってたまるか。

「ほら」と姉が言う。「あなたに渡すものがあるの」彼女が封筒を手渡す。学校で習った筆記体で私の名前が書かれている。「あなたの古い友だちが訪ねてきたのよ」

一瞬、エリックのことかと思う。彼は生きていた。封筒の中に私の未来がある。彼は私を待っていた。あるいは、もう気持ちが変わってしまったのか。

しかし、封筒はエリックからではない。私の未来も入っていない。そこには私の過去がある。入っているのは私の写真。おそらくアウシュヴィッツ以前に撮られた最後の写真。川辺でスプリットをする私の写真。エリックが撮った写真。友人レベカに渡した写真だ。彼女は私のために安全に保管しておいてくれたのだ。指の中に、まだ両親を失わなくてもよい私、まもなく愛する人を失うとは知らない私がいる。

その夜、マグダが私を娯楽クラブに連れていく。そこにはクララとチチ、レベカ、チチの弟イムレがいる。主治医のガビーもいる。彼がいるからこそ、体力のない私は踊ることを承諾したのだろう。自分が回復しつつあることを彼に見せたい。彼が私の治療に捧げてくれた時間が変化をもたらしたこと、その努力が無駄にならなかったことを見せたいのだ。クララと音楽家たちに『美しく青きドナウ』の演奏を頼み、踊り始める。一年と少し前、アウシュヴィッツでの最初の夜と同じ踊り。ヨーゼフ・メンゲレから褒美としてパンのかたまりをもらった踊りだ。ステップは変わっていないのに、私の体は変わってしまった。柔軟で引き締まった筋肉もなければ、手足や体幹の強さもない。私はぜいぜいと息を切らす抜け殻。髪の薄い、背骨の折れた少女。あのバラックでそうしたように目を閉じる。あの遠い昔の夜、私は瞼《まぶた》を閉じた。メンゲレのぞっとするような残忍な目を見なくてすむように。彼の凝視に耐えかね、床に崩れ落ちたりしないように。今、私が目を閉じるのは、自分の体を感じ取り、部屋から逃げ出さないため。聴衆からの熱い称賛を感じ取るためだ。気持ちを体の動き、なじみのあるステップ、ハイキック、スプリットに戻すと、とたんに自信がつき、くつろいだ気分になる。すると昔のことが思い出される。夜間外出禁止令や黄色の星より激しい自由に対する侵害など、想像もできなかった日々のことが。私は自分の純真さに向かって踊る。バレエの練習場までの階段を駆け上がった少女に向かって。私を最初にそこに連れていってくれた賢く、愛情深い母に向かって。私に力を貸して。私は母に呼びかける。私に力を貸して。もう一度生きられるように、力を貸して。

数日後、私宛に分厚い手紙が届く。ベーラからだ。それから彼が書くたくさんの長い手紙の一通目だ。最初は結核専門病院から、その後は彼が生まれ育った故郷プレショフから――スロヴァキア第三の都市で、コシツェからたった二十マイル北へ行ったところだ。ベーラのことを知り、手紙で教えてくれる事実を組み立て、それが生き生きしたものになるにつれ、吃音と皮肉っぽいユーモア感覚をもつ白髪交じりの男性の輪郭がはっきりしてくる。

ベーラはこう書きつづる。彼の最初の記憶は、国でもとくに裕福な男性のひとりである祖父と散歩したことと、ケーキ屋でクッキーを買ってもらえなかったこと。退院後は祖父の事業である、地域の農場経営者の農産物を扱う卸売業と、スロヴァキア全体のコーヒー焙煎業と製粉業を継ぐことになる。ベーラは満杯の食料庫、豊かなひとつの国であり、彼は祝宴そのものだ。

ベーラは幼い頃、私の母のように片方の親を亡くした。プレショフ市長を務め、その前は貧者のために尽くす著名な弁護士だった父親は、ベーラが四歳の冬、会議のためにプラハに向かった。そして列車から降りたあと、雪崩《なだれ》に巻き込まれた。とにかく、それが警察がベーラの母親に伝えたことだ。ベーラは父親は殺されたのではないかと疑っている。父親は貧者や権利を奪われた人たちの擁護者として活動することで、プレショフの上流階級と対立していたため、敵も味方も多い人物だったからだ。しかし、当局の発表によれば、父親は雪の下で窒息したことになっている。ベーラが吃音になったのは、父親が死んでからだった。

彼の母は夫の死から立ち直れなかった。彼女の義父、ベーラの祖父は、他の男性と会えないように彼女を屋敷に軟禁した。戦争中、ベーラの叔母と叔父は彼女を、自分たちが偽の身分証明書を使って身を隠しているハンガリーに招き、共に暮らすようになる。ある日、ベーラの母親は市場でナチス親衛隊の集団を目撃する。彼女はパニックに陥る。駆け寄って大声で告白したのだ。

「私はユダヤ人です！」彼女はアウシュヴィッツに送られ、ガス室で死ぬ。ベーラの母親の告白により、残りの家族も身分を暴かれるが、なんとか山地へ逃げた。

ベーラの弟ゲオルグは戦争前から米国で暮らしていた。彼は、移住する前、スロヴァキアの首都ブラチスラヴァの通りを歩いているとき、非ユダヤ人たちに襲われ、眼鏡を壊されたことがある。彼はヨーロッパで起こりかけていた反ユダヤ主義を避け、シカゴの大伯父と暮らすことにした。従姉マリアンナは英国に逃げた。ベーラは少年時代に英国で教育を受け、英語を流暢《りゅうちょう》に話せたのに、スロヴァキアを去ることを拒んだ。家族全員を守りたかったのだ。しかし、そうすべきではなかった。祖父は胃がんで死んだ。叔母と叔父は、逃亡先から戻ったユダヤ人は全員手厚く扱うと約束するドイツ人に説得され、山地から出てきたのち、通りに並ばされ、射殺された。

ベーラは山地に身を隠し、ナチスから逃れる。武器が怖く、持てるのはせいぜいネジ回しくらいだった、と彼は手紙に書いている。争いを好まず、不器用なのに、彼はパルチザン（訳注／他国の支配に抵抗する非正規軍）になった。銃を持ち、ナチスと戦っていたロシア軍の仲間となる。パルチザンと行動している間に、結核に感染する。彼には収容所で生き残る必要などなかった。山地の森で生き残ったのだから。私はそのことにほっとする。彼の目に何本もの煙突が立つ光景が焼きつくのを見なくてすむからだ。

プレショフはコシツェから車でほんの一時間のところだ。ある週末、私に会いに来たベーラは、バッグからスイスチーズとサラミを取り出す。食べ物だ。それこそ最初に私が恋に落ちた相手だ。

私に関心を持たせておけば、彼は私と姉たちに食べ物をくれる――というのが私の思惑だ。エリックの時のように、ベーラに恋い焦がれているわけではない。彼とのキスを空想したり、自分の近くにいてほしいとは思わない。ロマンチックに気を引こうとしたこともない。私たちは、難破したふたりの人間が生命の兆候を探して海を眺めているようなものだ。そして、互いの中にかすかな光を見つける。私は自分がふたたび人生に足を踏み入れていることに気づく。自分が誰かのものになろうとしていることに気づく。ベーラがエリックのような生涯の恋人でないことはわかっている。彼をエリックの身代わりにしようとしているわけではない。けれども、ベーラは私に冗談を言い、二十ページもの手紙を書いてくれる。私は選択しなければならない。

ベーラと結婚するとクララに伝えても、喜んでくれない。彼女はマグダを見る。「おやおや、体の不自由なふたりが結婚するんだって」と彼女は言う。「うまくいくはずがないわ」

のちに同じテーブルで、彼女は私にずばりと言う。「あなたは赤ちゃんなのよ、ディッカ」「あなたにそんな決断はできない。完全に健康を取り戻したわけじゃない。彼も同じよ。結核だし。しゃべるとつっかえるし。彼との結婚は無理よ」それを聞くなり、私の中でこの結婚を何がなんでも成功させてやるという意欲がわきあがる。姉が間違っていることを証明しなければ。

クララの反対だけが障害ではない。ベーラはナチスから家族の財産を守ってくれた非ユダヤ人の女性といまだ法律上は結婚したままで、その女性が離婚を拒んでいるのだ。ふたりは同居したこともなく、便宜上の関係――彼女にとっては彼のお金、彼にとっては彼女の非ユダヤ人という立場――以外の関係を結んだことはなかった。それでも、彼女は最初、離婚を承諾しない。だが、それも彼が大金の支払いに同意するまでのことだ。

さらに、タトラ山脈には結核で死につつある婚約者もいる。彼は彼女の友人であり、英国に逃げたが戦後帰国した従姉マリアンナに頼み、彼女とは結婚しないと伝えてもらおうとする。マリアンナは当然ながら激怒する。「あなたって、ひどい人！」と叫ぶ。「あなたは彼女にそんなことできないわよ。あなたが約束をたがえるなんて、私は絶対に伝えない」

ベーラは私に、病院まで一緒に戻ってほしい、そうすれば自分で伝えられるからと頼む。婚約者は私にとても寛大で、親切だが、病状はとても重い。体が衰弱しきった人に会ったことで私は動揺する。それは昨日の私にあまりに似すぎている。死の扉のすぐ近くに立つのは怖い。彼女はベーラが私のような人、エネルギーと気力にあふれた人と結婚するのがうれしいと言う。彼女に祝福されてうれしく思う。とはいえ、一歩間違えば、私がベッドに横たわる患者で、チクチクする枕に支えられ、話しながら咳をし、ハンカチを血まみれにしていたのかもしれない。

その夜、ベーラと私はふたりが出会ったホテルに同宿する。彼がコシツェに来たときは、いつも別々の部屋で眠っていた。ベッドを共にしたことはない。互いに服を着ていない姿を見たことはない。しかし今夜は違う。私はゾラの『ナナ』に出てきた禁断の言葉を思い出そうとする。彼に喜びを与え、自分の喜びを追求するために、それ以外、私にどんな準備ができるだろう？　誰も愛の行為の振り付けを教えてくれなかった。これまで裸でいるのは、自尊心を傷つけられる、屈辱的で恐ろしいことだった。またもや自分の皮膚の下で生きる方法を学ばねばならない。

「震えてるね」ベーラが言う。「寒いのかい？」スーツケースまで行くと、ぴかぴか光る蝶結びで包装された包みを取り出す。箱の中で薄紙に包まれていたのは美しいシルクのネグリジェだ。度を越した贈り物だ。しかし、私を感動させたのはそんなことではない。彼はどういうわけか、私に二番目の皮膚が必要なのを知っていた。それは未来の夫である彼から自分を守りたいからではない。私が求めているのは覆うものではない。自分自身を高め、力を尽くす方法。まだ書かれていない章に一歩踏み出す方法。彼がそれを私の頭から滑り落とし、布地が両脚に触れると、私は身震いする。ふさわしい衣装はダンスの質を上げる。私は彼のためにくるくるまわる。

「イズレイシャシュ」と彼がハンガリー語で言う。上品だ。

誰かに見つめられて、私はとても幸せだ。彼の眼差しは褒め言葉以上のものだ。昔、母の言葉が私の知性の価値を教えてくれたように、ベーラの目を通して、自分の体の——自分の人生の——新しい価値を見つける。

第9章　来年はエルサレムで

一九四六年十一月十二日、私はコシツェの市庁舎でベーラ・イーガーと結婚する。イーガー家の邸宅で豪華な祝宴を開いて祝うことも、ユダヤ教の儀式を選ぶこともできた。しかし、私はまだ十九歳の若い女性にすぎない。高校を終えることもできず、次々起こることに翻弄されてきただけの。おまけに両親も死んでいる。だが、父の古い友人だったある非ユダヤ人が、ときどき、姉たちと私の様子を見に来てくれていた。判事であるその人が、ベーラの弟ゲオルグが法学校にいた頃の知り合いだとわかる。彼はベーラの家族と私の家族を結ぶ糸、父との糸であったことから、彼に私たちの結婚に立ち会ってもらうことにした。

ベーラと私が知り合ってから十五ヵ月、私の髪は伸び、貧弱な綿毛から肩まで届く豊かな髪になっていた。その髪を下ろし、こめかみのあたりを白いバレッタで留める。私は借りたドレスで結婚する――膝丈の黒いレーヨンのドレスに、パフショルダー、白い襟、先が細くなった袖がついている。小さなブーケはユリとバラを幅広のサテンリボンで結んだものだ。写真撮影のため、父の店のバルコニーで私は微笑む。結婚式の出席者はたった八名――私、ベーラ、マグダ、クララ、チチ、イムレ、そして父の古い友人がふたり。銀行の頭取と、私たちを結婚させてくれる判事だ。ベーラは誓いの言葉でつっかえ、クララはほらねと言わんばかりに私を見る。披露宴は私たちのアパートメントで開く。料理はすべてクララが作った。ローストチキン。ハンガリー風クスクス。バターとパセリであえたポテト。ドボシュ・トルテ——七層からなるチョコレートケーキ。この日を楽しいものにしようとするが、ここにいない人たちのことが気にかかる。孤児が孤児と結婚するのだ。のちに、私たちは親と結婚したのだと言う人がいた。しかし、私に言わせれば、私たちはやりかけの仕事と結婚したのだ。ベーラと私にとって、やりかけの仕事とは嘆き悲しむことだ。

新婚旅行先はドナウ川沿いにあるブラチスラヴァだ。私と夫は戦争前に知っていたワルツを踊る。マクシミリアンの泉と戴冠式の丘を訪れる。ベーラは新しい君主を気取り、剣を北、南、東、西に向け、私を守ると約束する。トルコ人の侵入に備え、二重に強化された古い防壁を見る。ふたりは嵐が過ぎ去ったことを感じる。

その夜、ホテルの客室の扉を叩く音で目が覚める。警官が客室に強引に入り込む。警察は絶えず民間人の身元を確認している。人びとは官僚政治が生み出す迷路の中で暮らし、日々の生活の些細なことにさえ政府の許可がいる。政府はいい加減な口実をつけては人びとを投獄する。夫は裕福で重要人物なのだから、尾行されていたことに驚くべきではない。しかし、私は驚く。そして怯える（私はいつも怯えている）。困惑してもいる。怒りも感じる。これは新婚旅行なのに。どうして邪魔をするの？

「私たちは新婚だ」ベーラはスロヴァキア語で相手を安心させる（私はハンガリー語のみで育っ

たが、ベーラはチェコ語、スロヴァキア語、その他にも卸売業に必要な言葉を流暢に話す)。彼はふたりのパスポート、結婚許可証、指輪など、私たちの身分とホテルに滞在する理由を確認できるものを見せる。「頼むから、困らせないでくれ」

警官は私たちのプライバシーを侵害する理由、私たちを疑う理由を説明しない。理由があってベーラを尾行しているのか? 他の誰かと間違えたのか? 私はその侵入を何かの前兆と考えないようにする。吃音ながら愛想よく話す夫の声に集中する。私たちに隠すものなどない。しかし、私はつねに厳戒態勢でいる。そして、自分は何か罪を犯しているという感覚を拭いきれない。私はきっと見つかるという感覚を。

私の罪は生きていること。そのうえ、控えめながらも幸福を感じ始めたことだ。

帰りの列車は個室だ。ホテルより、その無駄のない上品さの方が私の好みだ。物語の世界に浸ることができる。ふたりは冒険者や開拓者になる。列車の振動は心細さや動揺を大きくすると同時に、ベーラの体に目を向けさせる。それとも、ベッドが小さいせいかもしれない。自分の体に驚かされる。喜びは不老長寿の霊薬。慰め。ふたりは互いに何度も何度も手を伸ばし、列車は夜通し走りつづける。

コシツェに到着し、姉たちを訪ねた私は浴室に走り込まなければならない。私は繰り返し吐く。それはよい知らせなのに、私はまだ気づかない。一年以上もかけてゆっくり回復したあとに、また具合が悪くなったと思っただけだ。

「私の赤ちゃんに何をしたの?」クララが叫ぶ。

ベーラはハンカチを冷たい水に浸し、私の顔を拭いてくれる。

姉たちがコシツェでの暮らしをつづけているとき、私は予想もしなかった贅沢な暮らしを始める。私はプレショフのイーガー家の邸宅に移る。五百年の歴史を誇る修道院だった建物は、広く、長く、私設車道には屋敷、馬、馬車の区画がずらりと並ぶ。一階はベーラの事業に使い、ふたりは二階で暮らす。巨大な屋敷の他の部分には居住者たちがいる。ひとりの女性が洗濯、シーツの煮沸、アイロンがけを担当し、すべてを真っ白にしてくれる。食事に使う陶磁器は一族用に作られたもので、それぞれのイニシャルが――私の新しいイニシャルも――金文字で入っている。ダイニングルームにはベルがあり、押すと、台所にいる家政婦マリスカに合図が届く。彼女が焼いたライ麦パンをどれだけ食べても満足できない。そのベルを押してはパンのお代わりを頼む。

「ブタのようにお食べになりますね」と彼女は私にブツブツとつぶやく。

マリスカは私が一家に加わったことへの不満を隠さない。私は彼女の暮らし、彼女が行っている屋敷の管理を脅かす存在なのだ。ベーラが彼女に食料品代を渡すのを見るのはつらい。私は彼の妻なのに。自分が役立たずの気分になる。

「料理の仕方を教えて」ある日、マリスカに頼む。「この台所には入っていただきたくありません」と彼女は答える。

新しい生活を始めるにあたり、ベーラは私をプレショフの上流階級に紹介する。弁護士、医師、実業家、その妻たち。彼らの近くにいると、自分がひょろひょろで、幼く、未熟だと感じる。年齢の近い女性ふたりに会う。エヴァ・ハートマンは流行の先端を行く女性で、裕福な年上の男性と結婚している。黒っぽい髪を横分けにしている。マルタ・ヴァダスはベーラの親友バンディと結婚している。マルタは赤毛で、病人のような顔をしている。私は熱心にエヴァとマルタを眺めては、自分が取るべき行動、言うべきことを見極めようとする。エヴァとマルタと他の女性たちはコニャックを飲む。私もコニャックを飲む。エヴァとマルタと他の女性たちはみんな煙草を吸う。ある夜、エヴァの屋敷での晩餐会のあとのこと——ちなみにエヴァは私が食べたこともないほどおいしいレバー料理を作った。粗く刻んだレバーにタマネギの他にもシシトウが添えてあった——私はベーラに、煙草を吸わないのは私だけだと言う。すると、彼は翌日、銀のシガレットケースと銀のシガレットホルダーを持ち帰る。だが、私には使い方がわからない——煙草をどうやって差し入れるのか、どうやって吸い込むのか、どうやって唇から煙を吹き出すのか。そこで他の女性たちの真似をしてみる。まるで優雅なオウムになった気分だ。素敵なドレスで着飾り、人真似をしているだけの。しかも、ドレスは父が私のために作ったものではない。

彼らは私がどこにいたか、知っているのだろうか？　応接室の飾り立てたダイニングテーブルに座り、友人、知人を眺めながら、疑問に思う。彼らはベーラと私が失ったものをやはり失ったのだろうか？　そんなことは話題に上らない。それに、否定するのが私の盾だ。しかし、ふたりは自分自身を過去から切り離し、沈黙の申し合わせをつづけているからこそ、断ち切れないでいる痛みにまだ気づいていない。過去をしっかりしまい込めばしまい込むほど、自分は安全で幸せでいられると思い込んでいる。

新しい恩恵と富にゆったりと身を任せようとする。扉を叩く大きな音で起こされることはもうない、と自分に言い聞かせる。羽布団と清潔な白いシーツの心地よさがあるだけ。もう飢えることもない。私はひたすら食べる――マリスカのライ麦パン、シュペッツレ（訳注／小麦粉から作る短い麺）をザウアークラウトとともに、あるいはブリンザチーズ（訳注／羊の乳から作ったスロヴァキアのチーズ）と合わせて食べる。体重が増えていく。あの記憶や喪失感を思い出すことはもうほとんどない。そういったものは身の程をわきまえるように力いっぱい押し返してやる。自分の手が銀のシガレットホルダーを顔まで持ち上げ、離れるのを眺める。それは新しいダンスだという振りをする。私はどんな身振りも身につけられるのだから。


増えた体重は豊かな食べ物のせいだけではない。春の初めに妊娠に気づく。アウシュヴィッツでは生理がなかった。おそらく、あの絶え間のない不安と飢餓状態が体のサイクルを止めたのだろう。それとも極度の体重減少が原因かもしれない。けれども今、私の体が、飢え、衰弱し、死んだものとして見捨てられたあの体が、新しい命を宿している。最後の生理から何週間経つのか数える。計算によれば、新婚旅行で、おそらくあの列車で授かったに違いない。エヴァとマルタも妊娠したと教えてくれる。

イーガー家のかかりつけ医師、ベーラの誕生に立ち会った男性医師から、祝いの言葉をもらえるものと期待する。ところが、彼は私に説教する。

「あなたには十分な体力がない」と彼は言う。私に妊娠中絶の予約を、それもすぐに入れるよう急《せ》かす。私は拒否する。私は泣きながら自宅に駆け戻る。医師は私の後を追ってくる。マリスカが彼を応接室に通す。「ミセス・イーガー、この子を産めば、あなたは死にます」と彼は言う。「あなたは痩せすぎ、弱りすぎている」

私は彼の目をのぞき込む。「先生、私は産みます」と私は言う。「お休みなさい」

ベーラは医師のあとから扉まで行く。夫が私の無礼な振る舞いを医師に謝るのが聞こえる。「仕立屋の娘なので、分別がなくて」と彼が説明する。私を庇おうとする彼の言葉が、壊れかけた私の自尊心にもうひとつ小さな穴を開ける。

子宮が大きくなるにつれ、自信と決意も大きくなる。私は隅に隠れたりしない。二十二キロ体重が増え、通りを歩くときには、お腹を突き出し、店のウィンドウにこの新しい私の歩きまわる姿が映るのを眺める。この感覚が何なのか、すぐにはわからない。まもなく私は思い出す。これは幸せな気分なのだ。

クララとチチは一九四七年春に結婚し、ベーラと私は式に出席するため、彼の緑色のオペル・アダムでコシツェまで行く。これもまた、両親が出席できない重要な出来事であり、彼らがいないことで幸福度が下がった幸福な日でもある。けれども、私は妊娠中で、人生は充実しているのだから、悲しみに沈み込んだりはしない。マグダは家族のピアノを弾く。さらに彼女は父がよく歌った曲を歌う。ベーラは私を抱き上げてダンスをするか、それとも座らせて足を休ませるか、せめぎ合うふたつの考えの間で悩む。姉たちは私のお腹に手を載せる。私の中にいるこの新しい命は、私たちみんなの仲間。私たちの新たな始まりだ。両親と祖父母の一部を受け継ぎながら、未来へとつづいていく。

音楽の合間に、男性陣が煙草に火をつけると、それが話題となる。未来。チチの弟イムレはまもなくシドニーへ向かう。わが家のグループはすでにとても小さくなっている。散り散りになるとは考えたくない。プレショフですら、姉たちにすれば、とても遠いところだ。その夜が終わる前、ベーラと私が帰宅する前に、クララは私とマグダを寝室に引き込む。

「伝えなくてはならないことがあるの、おちびちゃん」と彼女は言う。

マグダのしかめ面を見れば、クララが言おうとしていることをすでに知っているとわかる。

「イムレがシドニーへ行くなら」とクララが言う。「私たちもそこへ行くわ」

オーストラリア。プレショフの友人たちの間では、チェコスロヴァキアは共産主義者に乗っ取られつつあるせいで、イスラエルがいいか、米国がいいかと、移民のことも話題に上っているが、オーストラリアの方が移民政策が厳しくない。エヴァと夫もシドニーのことを話していた。とはいえ、そこはとても遠い。「あなたのキャリアはどうなるの?」私はクララにたずねる。

「シドニーにはオーケストラがある」

「あなたは英語を話さないじゃない」私は反対するためのあらゆる口実を彼女に投げつける。まるで彼女がまだ考えていない問題があるかのように。

「チチは約束してるの」と彼女は言う。「死ぬ間際の父親から弟の世話をするように頼まれたの。

だから、イムレが行くなら、私たちも行くわ」

「あなたたち、どちらも私を捨てていくのね」とマグダが言う。「生き延びるためにあれだけのことをしたんだから、私たち一緒にいるべきだと思うけど」

たった二年前の四月の夜を思い出す。マグダが死んでしまうかもしれないと不安になり、殴られるか、もっとひどい目に遭う危険を冒し、塀をよじ登り、彼女のためにニンジンを引き抜いた。私たちはつきまとう試練を切り抜けた――切り抜けられたのは、助けを求められる相手がいたから、互いが生きる目的だったからだ。私には自分が今生きていることに感謝すべき姉がいる。「マグダもすぐに結婚するわ」私は彼女を励ます。「今にわかるわ。誰よりもセクシーだもの」

姉の苦悩が孤独より、むしろ自分には愛される資格がないと思い込んでいるせいだとは、私はまだわかっていない。しかし、彼女が自分のどこに痛み、苦悩、欠陥、傷を見ていようと、私には別のものが見える。彼女の勇敢さが見える。私には勝利と強さが見える。アウシュヴィッツでの最初の日のように。あのとき髪を失ったことで、彼女の目の美しさがいっそう際立って見えた。「気になってる人はいないの?」私は彼女にたずねる。少女の頃のようにおしゃべりしたい。マグダはいつも面白い情報やおかしな物真似をする――重苦しい出来事さえ楽観的に捉えさせてくれる。だからこそ、彼女には夢を見てほしい。

マグダは首を横に振る。「私が考えているのは誰かのことじゃない」と彼女は言う。「行くべき場所のことよ」ドレッサーの鏡の枠に差し込んだ絵葉書を指差す。その写真には不毛の砂漠と橋が写っている。写真を横切るようにエルパソと書かれている。ラシから届いたものだ。「彼は出発した」とマグダは言う。「私にもできる」

私にはエルパソは地の果てのように思える。「ラシはあなたに来てくれと言ったの？」「ディッカ、私の人生はおとぎ話じゃないの。男の人が救い出しに来てくれるなんて思ってないわ」彼女はピアノを弾いているかのように、指先で音を立てる。彼女にはまだ言いたいことがある。「ママが死んだ日にポケットに入れていた物を覚えてる？」

「クララのコール」

「それから、ドル紙幣。マチルダ叔母さんがいつか、アメリカから送ってくれたものよ」

どうして私は気づかないのか？ 些細だが希望につながることを、母はそれはたくさんしていたのだ。私の記憶にないドル紙幣、記憶にあるコールだけでなく、母が包んで持ち出し、煉瓦工場での調理に使った鶏脂。そしてクララ宛の手紙。マグダの実際的なところも、希望を捨てないところも、母と瓜ふたつだ。

「ラシは私と結婚するつもりなんてない」と彼女は言う。「でも、とにかく私はアメリカへ行くわ」彼女はすでにマチルダ叔母さんに手紙を書き、移民ビザ扶養宣誓供述書を送ってくれるよう頼んでいた。

オーストラリア、米国。次の世代が私の体の中で動いている間に、姉たちは手の届かないところへ流れていこうとしている。戦後、最初に新しい人生を選んだのは私だ。今、彼女たちが選びつつある。私はうれしく思う。それでも戦争中の日々を思い出す。私の体調が悪く、マグダが私を残して弾薬工場に行き、そこが爆撃されたときのこと。マグダは逃げられたのに、私を救うために倉庫に戻るのを選んだときのこと。考えてみれば、私の人生は素晴らしく、幸運なものだったのだ。今はもう、私が生き残れるように彼女に見守ってもらう必要はない。しかし、あの地獄のような経験で、私が懐かしく思うことが少しでもあるとすれば、それは生き残るために重要なのは相互依存であり、ひとりでは生き残れないという気づきだ。そうだとすれば、それぞれが違う方向を選択したら、姉たちと私は魔法を解いてしまう恐れがあるのだろうか？

九月の早朝、最初の陣痛を感じたとき、ベーラは町にいない。どんどん強く締めつけられ、耐えきれなくなり、クララを呼ぶ。彼女は二時間後に来るが、医師はまだ来ない。私はベーラが生まれた部屋で、同じベッドで陣痛の苦しみを味わう。痛みに負けそうになると、会うことのできなかった彼の母親とのつながりを感じる。私がこの世界に生み出そうとしているこの赤ん坊に祖父母はいない。医師はまだ来ない。クララは私の傍らを離れず、水を飲ませたり、顔を拭いたりする。「あっちに行って！」私は彼女に向かって叫ぶ。「あなたの匂いに我慢できないのよ」赤ん坊でいながら、赤ん坊を産むことはできない。私はひとりで耐える必要があるのに、彼女が私の気を散らせている。陣痛がもたらす鋭く、しかしぼんやりした感覚の中で、アウシュヴィッツで両脚を縛りつけられ、ひどく苦しんだ妊婦のことを思い出す。彼女の顔、彼女の声が部屋に入り込み、私のところに来るのを止められない。彼女が私を悩ませる。彼女が私を励ます。彼女の体と心が必死に生きようとしているのに、彼女と赤ん坊は言葉にできないほど残酷な死へと追いやられた。その悲しみが私をバラバラにする。私は崩れ落ちる。彼女の激痛の鋭い刃に打ち砕かれる。私がこの痛みを受け入れるのは、彼女には選択肢がなかったから。私が自分の痛みを受け入れるのは、そのことが彼女の痛みを和らげ、あらゆる記憶を和らげるかもしれないから。この痛みが私を打ち壊さなくとも、記憶が打ち壊すかもしれないからだ。ようやく医師が駆けつける。羊水が飛び散り、赤ん坊が私の体から飛び出すのを感じる。「小さな女の子よ！」クララが叫ぶ。いっとき達成感に浸る。私はここにいる。私の女の子はここにいる。すべてうまくいき、なんの問題もない。

私はアンナ・マリーと名づけたい。ロマンチックな名前、フランス風の名前なのに、共産主義者が使える名前を制限しているため、アンナ・マリーは許可されない。そこで私たちは前後を逆にする。マリアン。ベーラの従姉マリアンナに敬意を表して。彼女はいまだ私のことを、ベーラと自分の友人の婚約を破棄させた間抜けな女と呼んでいる。あの友人はもう亡くなった。ベーラは煙草を配る。息子が誕生したときだけ煙草を配るという伝統には従わない。彼の娘はあらゆる儀式によって祝われ、あらゆる機会に自慢される。彼は私に宝石箱をくれる。中には金のブレスレットが入っている。二種類の金で作られた、切手サイズの四角形がつながっている。重そうに見えるが、実は軽い。

「未来に」とベーラが言い、それを私の手首に留める。

彼がそう言ったとたん、私は自分の人生の方向を理解する。これこそ私が守るべきもの。それがこの子だ。この子に対する私の誓いは、手首の金の輪のように完全で一体化したものだ。私には自分が生きる目的がわかる。彼女がけっして私のような経験をしなくてすむように私は生きていく。私から彼女へとつづいていくものは、共通の根から成長し、新しい枝を出し、大枝は希望と喜びへと上昇していくだろう。

それでも私たちは用心する。彼女に洗礼を施す。安全のために。友人マルタとバンディも同じ理由から、ユダヤ人名ではなく、「狩人」を意味するヴァダスというハンガリー風の姓を使う。けれども、人間の思いどおりになることは少ない。マルタの赤ん坊は死産だった。

マリアンの体重が四・五キロになる。彼女を入れるとベビーカーが塞がってしまう。「私が授乳するの？」ドイツ人の小児科医にたずねる。「乳房は何のためにあると思うの？」と彼女が言う。母乳は十分に出る。マリアンと友人エヴァの女の赤ちゃんに飲ませてもあまるほどだ。私はどんな飢えも満たすことができる。私は豊かさの象徴だ。授乳するとき、彼女の栄養源である私の体が彼女を押しつぶさないようにかがみ込む。そして一滴残らず与える。彼女が私を空っぽにすると、私はそれ以上ない満足感を抱く。

＊　＊　＊

マリアンはとても守られ、抱っこされ、気遣われ、暖かい服を着せられていたが、一九四八年十一月、十四ヵ月のとき、病気になる。最初は信じられない。ぐずる理由は察しがつく。空腹なのだと考える。それとも疲れているか。しかし、その夜、もう一度様子を見にいくと熱が出ている。燃える石炭のように熱い。目に生気がない。体が苦痛を訴え、泣き声を出す。あまりの具合の悪さに私がいることにも気づかない。あるいは、私がいても何もできない。乳を欲しがらない。抱っこしても落ち着かない。数分ごとに胸の奥深くから絞り出すような咳の発作が起こる。私は家政婦を起こす。ベーラは彼の誕生に立ち会い、マリアンの誕生にも立ち会った医師に電話で連絡したあと、自分が生まれた部屋を行ったり来たりする。

医師は私にきつくあたる。マリアンは肺炎に罹《かか》っている。「これは生きるか死ぬかの状況です」と彼は言う。怒っているような声だ。まるで病気が私の過失であるかのように。最初からマリアンの命には危険が伴い、私の愚かな無鉄砲さの結果であることを忘れさせまいとしているかのように。とにかく今は様子を見るしかない。とはいえ、怒っているような声は単なる疲労のせいかもしれない。彼は患者を癒やすために生きているのだから。努力の結果が悲しみに終わることもよくあるに違いない。

「何をすればいいですか?」ベーラがたずねる。「すべきことを教えてください」

「ペニシリンのことを聞いたことがありますか?」

「もちろんあります」

「お子さんのためにペニシリンを手に入れなさい。それも急いで」

ベーラは啞然として医師を見つめると、医師はコートを着てボタンをかける。

「あなたは医者でしょう。ペニシリンはどこにあるんですか?」彼が厳しく問いただす。

「ミスター・イーガー、この国にペニシリンはありません。合法的には買えないということです。お休みなさい。幸運を祈ります」

「どんな額でも払います!」

「そうですか」と医師は言う。「ご自分で手配なさることです」

「共産主義者は?」医師が立ち去ると私が提案する。彼らはナチスの占領下にあったスロヴァキアを解放していた。彼らはベーラの機嫌を取り、彼の富と影響力にすり寄っていた。党に加われば、農業大臣の地位を与えるという申し出もあった。

ベーラは首を振る。「闇市の売人の方が、直接、手に入れる方法を知っている」と彼は言う。

マリアンは再びうつらうつらしていた。水分を補給しなければいけないが、水も乳も受けつけない。「現金をちょうだい」と私は言う。「それから、どこへ行けばいいのか、教えて」

闇市の密売人たちは、町の中心にある市場の合法的な行商人たちと並んで営業している。ベーラでは身元がわかってしまうが、私なら身元を伏せたままでいられる。肉屋に行き、暗号文を伝え、それからパン屋に行き、別の暗号文を伝えると、誰かが私を見つけるはずだ。売人は花屋の近くで私を止める。

「ペニシリン」と私は言う。「病気の子どもに十分な量を」

あまりに無理な要求に彼は笑い出す。「この国にペニシリンなんてない」と言う。「ロンドンまで飛ぶ必要がある。今日、出発できる。戻るのは明日だ。高くつくよ」彼が指定した値段はベーラが新聞紙に包み、私のハンドバッグに入れた現金の二倍だ。

私はためらわない。私はいくら支払うかを伝える。今、手元にある現金の額を伝える。「どうしても必要なの。あなたが行かないなら、他の人を探す」私はアウシュヴィッツを離れた日の見張りを思い出す。私の側転。彼のウィンク。この男の気持ちに訴え、助けてやろうと思わせなければならない。「このブレスレット、見えるでしょ？」袖を引き上げ、マリアンの誕生以来、一日も欠かさずつけている金のブレスレットを見せる。

彼はうなずく。もしかすると、妻か恋人の手首につけたらどんなふうに見えるか、想像しているのかもしれない。もしかすると、それを売って手に入る額を頭の中で計算しているのかもしれない。

「娘が生まれたとき、夫がこれをくれたの。今、その娘の命を救えるかどうかは、あなたにかかっているの」

彼の目が欲深さより大きな何かできらめくのを見る。「金を渡せ」と彼が言う。「ブレスレットは取っておけ」

翌日の夜、医師がふたたび訪れ、最初のペニシリンを投与する。医師はマリアンの熱が下がり、私の乳房を受け入れるまでいてくれる。

「あなたなら手段を見つけ出すとわかっていました」と彼は言う。

朝までにマリアンは微笑むことができるほど回復する。彼女は乳を飲みながら眠りに落ちる。ベーラはその額にキスし、私の頬にもキスする。

マリアンは回復するが、別の脅威が襲いかかる。ベーラは農業大臣のポストを辞退する――「昨日のナチスが今日の共産主義者だ」と彼は言う。するとある日、彼のオペル・アダム・コンバーチブルが道路から飛び出す。ベーラに怪我はないが、運転手が軽傷を負う。ベーラは見舞いの品を携え、回復を祈っていると伝えるために彼の家に行く。運転手は扉を少し開けるが、開け放とうとしない。別の部屋にいる妻が声をかける。「中に入れちゃだめよ」ベーラが強引に扉を開けると、そこのテーブルに彼の母親のものだった最高級のテーブルクロスがかけられている。

帰宅した彼は上等のリネンを保管する収納棚を調べる。多くのものが消えている。私は彼が怒り、運転手や他の従業員を解雇するのかと思う。ところが彼は肩をすくめる。「いつも美しいものを使うんだ」彼は私に言う。「いつ消えるかわからないからね」

私は馬の糞にまみれた家族のアパートメント、通りの先にあるカフェにあったわが家のピアノを思い出す。大きな政治的転換点――パワーゲームのプレイヤー、書き直される国境――といったものは、いつも個人にふりかかる出来事でもある。コシツェはカッサになり、またコシツェに戻る。

「私にはもう無理」と私はベーラに伝える。「背中に的を背負って生きることはできない。娘が両親を失うのは嫌よ」

「もちろんだ」と彼は同意する。

マチルダ叔母さんのことを考える。マグダは叔母さんの宣誓供述書を受け取り、ビザが下りるのを待っている。マグダを追って米国へ行こうとベーラに提案する矢先、マグダがビザ発行には何年もかかる可能性があると警告されたことを思い出す。たとえ保証人がいても、移民は割当制限を受けるからだ。何年もかかる手続きを待っていては、共産主義者から身を守ることはできない。私たちに必要なのはすばやく国を出ることだ。

一九四八年十二月三十一日、マルタとバンディは新年を迎えるためにわが家を訪れる。彼らは熱心なシオニストだ。新国家イスラエルの繁栄に乾杯し、杯を重ねる。

「僕たちも行けるんじゃないか」とベーラは言う。「きっと事業を始められる」

パレスチナにいる自分を思い描くのは初めてではない。高校時代、私はシオニストで、エリックと私は戦争が終わったあと、パレスチナで一緒に暮らすことを想像した。偏見と不安の真っ只中で、自分たちに唾を吐く級友も、襲いかかるナチスも止められなかったが、未来の故郷を支持することと、安全な場所を築くことはできた。

先送りしていた昔の夢が叶うのだと、ベーラの提案を歓迎すべきなのか。それとも私たちは幻想を、あるいは失望に終わるであろう可能性を頼みの綱としていると悩むべきなのか、私にはわからない。イスラエルは生まれたばかりの国で、まだ最初の選挙も行われていない。さらに近隣アラブ諸国とすでに戦争状態にある。そのうえ、まだ帰還法がなかった。これはそれから数年後に制定される法律で、どの国のユダヤ教徒もイスラエルに移住し、定住することを可能にする。つまり、私たちは不法に入国しなければならなくなる。その場合、戦争中にユダヤ人がヨーロッパから逃亡するのを支援した地下組織ブリハーに頼み、航路での移動を手配してもらう必要がある。ブリハーは今も地下活動を行い、難民や財産を没収された人たち、住む家も国籍もない人たちが新しい生活を築けるように支援している。とはいえ、船の座席を確保できたとしても、計画が成功する確率は高くはない。ほんの一年前、イスラエルへの亡命や定住を求める四千五百名以上のユダヤ教徒を乗せたエクソダス号（訳注／英名Exodus。脱出を意味する、「出エジプト記」に因んだ船名）が、ヨーロッパへ送り返されているからだ。

だが、今日は大晦日《おおみそか》だ。私たちは希望に満ちている。恐れるものもない。一九四八年の最後の数時間で、私たちの未来の計画が具体的な形になる。イーガー家の財産を使い、イスラエルで事業を始めるために必要なものをすべて買うのだ。それから数週間かけ、数多くの調査を行ったのち、ベーラはマカロニ工場が最も賢明な投資だと決断する。そして所持品のすべてと、新しい家での最初の数年を持ちこたえるための物資を有蓋貨車一両に積み込むのだ。

私たちハンガリー人は、酒を飲んだ夜をザウアークラウトスープなしで締めくくることはできない。マリスカが湯気の立つスープ皿を運んでくる。

「来年はエルサレムで」と私たちは声を掛け合う。

それから数ヵ月のうちに、ベーラはイーガー家の財産をイタリアへ、その後、船でハイファまで運ぶための有蓋貨車を購入する。さらにマカロニ工場に不可欠な機械類を買う。私は銀食器や金文字のイニシャル入り陶磁器の梱包を手配する。これから五年間にマリアンに必要となる衣類を買い込み、そのポケットや折返しに宝石類を縫い込む。
有蓋貨車を先に送り出し、ブリハーが移動手段を見つけ次第、そのあとを追うつもりだ。

冬の終わりのある日、ベーラが仕事で家を離れているとき、彼宛の配達証明便がプラハから届く。私がサインして受け取り、彼の帰宅前に読む。手紙にはこう書かれている。戦前、すでに米国に移民していたチェコスロヴァキア国民は、まだヨーロッパにいる家族の登録が許可されていた。それは迫害を受けている人びとの米国への入国ビザの申請を許可する法律に基づいたもので、これは合衆国に避難できる人数を規制する割当制限の対象にならない。一九〇〇年代初頭からシカゴで暮らしてきたベーラの大伯父アルベルトは、イーガー家を登録していたのだ。つまり私たちは、米国に避難してもよいと戦前に登録された、ふたつのチェコスロヴァキア人家族のひとつということだ。ベーラはすぐにでもプラハにある米国領事館に出向き、書類手続きをしなければならない。

有蓋貨車はもうイスラエルに向かっている。新しい生活はすぐそこにある。私たちはすでにすべてを手配していた。すでに選択していたのだ。だが、この知らせに、この予想もしなかったチャンスに、私の心はときめいている。私たちはマグダのように米国へ行けるが、待ち時間は残されていない。ベーラが出張から帰ると、プラハへ行き、手続きするように頼む。「念のために」と私は彼を急き立てる。「ただの用心として」彼はしぶしぶ出かける。私は書類を下着と一緒にドレッサーの一番上の引き出しに入れる。念のために。

第10章　ダイヤモンドと逃亡

一九四九年五月十九日、マリアンと公園から戻ると、マリスカが泣いている。「ミスター・イーガーが逮捕されました！」彼女が泣き声で言う。「連れていかれたんです！」

この数ヵ月間、私たちが自由でいられる日々は限られていると感じてきた。昨年、ベーラの車が道路から飛び出した事故の他にも、共産主義者たちにベーラの事業を奪われたり、車を押収されたり、電話を盗聴されたりしてきた。慎重に有蓋貨車に積み込んだ財産はイスラエルに向かいつつあり、私たちはブリハーによる移動の手配を待ちながら自宅に留まっていた。留まっていたのは、ここから去ることをまだ想像できないからだ。だが、今、娘を父親なしで育てる危険にさらされている。そんなことはさせない。絶対に。まず私がすべきなのは、わき上がる不安と恐怖心を締め出すこと。ベーラが拷問されているかもしれない、もう死んでいるかもしれないとは考えないこと。アパートメントから追い立てられ、煉瓦工場に送られた、あの朝の母のようにならなければ。機知に富み、希望を失わないスパイにならなければ。先を見通せる者のように行動しなければ。

マリアンを入浴させ、一緒に昼食を取る。それからお昼寝させる。じっくり考えるための時間を稼ぎながらも、娘が十分な栄養を取り、快適に過ごせるよう気を配る。今夜眠れるかどうか、どこにいるのかわからない。ただ一分一分を過ごしていく。次に何をするのかわからないが、私がすべきは、ベーラを留置所から出し、娘の安全を確保する方法を見つけることだけだ。疑われないようにしながら、必要になりそうなものをすべて集める。マリアンが眠っている間にドレッサーの引き出しを開け、結婚したときにベーラが私のために作らせたダイヤモンドの指輪を取り出す。完璧な丸いダイヤモンドを金の台にはめ込んだ美しい指輪だが、いつも気後れするため、つけたことはない。しかし、今日はつける。ベーラがプラハの米国領事館から持ち帰った書類をドレスの中に入れ、背中に当て、ドレスの上からベルトで体に締めつける。逃亡中の人間に見えてはならない。盗聴された電話では誰にも助けを求められない。とはいえ、姉たちに伝えないまま、家を去るのは耐えられない。姉たちが私たちを救えるとは思わないが、私たちが窮地にあること、二度と会えないかもしれないことを知らせたい。私はクララに電話する。彼女が電話を取ると、私は即興で話す。泣くまいとする。声が震えたり、上ずったりしないようにする。

「あなたが家に来てくれるなんて、とてもうれしいわ」と私は言う。彼女が来る予定はない。私は暗号で話す。彼女がわかってくれることを期待しながら。「マリアンはずっとクラリー伯母さんに会いたがっているの。列車の時間を教えてくれる?」

彼女が私を問いただそうと何か言いかける気配がするが、短い間のあと、私が何かを伝えようとしていることに気づく。列車。家に来る。こんなわずかなヒントで何を察してくれるだろう?「今夜、着くわ」と彼女は言う。「駅で会いましょう」ともかく、今夜、彼女と私たちは列車で落ち合うのだろうか？　今、ふたりはそう約束したのだろうか？　それとも、会話をあまりに暗号化しすぎたせいで、理解できなかったのだろうか？

ハンドバッグにパスポートを押し込み、マリアンが目覚めるのを待つ。九ヵ月からトイレの訓練をしているが、昼寝のあとの着替えでオムツをつけ、私の金のブレスレットをその中に隠す。それ以外、何も持っていかない。逃亡者に見えるわけにはいかないからだ。それからあとは、私たちが安全でいられるように、何を言うにも、監禁されていたときに身につけた、あの口調で話す。偉そうにも傲慢にもならないように、しかし怯えや弱々しさも感じさせないように。消極的でいれば、他の人に自分のことを決められてしまう。積極的でいれば、他の人のことをこちらが決められる。自己主張すれば、自分で自分のことを決められる。そうすれば、なんの不足もない、自分は満ち足りていると思えるのだ。

ああ、それでも私は震えている。私はマリアンを抱いて家を出る。行動を間違えなければ、ここ、イーガー家の邸宅には戻らない。今日は。もしかすると永遠に。今夜、私たちは新しい家を築く道を歩き始める。声を低くして話す。マリアンにずっと話しかける。マリアンの誕生から二十ヵ月、授乳以外に母親としてうまくやれてきたことがこれだ。娘にすべてを伝えること。一日中、自分たちがしていることを語り聞かせるのだ。通りや木の名前を教える。言葉は私が彼女に繰り返し与える宝物だ。彼女は三つの言語を話せる。ハンガリー語、ドイツ語、スロヴァキア語。「クヴェチナ」と花を指差しながら、彼女がスロヴァキア語で言う。安全な状態で好奇心が強いとはどういうものなのか、私は娘から学び直す。お返しとして、私から娘に与えられるものがこれだ――危険を防ぐことはできなくても、自分の居場所と自分の価値を理解する手助けはできる。恐怖の声が入り込まないように、私はひとり話しつづける。

「そう、お花ね。あのオークの木を見て。葉がいっぱい出てる。あそこにはミルク運搬車がいるわよ。これからね、警察署にいる男の人に会いに行くの。それは大きな建物よ。お家のように。でも、中には長い廊下があってね……」私は話しかける。これがいつものお出かけであるかのように。私が彼女に対し、私自身が必要とするような母親でいられるかのように。

警察署は人を怯えさせる。武装した警備員に建物の中へ案内されると、危うく逃げ出しそうになる。制服の男たち。銃を持つ男たち。私はこういう権威の表し方に我慢できない。気が動転し、立っていられない。彼らの脅威にさらされると、我を忘れ、方向もわからなくなる。だが、私が身をすくませている間にも、ベーラに対する危険は大きくなっていく。彼は抵抗せずに言いなりになる人間ではないことをすでに示している。そして、共産主義者たちは意見の相違を受け入れないことをすでに示している。彼に教訓を与え、勝手にあると思い込んでいる情報を彼から引き出し、彼を自分たちの思いどおりにするために、彼らはどこまでやるだろう？

私に対してはどうだろう？　ここに来た目的が発覚したら、私はどんな目に遭うだろう？　闇市の密売人からペニシリンを買った日に身につけた自信を奮い起こす。とはいえ、最大のリスクは彼が拒否することだ。だが、マリアンの人生を救うために必要なものを私が求めなければ、リスクはさらに大きくなる。今日、私が強い態度に出れば、報復、禁固、拷問につながる可能性もある。しかし、そうしようとしないこともリスクなのだ。

高いカウンターの後ろにある丸椅子に看守が座っている。大きな男だ。その太った体を見たマリアンが大きな声でそれを指摘したら、チャンスを台無しにするのではないかと怖くなる。目を合わせる。微笑む。単なる看守ではなく、信頼できる人として扱う。自分が欲しいものをもう手に入れているかのように話しかける。「ありがとうございます、サー」とスロヴァキア語で言う。「娘を父親に返してくださって、本当にありがとうございます」当惑した看守の額に皺が寄る。彼の目を捕らえる。ダイヤモンドの指輪を外す。それを掲げて見せる。「父と娘の再会は美しいものです」私はそのまま見つづける。薄暗がりで宝石が星に似た輝きを放つようにぐるりとまわす。彼はダイヤモンドを見たあと、かなり長い間、私をじろじろと見る。上司を呼ぶだろうか？ マリアンを取り上げ、私も逮捕するだろうか？ それとも自分の得になるものをつかみ取り、私を助けるだろうか？ 彼が選択に迷っている間、胸が締めつけられ、腕が痛くなる。ようやく彼は指輪に手を伸ばし、ポケットに滑り込ませる。

「名前は？」とたずねる。

「イーガー」

「来い」

彼は私を従えて扉を抜け、いくつか階段を下りる。「パパのところへ行くのよ」と、まるで列車にいるパパに会いに行くかのようにマリアンに話しかける。そこは暗くて悲しげな場所だ。そこで人がおかれる立場はあべこべだ。監禁されている者のうち何人が、犯罪者などでなく、職権乱用の犠牲者だろう？ 自分が囚人だった日々以来、囚人に近づいたことはない。柵のこちら側にいることが恥ずかしくなってしまいそうだ。そして、気まぐれが起こす恐怖の一瞬に、立場が入れ替わるかもしれないことに怯える。

ベーラは独房にいる。彼は囚人服でなく、普通の服を着ている。私たちを見ると簡易ベッドから飛び上がり、柵の間からマリアンの両手に手を伸ばす。

「マルチュカ」と彼は言う。「パパのおかしくて小さなベッドを見るかい？」

彼は面会に来たものと考える。片方の目のまわりに黒痣がある。唇には血がついている。私には彼のふたつの顔が見える――マリアンに向ける無邪気で陽気な顔と、私に向けるいぶかしげな顔。どうして子どもを留置所に連れてきたのか？　たとえはっきりとではないにしろ、記憶にずっと残るような光景をマリアンに見せるのか？　私は言い訳したくなる気持ちを抑える。彼をじっと見つめ、信用して、と伝えようとする。そして、彼に愛を、恐怖心に勝る唯一のものを惜しみなく降り注ごうとする。この瞬間ほど彼を強く愛したことはない。私がそう思う傍らで、彼は無意識のうちにマリアンのために遊びを考え出し、このわびしく、ぞっとするような場所を、害のない何かに変えようとする。

看守が独房の鍵を開ける。「五分！」と大声で言う。彼はダイヤモンドの指輪が入っているポケットを叩く。そして、私たちに背中を向け、廊下を戻っていく。

ベーラを独房扉から引っ張り出すと、息をするのも忘れ、ベーラ、マリアン、私とで通りに戻る。ベーラが自分の汚れたハンカチで唇の血を拭き取るのを助ける。鉄道駅まで歩き始める。議論する必要はない。まるで彼の逮捕、突然の逃亡をすべて計画していたかのようだ。先へと進みつつ、すべてを取り決めながら、なぜか有頂天な気分になる。深い雪の中を急いでいるときに、残された足跡に足を踏み入れ、もう作られていた道筋が自分たちの足と歩く速度にぴったり合っているような感覚に浸る。別の人生でこの道をすでに歩いたことがあり、今、その記憶を操作しているかのような感覚。ベーラがマリアンを運んでくれてほっとする。私の腕はもうほとんど感覚がない。重要なのはこの国から出ること。共産主義者から逃れること。連合国が駐留している一番近い場所へ行くこと。鉄道駅に着くと、私は人混みから離れたベンチにベーラとマリアンを残し、ひとりでウィーン行きの切符三枚と、ひと抱えのサンドイッチを買いに行く。次に食事ができるのがいつなのか、まったくわからない。

次の列車までまだ四十五分ある。四十五分あれば、ベーラの独房が空になっていることが発覚する。もちろん警察官たちは鉄道駅に急行する。鉄道駅は逃亡者を追い詰める場所であり、今、ベーラはその立場にある。そして私は共犯者だ。体が震えないように自分の呼吸を数える。ふたりのところへ戻ると、ベーラがマリアンに、自分が蝶だと思い込んだ鳩の面白い物語を話している。時計に目を向けまいとする。私はベンチに座り、マリアンはベーラの膝の上だ。私はふたりに寄りかかり、ベーラの顔を隠そうとする。時がゆっくりと過ぎる。マリアンのためにサンドイッチの包みを開く。私も少し食べようとする。

そのとき、アナウンスが聞こえる。歯がガチガチ鳴り、食べられない。「ベーラ・イーガー、案内所までお越しください」と単調なアナウンスが流れる。それは切符売り場、子どもを叱りつける親、別れと挨拶のざわめきを通り抜けていく。

「何も見ないで」と私はささやく。「何をしようと、顔を上げないで」

ベーラはマリアンをくすぐり、笑わせようとする。ふたりが騒がしすぎることに不安になる。

「ベーラ・イーガー、今すぐ案内所までお越しください」とアナウンスが呼びかける。状況が緊迫していくのが感じ取れる。

ついに西行きの列車が駅に入ってくる。「列車に乗って」と私は言う。「列車内の捜索に備えて、トイレに隠れて」

急いで乗車しながら、警官がいないかとまわりを見ないようにする。ベーラはマリアンを肩車して走る。彼女は嬉しそうに甲高い声で笑う。私たちに手荷物はない。通りを歩いているなら当然のことだが、今は荷物がないと怪しまれないかと不安になる。ウィーン到着まで七時間近くかかる。プレショフからはなんとか脱出できても、列車を調べようと警察がどこかの駅から乗車してくる恐れもまだある。偽の身分証明書を調達する時間はなかった。私たちは身分を偽ることはできない。

空いているコンパートメントを見つけ、マリアンを窓側に座らせ、プラットフォームに見える靴の数を数えさせておく。ベーラを留置所から脱出させてから、彼が私の目の届かないところへ行くと考えるだけで我慢できない。危険がつづくこと、危険が増すことに耐えられない。ベーラが私にキスし、マリアンにキスしたあと、トイレに身を隠す。列車が動き出すのを待つ。列車が駅を出発できれば、私たちは自由に少しずつ近づき、ベーラが戻ってくるときにも少しずつ近づいていく。

だが列車は動かない。ママ、ママ、と私は祈る。ママ、私たちに手を貸して。パパ、私たちを助けて。

コンパートメントの扉が開き、警官が私たちをちらっと見てから扉を閉める。警官のブーツの音が通路を進んでいくのが聞こえ、他の扉が開けられ、閉められるのが聞こえ、警官がベーラの名前を大声で呼ぶのが聞こえる。マリアンに話しかけ、歌を歌い、窓の外を眺めさせておく。手錠をかけられたベーラが列車から降ろされる姿を見ることになるのかと怯える。ようやく車掌が踏み台をプラットフォームから持ち上げ、列車に乗る。車両の扉が閉まる。列車が動き始める。ベーラはどこ？　まだ列車に乗っているの？　見つからずにすんだの？　それとも留置所に戻される途中だろうか？　そうなら、きっと殴打される――それとも、もっと悪い事態になるの？　車輪が回転するたびに私たちが離れ離れになっている、共に築く生活から遠ざかっているとしたら？

コシツェに着く頃、マリアンは腕の中で眠っている。まだベーラの気配はない。プラットフォームにクララを探す。私たちと落ち合うためにここにいるだろうか？　チチも来るだろうか？　彼女は私たちが陥った危機を理解しただろうか？　電話で話したあとの数時間でどんな準備をしたのだろう？

コシツェ駅から列車が出発する直前、コンパートメントの扉が開き、ベーラが飛び込んでくる。アドレナリンのせいで興奮している。「びっくりさせるものがある！」なだめる間もないうちに彼が大声を出す。マリアンが目を開け、混乱し、ぐずり出す。娘を左右に揺らしながら、夫に手を伸ばす。無事でいた夫に。

「びっくりするものを見たくないかい？」彼はふたたび扉を開ける。そこにいたのは、姉クララとチチ、そしてスーツケースと彼女のバイオリンだ。

「こちらに空席はありますか？」チチがたずねる。

「大事な子！」クララはそう言うと、私を胸に引き寄せる。

　ベーラはプレショフで警察の捜索をどうやってうまくかわしたのか話したがり、チチはコシツェでどうやって互いを見つけたかをくわしく説明したがる。しかし、私は迷信深い。そんなことをしては、ただのぬか喜びになってしまいそうな気がする。神話や伝説では、しめしめと大喜びしたあとによいことは起こらない。神々にはその奇妙な力のイメージを持ちつづけてもらわなくてはならない。私はまだ、あの指輪について、留置所からどうやって出したかについて、ベーラに伝えていない。彼もたずねない。

　列車はふたたび動いている。マリアンはベーラの膝に頭を載せて眠りに戻る。チチとクララはこれからどうするか、ひそひそ話している。ウィーンはオーストラリアへのビザを待つのに最適な場所。今はヨーロッパを出て、シドニーでイムレと合流するのに最適な時期。しかし、まだ私にはウィーンのことを思い描く余裕がない。各駅で停車するたび、かたずを飲む。スピシスカー・ノヴァー・ヴェス。ポプラト＝タトリ。プラヴェツキー・ミクラーシュ。ジリナ。ウィーンまであと三駅となる。トレンチーンでは悲劇的結末はない。トルナヴァでは最悪の状態にならない。あと少しだ。ブラチスラヴァで国境を越える。新婚旅行で来た街。停車が長引く。マリアンが目を覚ます。静けさを感じ取ったのだ。

「お眠り、赤ちゃん、お眠り」とベーラが言う。

「シーッ」と私が言う。「シーッ」

　プラットフォームの暗闇の中、大勢のスロヴァキア兵が列車に向かって歩いてくるのが見える。展開すると二人一組で車両に近づいてくる。まもなくここの扉を叩くだろう。彼らは身分証明書の提示を求める。ベーラの顔を見分けられなくとも、パスポートの名前を見るだろう。だが、身を隠すには遅すぎる。

「すぐ戻ってくる」とチチが言う。通路に出たあと、彼の声、車掌の声が聞こえ、彼がプラットフォームに降り立つのが目に入るのと同時に、兵士たちが私たちの扉まで来る。チチが彼らになんと言ったのか、お金や宝石で取引したのか、私にはわからない。わかっているのは、耐えがたい瞬間がつづいたのち、兵士たちは帽子を軽く持ち上げ、チチに挨拶したあと、向きを変え、駅に戻っていったことだ。私は選別の列にどのように向き合っていたのだろう？　それが毎日行われることもあれば、それ以上に行われることもあった。いずれにせよ、選別の列における判断は瞬時に下される。

　チチがコンパートメントに戻る。私の乱れた鼓動は収まっていたが、兵士たちを引き返すようにどう説得したのか、彼にたずねる気にはなれない。私たちがもう安全だとはとても言えないからだ。これでもう大丈夫だと大声で言えば、その状況を台無しにする危険がある。列車がウィーンへと進む間、私たちは無言でいる。

ウィーンでは、私たちは大きな流れの中のほんの数滴にすぎない。戦争終結以来、二十五万人もの人びとが、庇護と、パレスチナあるいは北米への移住を求め、流れ込んでいるからだ。私たちは市内の米国占領地帯にあるロスチャイルド病院に避難する。その病院は東欧からの避難民を受け入れる本部として使われている。私たち五人は、他の三家族とともに一部屋を割り当てられる。すでに遅い時間にもかかわらず、ベーラは私がマリアンを寝かしつける前に部屋を出る。一緒にイスラエル行きを計画してきた同郷の友人バンディとマルタに連絡を取り、今いる場所を伝えようと必死になっている。眠るマリアンの背中を撫でながら、同室の女性たちとひそやかに話すクララの声を聞く。ここロスチャイルド病院にいる数千人の人たちは全員、私たちのようにブリハーの支援を待っている。バンディとマルタとの大晦日の祝いの席で、ザウアークラウトスープを飲みながら、イスラエルで新生活を始める計画を目論んでいたとき、私たちは何かを築こうとしていたのであり、逃げ出そうとしていたわけではない。しかし今、他の避難民たちで混み合う部屋で、私はブリハーの意味に気づく。ブリハーとは「逃亡」を意味するヘブライ語だ。私たちは逃亡中なのだ。

私たちの計画は分別のあるものだろうか？　ロスチャイルド病院の同室の女性たちが、すでにイスラエルに移住した友人たちの話を聞かせてくれる。住みやすいところではない、と彼女たちは言う。一年を経て、第一次中東戦争はようやく終わりに近づいているとはいえ、国はいまだ交戦地帯だ。人びとはテントで暮らしながら、深刻な政情不安と、アラブ人とユダヤ人との絶え間のない対立の時期にすべきことをしている。それは私たちが有蓋貨車に荷物を詰めたときに覚悟した生活ではない。激しい紛争の真っ只中に立てたテントで、銀食器や陶磁器がなんの役に立つというのか？　マリアンの衣類に縫い込んだ宝石類もどうなることか？　きっと買い叩かれるだけだ。私たちの金字のイニシャルが入った皿で食事をしたい人などいない。私の胃がわずかに落ち着かないのは、重労働や困窮が嫌だからではない。さらなる戦争の現実に耐えられないからだ。同じ苦しみ以上の何ものも生み出さないなら、なぜふたたび戦争を始めるのか？

暗闇でベーラの帰りを待ちながら、米国領事館からの書類を開く。私が頑として譲らなかったからベーラがプラハまで取りに行き、私の背中に締めつけられて、私たちとともに国境を越えた書類だ。米国への移民資格をもつふたつのチェコスロヴァキア人家族。たったふたつ。もうひとつの家族は、ベーラがプラハで聞いたところによれば、すでにヨーロッパを離れ、米国ではなくイスラエルへの移住を選択した。次は私たちの番だ。私たちが米国行きを選択すればの話だが。書類を手に取り、あちこち眺め、薄明かりの下でぼんやり見える単語を見つめながら、それが手の中でいったんバラバラになり、また整列するのを待つ。「アメリカよ、ディツカ」と母が言うのが聞こえる。米国はどの国より入国がむずかしい。割当制限が厳しい。しかし、この手紙が詐欺やいたずらでなければ、私たちには入国する手立てがある。だが、私たちの財産はイスラエルにある。この手紙はきっと偽の誘いに違いない、と自分を納得させる。無一文の人間を欲しがる者などいるわけがない。

ベーラは息を切らして帰り、同室者を起こしてしまう。こんな深夜にバンディと連絡が取れたのだ。明日の夜、友人たちはウィーンに向かい、翌朝、私たちが鉄道駅で出迎え、ともにイタリアへ移動する。そこからイスラエルの入口ハイファへの航路は、バンディがブリハーの支援により確保している。大晦日からの計画どおり、バンディとマルタとともにイスラエルへ行く。マカロニ工場を作るのだ。ほとんど到着直後にウィーンを出発できるなんて幸運だ。何年も待たなくてもいい。クララとチチはオーストラリアに行くために待つことになるかもしれない。

しかし、三十六時間でウィーンを発つこと、プレショフの戦後の混乱から逃れてきたのに、結局は娘を不安定な紛争地帯に戻すことに、私はとても喜べない。ベッドの端に座り、米国領事館からの書類を膝におく。インクの上に指を滑らす。そんな私をベーラが眺めている。

「ちょっと遅すぎる」と彼が言う。それだけしか言わない。

「このことを話し合うべきだとは思ってないの？」

「何を話し合うと言うんだ？　僕たちの財産、僕たちの未来はイスラエルにあるんだ」

彼は正しい。半分は正しい。財産はイスラエルにあり、おそらく砂漠の有蓋貨車の中で焼けているだろう。だが未来はそうではない。それはまだ存在していない。人の未来は、一部が意志、一部が状況からなる方程式の合計だ。そして、人の意志は変わることがある。あるいは分裂することも。

ようやくベッドに横たわると、クララが眠っているマリアンの向こうから私にささやきかける。「大事な子」と彼女が言う。「私の話を聞いて。自分がしていることを愛さなくてはいけない。愛せないなら、それをしてはいけない。それだけの価値がないから」彼女は何を伝えたいのだろう？

すでに決めたことでベーラと口論したこと？　彼のもとを去ること？　クララは私の選択を、すでに下してしまった選択を応援してくれると思える人だ。もしかすると応援を当てにしている人なのかもしれない。彼女がオーストラリアに行きたくないことは、私にはわかっている。しかし、彼女は夫と一緒にいるために行くだろう。それなら、他の人はどうあれ、行きたくないのに私がイスラエルに行く理由を、彼女はわかってくれるべきだ。それなのに、彼女は人生で初めて、自分がすることを私はするな、自分の真似をするな、と言っている。

朝になるとすぐに、ベーラはイスラエルへの旅に必要な物の調達に出かける――スーツケース、コート、衣服、その他の必要品は、ロスチャイルド病院を支援する米国の慈善事業ユダヤ人共同配給委員会により私たち避難民に提供される。私はマリアンと街に出かける。プラハからの書類はいつもマグダがお菓子を隠したように――一部は誘惑から、一部はまさかの時のために――ハンドバッグに詰め込む。私たちが移住を許されるチェコスロヴァキア人家族であるとはどういう意味だろう？　私たちが辞退したら、誰が行くのか？　誰も行かないのか？　イスラエルへ行く計画は悪くはない。現状でできる最良のものだ。しかし、その計画を決めたときにはなかったチャンスが今はある。今、私たちは新しい可能性を与えられ、それは交戦地帯でテントで暮らさなくてもいいものなのだ。

自分を抑えられない。ベーラの同意もなく、彼に知らせもせず、私は米国領事館までの道をたずね、マリアンを抱いたまま、そこまで歩く。書類が間違いか、いたずらであったとすれば、少なくとも私の気は晴れる。

「お祝い申し上げます」私が書類を見せると役人が言う。「ビザの手続きが済み次第、入国できます」彼はビザ申請用の書類をくれる。

「費用はどれだけかかりますか?」

「かかりません、奥様。あなた方は避難民です。あなたの新しい国の好意により入国できます」めまいがする。それはよい意味でのめまい。前夜、家族が無事なまま列車がブラチスラヴァを離れたときに感じた気分だ。中請書類をロスチャイルド病院の部屋に持ち帰り、クララとチチに見せ、質問事項をよく読み、問題点を探す。すぐにひとつ見つかる。「結核に罹ったことがありますか?」ベーラはある。一九四五年以来、症状はないが、現在どれほど健康かは関係ない。申請者は申請書類とともにレントゲン写真を提出しなければならない。彼の肺には痕跡がある。その損傷が明らかな証拠となる。結核はけっして治癒しない。トラウマのように、いつ再発してもおかしくない。

それならイスラエルだ。明日。

私が申請書類をマットレスの下に押し込むのをクララが見守る。「私が十歳のとき、ジュリアード音楽院に入学を許可されたのを覚えてる?」と彼女が言う。「でも、ママが行かせてくれなかった。アメリカへ行きなさい、ディッツ。ママはきっと行かせたがってる」

「でも、結核が」と私は言う。私は忠実であろうとする。法律にではなく、ベーラの希望に。夫の選択に。

「扉から入れなければ、窓から入りなさい」とクララは私にさりげなく語る。

＊　＊　＊

夜が来る。ウィーンでの第二夜にして最後の夜。マリアンが眠るまで、クララとチチと他の家族たちがベッドに入るまで待つ。扉の近くにある二脚の椅子にベーラと座る。膝が触れ合う。マリアンにその輪郭を話して聞かせられるよう、彼の顔を記憶に刻もうとする。広い額、完璧な弧を描く眉、口元の優しさ。

「大切なベーラ」と私は始める。「これから話すことは、聞いて楽しいことじゃない。どう話しても、つらいものになる。でも何をしようと、私がこれから話すことを止められない」

彼の美しい額に皺が寄る。「どういうことだい?」

「もし明日、あなたがバンディとマルタと合流し、計画どおりにイスラエルへ行くのなら、そのことであなたを責めはしない。あなたにやめるよう説得するつもりもない。でも、私は私の選択をしたの。私はあなたとは一緒に行かない。私はマルチュカをアメリカに連れていく」

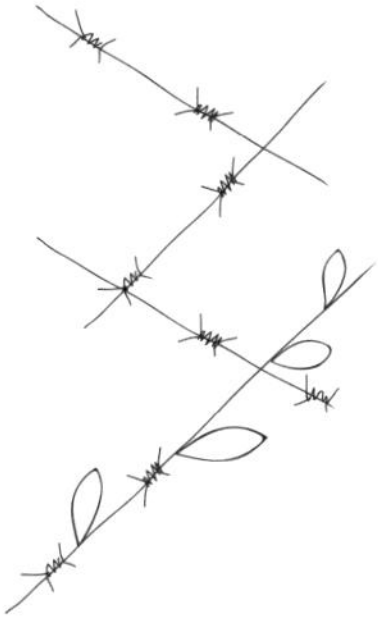

自由

第11章　自由ではない自由の国

一九四九年十月二十八日、米国に移住した日は、人生でいちばん前向きになれ、将来が明るいと感じられた日だ。ロスチャイルド病院の混雑した部屋でひと月過ごし、ウィーンの小さなアパートメントでビザを待ちながら、さらに五ヵ月過ごしたのち、私たちはまさに新しい家の入り口にいた。明るい青空が大西洋を輝かせる中、私たちは米国陸軍輸送船ジェネラル・R・L・ハウズ号のデッキに立っていた。自由の女神が視界に入ってきた。遠くに小さく見えるそれは、まるでオルゴールの中の小さな人形のようだ。やがてニューヨーク市が見えてくる。何週間も水平線しかなかったところに、複雑な建物の輪郭が見えてくる。私はマリアンを抱き上げ、甲板の手すりに寄りかかる。

「私たち、アメリカにいるのよ」と彼女に語りかける。「自由の地よ」

私たちはようやく自由なのだと思う。私たちはリスクを負った。しかし、今、安全とチャンスという見返りを得たのだ。それは正しくかつ単純な方程式のように思えた。大洋を何千マイルも越えてきたことで、鉄条網、警察の捜索、死刑囚収容所、難民収容所から離れることができたのだから。だが、その時の私は、悪夢は場所を選ばないこと、罪悪感と不安は国境を越えて歩きまわることをまだ知らなかった。旅客船の上甲板で過ごす二十分ほどの間、十月の日差しの中に立ち、腕に娘を抱え、ニューヨークを眺めながら、ここには過去が手を伸ばしてくることはできないと信じ込んでいたのだ。マグダはもうそこにいた。七月にようやくビザを受け取った彼女は、船でニューヨークに渡り、今はブロンクスでマチルダ叔母とその夫と暮らしていた。オモチャ工場の仕事を見つけ、小さなキリンに頭をつけている。キリンを一頭作るのに、エレファントが一頭いると、手紙に冗談を書いてきた。一時間、ことによると二時間以内には、姉、勇敢な姉と、悲しみを切り抜けるために彼女がつねに準備している冗談を抱きしめているだろう。マリアンと一緒に船と硬い地面との間に立つ白波の数を数えながら、私は自分が手にした幸福を数えていると、残りの持ち物をかばんに詰めていたベーラが、小さなキャビンから上がってくる。

夫への愛《いと》おしさで、また胸がいっぱいになる。数週間に及んだ旅の間、キャビンの小さな簡易ベッドで、むっとした空気の中、黒い水に揺り動かされながら、私は彼に情熱を抱いた。一緒に暮らした三年間のどの時よりも、マリアンを授かった新婚旅行のあの列車に乗っていた時よりも。

ウィーンの五月を思い起こす。彼は最後の最後まで腹を決められず、迷っていた。彼はバンディとマルタに会う予定の鉄道駅で、スーツケースを手にし、柱に隠れて立っていた。友人たちが到着し、プラットフォームで私たちを探す様子を見ていた。それでも隠れつづけた。列車が入ってくるのを目にし、乗客の乗車を促すアナウンスを聞いた。人びとが列車に乗り込むのを見ていた。バンディとマルタが車両の扉で彼を待っているのを見た。そのあと、職員が拡声器で自分の名前を呼ぶのを聞いた。彼は友人たちに加わりたかった。その列車に乗り、船に乗り換え、財産を詰めた有蓋貨車を救いたかった。しかし、彼は柱の後ろから動けなかった。残りの乗客たちも乗り込み、バンディとマルタも乗り込んだ。列車の扉が閉じてから、ようやく、やっとの思いで彼は動き出す。自分の分別に逆らい、安全で経済的に安定した未来になると夢見たものに賭けたすべてを捨ててまで、彼は人生で最大のリスクを負ったのだ。彼はその場を去った。

今、米国での新生活を目の前にしながら、ふたりが同じ選択をしたということ以上に重要で意味があると思えることはなかった。私たちは経済的な安定よりも娘が手にするチャンスを選び、一緒にゼロからスタートすることを選んだのだ。そして、娘に、この新しい冒険に、私に、自分のすべてを捧げようとする彼の思いに、私は強く心を打たれたのだった。

それなのに（この「それなのに」という言葉は門のようにものごとを終わらせる）。私はマリアンを米国に連れていくためなら、結婚を捨てる覚悟をしていた。どれほどつらくても、家族を、その絆を犠牲にすることも厭わなかった――しかし、その絆こそ、ベーラが手放せなかったものだ。その結果、私たちは対等でない立場で新生活を始めることになる。私たちに対する彼の献身的な愛情は、そのために手放したもののすべてからわかるとはいえ、彼は失ったものにまだうろたえていた。私が安堵し、喜ぶときに、彼は傷ついていた。新しい生活を迎えられて幸せだったもののの、これからどんなものに出会うのであれ、ベーラの痛手が危険な重荷になることはすでにわかっていた。

つまり、私たちの選択の根底には犠牲があった。それだけでなく嘘もあった。ビザ申請書類とともに書類ばさみに挟み込んだ検査医の報告書とレントゲン写真のことだ。ベーラの古い病気、結核の痕跡に未来を邪魔させるわけにはいかなかった。そこでチチにベーラのふりをさせ、私と一緒に検査医のところへ行った。私たちが提出したチチの胸部写真は湧き水のように澄んでいた。帰化担当官たちがベーラの移住申請を通過させたとき、彼らが認めたのはチチの体と病歴、彼らが健康だと判断したのは他の男性の体だったのだ。

私は心安らかでいたかった。安全と幸運を油断なく見張るのではなく、ただ奇跡として慈しみたかった。娘には自分がいる場所に自信をもつことを教えたかった。娘はここで風を受け、髪をはためかせ、頬を赤く染めている。「リバティ!」と彼女は言い、新しく覚えた言葉に喜んでいる。私はふと思いつき、リボンでその首にかけているおしゃぶりを取り、海に投げ入れる。

もし振り向いていたら、私をたしなめるベーラを見たのかもしれない。だが、私はそちらを見ていなかった。「私たちはもうアメリカ人なのよ。アメリカの子どもはおしゃぶりを使わないの」私はよく考えもせず、娘に安心感を与えるものをパレードの紙吹雪のように放り投げた。マリアンには私がなりたかったものになって欲しかった。まわりに適応できる人に。自分が人と違うこと、欠点があること、過去の鉤爪《かぎづめ》から逃れようとつねに必死であることに苦しまない人に。

娘は不満を訴えない。冒険の目新しさに興奮し、私のおかしな行動を面白がり、私の理屈を受け入れる。米国に入っては米国に従え(まるで私がひとつでも米国人のやり方を知っていると言わんばかりに)。自分の選択、私たちの新生活を信じたかったから、どんなものであれ、悲しみの痕跡、恐怖の痕跡は投げ捨てた。新しい祖国への木製スロープを歩きながら、私はすでに仮面をかぶっていた。私は逃げおおせた。けれども、まだ自由ではなかった。

第12章　私の中の監獄

一九四九年十一月。私はボルチモアで市営バスに乗る。空が白み始めている。通りが濡れている。私は衣料工場に出勤し、そこで一日中、小さな男の子向けボクサーショーツの縫い目からほつれた糸を切り取る。賃金は一ダースにつき七セント。その工場は、マグダと私がアウシュヴィッツから連れ出されたあとに働いたドイツの撚糸工場を思い出させる――乾燥し、埃っぽい空気、冷たいコンクリート。機械のガタガタ音があまりに大きいため、女性作業長は指示するとき、叫ばなければばならない。「トイレ休憩はできるだけ短くして！」しかし、私には過去の女性作業長の声が聞こえる。あんたたちはボロボロになるまで働かされ、そのあと殺されるんだ、と言っていた人。私はひと休みすることもなく働く。生産性を最大にするために。わずかな給料を最大にするために。だが、休みなく働くのは、昔、そうする必要があったから、やめられない習性になっているからでもある。そして、いつも周囲を騒々しく慌ただしい状態にしておけば、一瞬たりとも自分の思考とひとりで向き合わなくてすむからだ。あまりに必死に作業するせいで、帰宅しても暗闇の中で両手が震えつづける。

マチルダ叔母とその夫には、私の家族を同居させるスペースもお金もなかった――すでにマグダが余分な扶養家族だった――ため、新生活は、私が想像していたブロンクスでなく、ボルチモアで始めた。ベーラの弟ゲオルグとその妻とふたりの幼い娘とともに、エレベーターのない狭苦しいアパートメントで暮らす。ゲオルグはチェコスロヴァキアではよく知られた弁護士だったが、一九三〇年代に米国に移住し、最初に暮らしたシカゴでは、フラー・ブラシ社（訳注／家庭用清掃用具メーカー）のセールスマンとして生計を立て、ブラシや清掃用具の戸別訪問をしていた。現在はボルチモアで保険のセールスをしている。ゲオルグの人生のあらゆる部分が辛辣で、不安に満ち、弱気だった。私がアパートメントのどの部屋にいようと付きまとい、あらゆる動きを注視し、コーヒー缶をもっとしっかり閉めろと吠える。彼は過去に腹を立てている――ブラチスラヴァで襲われたことに、移住した直後、シカゴでひったくりに遭ったことに。そして、現在にも腹を立てている――私たちが無一文で到着したことに。イーガー家の財産を見捨ててきたことに。私は彼がいると肩身が狭く、軽やかに階段を降りていくことはできない。

　ある日、職場へのバスに乗るとき、頭の中は嫌なことでいっぱいだった――工場での慌ただしさに身構え、ゲオルグが示す不快感に苛立ち、いつもつきまとうお金の不安に取り憑かれていたのだ。そのため、バスが発車しないことに気づくのにしばらくかかった。バスはまだ縁石に停車している。他の乗客たちがしかめ面をしたり、かぶりを振りながら、私をじろじろ見ている。吹き出す汗に肌がチクチクし始める。それは、夜明けに武装した矢十字党がわが家の玄関扉を叩く音で目を覚ましたときの感覚。ニンジンを抜き取ったあと、ドイツ国防軍兵士に胸に銃を突きつけられたときの恐怖。間違ったことをしたとき、罰せられるとき、生きるか死ぬかの状況に陥ったときの感覚。危険と脅威にさらされているその感覚に圧倒され、何が起こったのか理解できない――私はヨーロッパ方式でバスに乗り込み、席に座り、車掌が切符を売りに来るのを待っていた。つまり、料金箱にトークンを入れるのを忘れてしまったのだ。今度はバス運転手が私に向かって叫んでいる。「料金を払わないなら、降りてくれ！　料金を払わないなら、降りてくれ！」

英語が話せたとしても、彼が言っていることを理解できなかっただろう。恐怖に、鉄条網と持ち上げた銃のイメージに、煙突から昇る濃い煙と、今の現実を見えなくする濃い煙に、自分を取り囲む過去の監獄の壁に圧倒されているからだ。それはアウシュヴィッツの最初の夜、ヨーゼフ・メンゲレのために踊ったとき、私に起こったことと正反対のものだ。あの時、私は自分自身をバラックからブダペスト・オペラハウスの舞台へと運んだ。あの時、心で見ていたものが私を救った。ところが今、私の心の内面が単なる間違い、誤解にすぎないものを大惨事として捉えている。実際には何も悪いことは起こっていないし、状態は簡単に解決できるのだが。ひとりの男が怒り、苛立っているのは、私を誤解したから、私が彼が言っていることを理解できないからだ。たしかにそこには叫び声と対立がある。しかし、私の命が危険にさらされているわけではない。それなのに、私は現在の状況をそう読み取っている。危険、危険、死。

「料金を払わないなら、降りてくれ！　料金を払わないなら、降りてくれ！」と運転手が叫ぶ。彼は運転席から立ち上がる。私の方へやって来る。私は崩れ落ち、顔を覆う。彼はかぶさるようにして私の腕をつかみ、引っぱり、立たせようとする。私は泣きながら、震えながら、バスの床に縮こまる。乗客のひとりが私に同情する。彼女も私のような移民だ。彼女は最初、イディッシュ語で、次にドイツ語で、お金を持っているかとたずねる。私の汗ばんだ掌のコインを数え、私が席に戻るのを助け、私の呼吸が落ち着くまで一緒に座ってくれる。バスは発車し、通りに入る。「愚かなグリーナー（訳注／外国から来た不熟練労働者）だよ」知らない女性が低い声でつぶやきながら、通路を進み、座席に腰を下ろす。

その事件をマグダに手紙で知らせるとき、私は笑い話にする——移民のエピソードのひとつ、「グリーナー」というドタバタ喜劇にする。しかし、あの日、私の中で何かが変わった。それから二十年以上の年月をかけ、語学と心理学の訓練を受けたのち、ようやくわかったのは、私にフラッシュバックが起こっていたこと。あの日、経験した（そして、その後の人生でも何度も経験し、八十代後半になった今も経験する）不安をかき立てる身体的感覚——動悸、汗ばむ掌、視野狭《きょう》窄《さく》——は、トラウマに対する無意識の反応だったことだ。この経験から、私は心的外傷後ストレスを障害と呼び、病気として扱うことに反対している。それはトラウマに対する病的な反応ではない——それはよく見られる自然な反応なのだ。けれども、ボルチモアのあの十一月の朝、自分に何が起こっているのか私にはわからなかった。あそこで倒れ込んでしまった自分には大きな欠陥があると思い込んだ。あの時、自分が壊れた人間ではなく、人生を中断させられた後遺症に苦しんでいるのだと理解できていればよかったのだが。

アウシュヴィッツで、マウトハウゼンで、死の行進で、私は自分の内なる世界を頼りに生き延びた。飢えと拷問と死に囲まれていても、自分の内なる人生に希望と信念を見つけた。しかし、最初のフラッシュバックを経験すると、内なる世界には悪霊たちがいる、自分の内側には荒れ果てた深い穴が開いている、と信じ込むようになった。内なる世界はもはや私を支えるものではなく、遮ることのできない記憶、喪失感、恐怖心といった苦しみの源となったのだ。魚を売るカウンターの列に並ぶことはできても、店員に呼ばれると、その顔がメンゲレの顔に見えた。朝、工場に入れば、隣にはっきりと母の姿が見えることもあった。母はこちらに背を向け、立ち去った。私は過去の記憶を追い払おうとした。生死にかかわる問題だと思ったからだ。長い年月をかけ、私がようやく理解したのは、逃げても苦しみを癒やせないことだ。それは苦しみを強くするだけだ。米国に来た私は、以前いた収容所から地理的には遠く離れていた。しかし、心理的には以前より閉じ込められていた。過去から――恐怖心から――逃げても、自由は見つからなかった。不安の独房を作り、その錠を沈黙で封印していたのだ。

とはいえ、マリアンは元気に育っていた。彼女にはただ、ただ、普通でいてほしかった。そして、そうなってくれた。私たちが貧しいこと、母親がいつも怯えていること、米国での生活が期待どおりに行っていないことに気づくのではないかと恐れていたが、彼女は明るい子どもに育ってくれた。保育園は経営者のミセス・バウワーが移民に同情的だったため、無料で通うことができ、マリアンは英語をあっという間に身につけた。ミセス・バウワーの小さな助手になり、泣いたり、騒いだりしている子どもたちの世話をした。誰からもその役目を果たすよう頼まれていないのに。彼女は生まれつき、人の痛みに敏感で、自分の強さに自信をもっていた。ベーラと私は彼女を小さな大使と呼んだ。ミセス・バウワーは本を持ち帰らせてくれた――マリアンのためであると同時に、私の英語学習を手助けするために。私は『チキン・リトル』を読もうとする。私には登場人物が見分けられない。ダッキー・ラッキーはどれ？　グーシー・ルーシーはどれ？　マリアンが私を笑う。彼女はもう一度教えてくれる。彼女は苛立っているふりをする。私はただふざけているだけ、理解できないふりをしているだけ、というふりをする。

私が貧困より恐れたのは、娘がきまりの悪い思いをすることだ。私のことを恥ずかしく思うのではないかと怯えた。週末には、娘が私を連れてコインランドリーに行き、洗濯機の操作を手伝った。食料品店に行けば、ジフ・ピーナツ・バターなど、私が聞いたこともなく、スペルも発音も知らない名前の食品をいくつも見つけてくれた。一九五〇年、マリアンが三歳になった年、彼女は同級生たちのように感謝祭には七面鳥を食べると言い張った。わが家にはそれを買う余裕がないことをどう伝えればいいのだろう？　感謝祭前日、帰宅途中にシュライバーの店に寄ると、運のよいことにチキンをポンド当たり二九セントで安売りしていた。私はいちばん小さなものを選ぶ。「ねえ、見て！」と帰宅するなり、娘を呼ぶ。「七面鳥が手に入ったわ。七面鳥の赤ちゃん！」

私は彼女のために――私たち三人のために――どうしてもまわりに溶け込みたかったのだ。

私はつねに疎外感を抱き、それはユダヤ人の移民仲間と一緒にいても同じだ。その冬、マリアンは五歳になり、ハヌカー祭（訳注／ユダヤ教の祭り。神殿清めの祭り、火の祭りとも呼ばれ、八枝の燭台に灯すろうそくの数を毎日、ひとつずつ増やしていく）に招待される。そこでは子どもたち全員が順番にハヌカーの歌を歌う。女主人はマリアンに歌うよう誘う。娘の賢く、大人びた姿を見るととても誇らしい。もう英語を母国語のように話し、陽気で生き生きした目をした彼女は、その誘いを自信をもって受け、部屋の中央に立つ。今では幼稚園に通い、放課後にはユダヤ人男性が運営するプログラムに参加している。ところがその男性は、私が知らないうちにユダヤ人キリスト教徒になっていた。マリアンは客たちに笑顔を見せたあと、目を閉じ、歌い始める。「イエス様が私を愛しておられることを知っています。なぜなら聖書がそのように教えているから……」客たちが彼女と私をじろじろ見る。どこにいても気楽にしていられること。それが私が娘に身に着けてほしい能力だと彼女は知っている。しかし、目の前にいる人たちを見分け、それに合わせる礼儀作法というものが彼女にはまったくわかっていない。その人たちの前で私は床下に潜り込み、消えてしまいたくなる。自分が属するコミュニティの中でさえ感じる、この恥ずかしさ、この締め出された気分は自分の外から来たのではない。内からわいてきた。それは、自分は生き残るに値しない、ここにいる価値がないと信じ込み、自らを監獄に閉じ込めようとする私の一部だったのだ。

マリアンは米国で大きく成長したが、ベーラと私は苦労した。私は自分が抱える不安——悪夢のような記憶、今にもパニック状態になりそうな感覚——にいまだ悩まされていた。さらにベーラの憤りにも怯えていた。彼は私のように英語で苦労しなかった。少年時代の一時期、ロンドンの寄宿学校にいた彼は、チェコ語、スロヴァキア語、ポーランド語、ドイツ語、それ以外の多くの言語と同じくらい流暢な英語を話した——ところが、米国に来てから、吃音が目立つようになった。私にはそれが、私が強いた選択に彼が苦しんでいる証しだと思えた。彼の最初の職場は倉庫で、重い箱を持ち上げる力仕事は結核を患った者にとって危険だとわかっていた。しかし、ゲオルグと、その妻でソーシャルワーカーとして働き、私たちの職探しを手伝ってくれたドゥチが、仕事があるだけで運がいいと説き伏せたのだ。賃金は悲惨なほど低く、労働はとても過酷だった。けれども、それが移民の現実だった。訓練を受けた経験や専門知識があっても、移民は医師や弁護士や市長にはなれなかった（非凡な姉クララは例外だ。チチと移住した直後、シドニー交響楽団のバイオリニストの地位を手にしている）。移民はタクシーを走らせる。移民は工場で出来高払いの仕事をする。移民は食料品店の棚に商品を補充する。私は自分には価値がないという思いを胸に刻み込む。ベーラはその思いに抗う。彼は短気になり、興奮しやすくなった。

ボルチモアでの最初の冬、ドゥチがマリアンのためにスノースーツを買ってくる。それには長いジッパーが付いている。マリアンはすぐに着たがる。マリアンが服を着たまま、サイズがぴったりのスノースーツを着るには時間がかかるが、ようやく公園に行く準備ができる。私たちは通りまで五階分の階段を下りる。歩道にたどり着くと、マリアンがおしっこがしたいと言う。

「なんでもっと早く言わない！」ベーラが激高する。それまでマリアンを怒鳴りつけたことなど、一度もなかったのに。

「この家を出ましょう」その夜、私はささやく。

「承知いたしました、お姫様」と彼がとげとげしく答える。彼はまるで別人だ。その怒りは私を怯えさせる。

いや、私がいちばん恐れる怒りは、自分自身のものだ。

私たちはなんとかお金を貯め、ボルチモア最大のユダヤ人地区パークハイツに建つ一軒家の裏手にある小さなメイド部屋に移る。女家主もポーランドからの移民だったが、米国に来たのは数十年前、あの戦争のずいぶん前のことだ。私たちをグリーナーと呼び、訛りを笑う。私たちに浴室を見せ、屋内トイレに私たちが驚くと思っている。私は家政婦のマリスカとイーガー家の邸宅にあった、パンのお代わりをするときに鳴らした小さなベルを思い出す。驚いたふりをし、私たちの生活レベルに対する女主人の期待を満たすのは、過去と現在の大きな隔たりを説明するより簡単だ。自分自身にさえ、それを理解させるのはむずかしいのだから。

ベーラとマリアンと私はひとつの部屋で一緒に暮らす。マリアンがベッドに入ると照明を消し、暗闇に座る。ふたりの間の沈黙は親密なものではなく、張りつめた重苦しいものであり、その重みのせいで綱が擦り切れ始めている。

私たちは普通の家族でいるために最善を尽くす。一九五〇年、贅沢をして映画を観に行く。映画館はパークハイツ通りのコインランドリーの隣にある。洗濯機の中で衣服が回転している間にマリアンを連れ、『赤い靴』を観る。それがユダヤ系ハンガリー人の移民、エメリック・プレスバーガーが制作、脚本、監督した映画と知り、誇りに思う。その映画をよく覚えているのは、そこから私はふたつのことを感じ取ったからだ。暗闇に座り、家族とポップコーンを食べながら、次第に大きくなったはずの満足感が私には味わえていない気がした――すべてうまくいく、戦争が終われば幸せに暮らせるといった信念のことだ。しかし、映画そのもの――登場人物、ストーリー――は私に強烈な影響を与え、自分のことを考え直さなくてはいられなくなった。何かに私の用心深い仮面を壊され、自分の飢えを正面から見つめることになったからだ。

映画の主人公はダンサーのヴィッキー・ペイジ。彼女は有名なバレエ団の芸術監督ボリス・レルモントフの目に留まる。稽古場のバーでハイキックを練習し、『白鳥の湖』では情熱的に踊り、レルモントフから注目され、評価されたいと願う。私はスクリーンから目が離せない。自分の人生を眺めているような気がする。ヒトラーという人間がいなければ、戦争がなければ、私が進んでいたであろう人生を。一瞬、自分の隣にいるのはエリックだと思う。娘がいることを忘れる。たった二十三歳なのに、人生のいちばんよい時期がもう終わったように感じる。映画のある時点で、レルモントフがヴィッキーにたずねる。「君はなぜ踊りたいのかな?」彼女が答える。「あなたはなぜ生きたいの?」レルモントフが言う。「はっきりとはわからないが、それが私のすべきことだから」ヴィッキーが言う。「私の答えも同じです」

私もアウシュヴィッツに行く前には、いやアウシュヴィッツにいたときでさえ、同じように答えただろう。心にはけっして消えない明かりが灯り、私の一部はいつもおおいに楽しみ、踊っていた。そして、生きていきたいという強い願望を手放したことなどなかった。今、私を導く人生の目的は、私が体験した苦しみを娘が知らなくてすむようにすることだけだ。

それは悲しい映画だ。ヴィッキーの夢は、彼女の考えたような結末にはならない。レルモントフの新しいバレエの主役を踊るとき、彼女は悪魔たちに取り憑かれる。映画のこの部分はあまりに恐ろしく、まともに見ていられない。ヴィッキーの赤いバレエシューズはまるで彼女を支配しているかのように、死ぬほど踊らせる。彼女は自分自身の悪夢の中で踊っている――悪霊たちと荒涼とした背景、ぺらぺらの新聞紙のダンスパートナー――しかし、彼女はダンスを止められない。目覚めることができない。ヴィッキーはダンスをあきらめようとする。引き出しに赤い靴を隠す。作曲家と恋に落ち、結婚する。映画の終わりで、彼女はレルモントフのバレエをもう一度踊るよう誘われる。夫は行くなと懇願する。レルモントフは彼女に警告する。「ふたつの人生を生きられる者はいない」

彼女は選択しなければならない。人にひとつのことをさせ、別のことをさせないものはいったい何だろう？　私は不思議に思う。ヴィッキーはふたたび赤い靴を履く。今回、靴は彼女を踊らせ、転落させ、死なせてしまう。他のダンサーたちは彼女なしで上演する。スポットライトが当たった先は、ヴィッキーが踊っているはずだった舞台上の空っぽの場所だ。

それはトラウマの映画ではない。私自身、自分がトラウマを抱えて生きているとはまだ知らなかった。しかし、『赤い靴』は私に様々なイメージを与えてくれる。自分自身について、自分の内と外で経験することの間の張り詰めた関係について、何かを教えてくれる。さらに、ヴィッキーがもう一度だけと赤い靴を履き、飛び立った姿について、何かを――それは選択には見えなかった。何かに駆りたてられたように見える。無意識のうちに。彼女は何をあれほど恐れていたのか？　何が彼女を走らせたのか？　それと共に生きていくことができない何かだったのか？　それとも、それがなくては生きていけない何かだったのか？

「君なら、僕より踊ることを選んだかい?」ベーラが帰り道のバスでたずねる。彼はウィーンでのあの夜のことを思い出しているのだろうか? 彼が来る来ないに関係なく、私はマリアンを米国に連れていくと言ったときのことを。私には他の誰かや何かを選べることを彼はすでに知っている。

私は媚びながらその質問をかわす。「あなたが私が踊るのを見たことがあれば、選択を迫ったりしないでしょうよ」と私は言う。「私がするようなハイキックは絶対に見たことがないわ」私はとぼけつづける。胸の奥のどこかで叫び声を抑えつける。私には選択するチャンスなどなかった! 私の中で沈黙の声が暴れまわる。ヒトラーとメンゲレが私の代わりに選択した。私には選択するチャンスなどなかったのだ!

まずベーラが重圧に屈する。それは職場で起こる。箱を持ち上げたあと、床に倒れ込む。呼吸ができない。病院でレントゲン写真を撮ると、結核の再発がわかる。彼は留置所から助け出したあの日、一緒にウィーンに逃げたあの日より、崩壊しかけたような青白い顔をしている。医師たちは結核専門病院に転院させる。私は毎日、仕事のあと、マリアンを連れて面会に行くが、咳き込んで血を吐くところを見てしまうのではないか、彼の病状を必死に隠していても彼女が死の気配を感じ取るのではないか、という不安に体が強ばる。四歳になる彼女はすでに文字が読め、ミセス・バウワーから借りた絵本を持ち込み、父親を楽しませる。父親が食事を終えたり、水を飲みたがっていたりすれば、看護師に知らせに行く。「何がパパを元気にするか、知ってる?」と彼女が私に言う。「小さい妹だよ！」次の子を欲しがるなど到底無理だった。私たちはあまりに貧しい。だから私は今、ベーラの回復に、私の情けないほどの給与に、またひとり扶養家族が増えるという重荷を負わせなくてよいことにほっとしている。しかし、娘が遊び相手を欲しがる様子を目にすると、その寂しさに気づき、心が痛む。姉たちを恋しく思う。マグダは今はニューヨークで前よりよい仕事を見つけ、父から習った仕立ての技能を活用し、ロンドンフォグ社でコートを作っている。彼女は新しい街でまたゼロから始めるのを嫌がるが、私はボルチモアに来てくれと頼む。一九四九年のウィーンでは、自分の人生がこうなるとは一瞬たりとも思わなかった――夫の代わりに姉とともにマリアンを育てるとは。あの時点では娘に交戦地帯で人生を送らせないための選択であり、犠牲だった。だが今では、ベーラが死んだり、寝たきりになったりした場合、どうしてもそうしなければならない。私たちは前よりわずかに大きなアパートメントで暮らし、ふたりで働いていても、食べていくのがやっとだ。ひとりでは家賃の支払いをどうすればいいのか、想像もつかない。マグダは移ってくることを考えてみると言ってくれる。「心配するな」ハンカチに咳き込みながらベーラが言う。「娘を父親なしで大きくさせたりしない。けっして」彼は咳と吃音があまりにひどく、そう言うのがやっとだ。

ベーラは回復するが、まだ弱々しい。倉庫の仕事に戻ることはできないだろう――とにかく彼は死なずにすんだ。結核専門病院の医療スタッフたちはベーラの魅力とユーモアに魅了され、退院前に、私たちが貧困から脱出できるような、そして長く健康でいられるような仕事が見つかるように手助けすると約束してくれる。彼らが行う適性検査のことをベーラは馬鹿馬鹿しいものと思っているが、それも結果が出るまでだ。検査から、彼に最適な職業はオーケストラの指揮者か会計士だとわかる。

「僕たちはバレエで新しい人生を築いていけるぞ」と彼が冗談を言う。「君が踊り、僕がオーケストラの指揮をする」

「幼い頃、音楽を学びたいとは思わなかった？」過去の仮定の話をするのは危ない綱渡りだ。

「幼い頃、音楽を学んだよ」

どうして忘れたのだろう？　私の姉と同じように、彼もバイオリンを習っていた。私に求愛していた時期の手紙に書いてあった。今、彼からその話を聞くのは、まるで昔は別の名で呼ばれていたと言われるようなものだ。

「僕はとても優秀だった。教師たちは僕は音楽学校に進めると言い、継ぐべき家業がなければ、進んでいたかもしれない」

顔が火照《ほて》る。突然、怒りがわき上がる。なぜだかわからない。むっとさせるような何かを言いたくなるが、叩きのめしてやりたい相手が自分自身なのか、彼なのかわからない。「考えてみて」と私は言う。「あなたがバイオリンをつづけてたら、私より先にクララに出会っていたのかもしれない」

ベーラは私の表情を読もうとする。私をからかうか、安心させるか、決めようとしているのがわかる。「僕にとって君との結婚以上の幸せはないと納得させたいのかい？　バイオリンの話をしていたんだよ。まあ、今となってはどうでもいいことだ」

そのとき、自分の心をかき乱したものが何なのかがわかる。それは、夫が昔の夢をやすやすと手放したかのようなふりをしていることだ。彼が音楽をあきらめることが本当につらかったとしても、私にそれを隠しただけの話だ。なんでもないことに、いまだに敏感に反応してしまうとは、私のどこがおかしいのだろう？

＊　＊　＊

ベーラは倉庫の昔の上司に適性検査の結果を見せると、上司はベーラを自分の会計士に紹介してくれる。その寛大な男性は、ベーラが学校に通い、公認会計士の資格を取るまで、助手として彼を雇ってくれる。

だが、私は落ち着かない。財政的な不安とベーラの病気に圧倒され、工場での長時間にわたる窒息しそうな仕事と、小銭を数えながら食料品を買うことに気を取られていた私にとって、このよいニュースは解放だ。ところが、心配事が消えたことでできた心の隙間をどう埋めればいいのかわからない。ベーラには新しい可能性、新しい道が見えてきたが、私には見えてこない。私は収入を増やし、自分自身をもっと肯定できるように何度か仕事を変える。余分なお金で生活が楽になり、前進したことでしばらくは気分もよくなった。しかし、そんな気分もつづかない。ある保険会社でコピー機係から帳簿係に昇進する。私の勤勉ぶりに気づいた上司が私を訓練してくれる。私は秘書の仲間入りをしたこと、そのひとりになれたことに喜ぶ。だが、それも新しい友人が私にこう助言するまでだった。「昼食のとき、ユダヤ人の隣に座ってはだめよ。あの人たち、臭いから」結局、私はよそ者なのだ。

自分が何者なのか、知られてはならない。次に働いた旅行かばん会社の上司はユダヤ人だった。ようやく落ち着けると思う。自信をもち、受け入れられたと感じる。ところがある日、電話が鳴りつづけ、秘書たちがきりきり舞いしていることに気づき、飛びつくように電話に出る。私は事務員で受付係ではないのに。すると、上司が部屋から怒って飛び出してくる。「誰が君に許可を与えたんだ?」と大声を出す。「私の評判を落とそうとしているのか? この会社の代表としてグリーナーが電話に出ることはない。わかったか?」

問題は彼が私を怒鳴りつけたことではない。問題は私は取るに足りない存在だという彼の評価を、自分で信じ込んだことだ。

一九五二年夏、ベーラが回復してまもなく、あと数ヵ月でマリアンが五歳になる頃、マグダがボルチモアに越してくる。仕事が見つかるまでの数ヵ月、わが家に同居する。玄関ドア近くのダイニングにベッドを用意する。わが家のアパートメントは夏は夜になっても蒸し暑い。マグダはベッドに入る前に玄関ドアを少し開ける。「用心しなくちゃだめだ」とベーラが警告する。「ブロンクスのどんな大邸宅で暮らしていたのか知らないが、ここは安全な地域じゃない。ドアを開けたままにしておけば、誰かが入ってくるかもしれない」「だったらいいけど」とマグダが声を弾ませ、流し目を送る。これぞ私の姉だ。彼女の苦しみは、それを乗り越えるために使うユーモアの中にだけ見える。

彼女を歓迎するために小さなパーティーを開く――ゲオルグとドゥチが来る（ゲオルグはそのわずかな出費にさえかぶりを振る）。同じ建物に住む隣人たち数名と、大家も呼ぶ。大家は友人の退役した海軍エンジニア、ナット・シルマンを連れてくる。マグダは米国での最初の週に体験した面白い話をする。マチルダ叔母が通りでホットドッグを買ってくれたときのことだ。「ヨーロッパではああいった屋台でホットドッグを買うと、ソーセージは必ず二本入ってる。たっぷりのザウアークラウトとタマネギもね。ところがマチルダが私にホットドッグを買って戻ってくると、薄っぺらい小さなパンに貧弱なソーセージが一本入っているだけだった。彼女がけちって二本分の値段を払わなかったのか、それとも私の体重を気にしてくれてるのかと思ったわ。そのあと何ヵ月も恨んでたけど、ある日、自分で買ったら、ここではそれが普通だとわかったわけ」

全員の目がマグダに、その表情豊かな顔に向けられ、彼女が次に語る面白い話を待っている。彼女は面白い話をもっと知っている。いつもそうだ。ナットは明らかに彼女にうっとりしている。お客たちが去り、マリアンが眠ると、私はマグダのベッドに並んで座り、少女の頃のように噂話に花を咲かせる。マグダが私にナット・シルマンについて知っていることをたずねる。「わかってるって。彼はパパの年齢よね」と彼女が言う。「でも、彼に好感を抱いたの」

私がうとうとするまでベッドで語り合う。私はおしゃべりをやめたくない。私にはマグダにたずねるべきことがある。それは自分の心に開いた穴に関係することだが、その恐怖、空しさについてたずねれば、その存在を認めなければならなくなる。私はそれがそこに存在しないふりをするのに慣れすぎている。「あなたは幸せ？」私はようやく勇気を奮い起こし、たずねる。幸せだ、と答えてほしい。そうすれば、私も幸せになれるから。きっと幸せにはなれない、本当には、と答えてほしい。そうすれば、穴が開いているのは自分の心だけではないとわかるから。

「ディツカ、お姉さんからアドバイスさせて。繊細か、そうでないかは関係ないけど。繊細なら、傷がもっと深くなる」

「あなたはうまくやっていけそう？」と私はたずねる。「いつかは？」

「ええ」と彼女が答える。「いいえ、わからないわ。ひとつだけ確かなことがある。ヒトラーは間違いなく私たちをめちゃくちゃにしたのよ」

ベーラと私は今では週に六十ドル稼いでいる。ふたりめの子をもつのに十分だ。私は妊娠する。娘は一九五四年二月十日に生まれる。当時、米国の医師たちが産気づいた全妊婦に当たり前のように投与していた麻酔から目覚めると、娘は新生児室にいる。私は、わが子を抱きたい、乳を飲ませたい、と強く要求する。看護師に連れてきてもらい、わが子の完璧な姿、眠そうな顔をこの目で見る。その姉の時のように大きくはないが、鼻がとても小さく、頬はとても滑らかだ。

ベーラが六歳になったマリアンを連れ、赤ん坊に会いに来る。「妹ができた！　妹ができた！」マリアンは大喜びだ。まるで私が封筒に貯めたお金で、彼女のためにカタログから妹を選び、注文したかのように。まるで私はいつでも彼女の願いを叶えられるかのように。マリアンにはまもなく従妹もできる。マグダがナット・シルマンと一九五三年に結婚し、妊娠し、十月に娘を産むからだ。彼女は娘を、母親にちなみ、イロナと名づける。

私たちは新しい娘を、オードリー・ヘップバーンにちなみ、オードリーと名づける。私は医師が落ち着かせるために投与した薬のせいで、まだぼんやりしている。分娩し、初めてその子に会い、乳を飲ませるという緊張する出来事にも、感情の鈍さという私の人生の特徴がこっそりと忍び込んでいた。


いいこともあれば、悪いこともあるのは当たり前のことだ。オードリーが生まれてから数ヵ月間、ベーラは公認会計士試験に向けて勉強している。まるで究極の試験に備えているかのように。まるでそれが、自分の居場所を見つけられるかどうか、自分自身とふたりの選択と和解できるかどうかを永久に決めてしまう重大な試練であるかのように。ところが彼は試験に通らなかった。さらに、たとえ資格が取れても、吃音と訛りがあっては仕事を得るのは無理だと告げられる。

「いつだって進む道に障害物があるんだ」と彼は言う。「僕が何をしようと」

私は異議を唱える。彼を励ます。ふたりでなんとかしようと言うが、姉クララの声が頭に忍び込んでくるのを止められない。体の不自由なふたり。うまくいくはずがないわ。

私は浴室で泣く。声を立てずに泣き、笑顔で出てくる。恐怖は隠しつづければ、大きくなるだけだと気づいていない。与え、なだめる——そして自分を偽る——という私の癖が、自分たちの状況を悪くしているだけだと私は気づいていない。

第13章　あそこにいたんですね？

一九五五年の夏、マリアンが七歳、オードリーが一歳のとき、私たちは古いグレーのフォードを満載にしてボルチモアを去り、テキサス州エルパソに向かう。職探しが難航して落ち込み、弟の非難と恨みに疲れ、自分の健康に不安を感じたベーラは、親類ボブ・イーガーに連絡し、助言を求めた。ボブはベーラの大伯父、一九〇〇年代初頭に兄弟ふたりとシカゴに移住したアルベルトの養子だ。アルベルトがプレショフに残した四番目の弟――ベーラの祖父――が卸売業を営み、それを戦後にベーラが継いだのだ。一九三〇年代にゲオルグの米国移住を支援したのがシカゴのイーガー一族であり、戦前にイーガー家を登録し、私たちがビザをもらうチャンスを確保しておいたのも彼らだ。シカゴのイーガー一族の寛大さと先見の明に感謝した。彼らがいなければ、私たちは米国で家庭を築くことはできなかっただろう。

そして今度は、エルパソに妻とふたりの子どもと暮らすボブがベーラに、「西部に来いよ！」と言うのだ。私はこれは一見チャンスのようで、実は私たちはまたも袋小路に足を踏み入れつつあるのではないかと不安になった。だが、ボブが私たちを安心させてくれた。エルパソは好景気にわき、国境の町では移民が差別されたり除け者にされたりすることは少なく、フロンティアは人生を最初からやり直すには完璧な場所だと言う。さらにベーラに、ボルチモアの二倍の給与を得られる公認会計士助手の仕事まで見つけてくれた。「砂漠の空気は僕の肺にいいだろう」とベーラは言った。「もう小さなアパートメントじゃなく、一軒家を借りられるようになる」そこで私が折れたのだ。

私たちはその大きな変化を、楽しい冒険、休暇にしようとした。眺めのよいハイウェイを走り、プールのあるモーテルに泊まり、夕食前に泳いでリフレッシュできるように早い時間に移動を切り上げた。私は引っ越しのこと、ガソリン、モーテル、レストランでの食事にかかる経費のこと、マグダからふたたび何マイルも離されることに不安を感じていた。けれども、気がつけば、いつもより微笑んでいた。家族を安心させるために微笑みの仮面をつけていたのではない。頬と目の奥からわき上がる本物の微笑みだ。ベーラとの新しい仲間意識を感じた。ベーラはマリアンに古くさい冗談を教え、プールではオードリーを水中で弾ませた。

エルパソでまず目についたのは空だ。遮るものは何もなく、広大で、遠くまで見通せた。街を取り囲み、北へ延びていく山々も私の視線を引きつけた。私はいつも景色を見上げていた。日中の特定の時間になると、日光の角度が山脈をぼんやりした厚紙の切り抜きか、映画のセットのように見せ、峰々は一様にどんよりした茶色になる。そのあと日光が移動すると、山々はピンク、オレンジ、紫、金、藍と虹色に染まり、山脈はふいにアコーディオンを引っ張り、その折り目をすべて広げた彫刻のようになる。

文化にも特徴があった。私が想像していたのは、西部劇映画に出てくる時代に取り残されたような辺境の埃っぽい村、禁欲的で孤独な男たち、もっと孤独な女たちが住む場所だった。ところがエルパソはボルチモアよりもヨーロッパ的、国際的だった。ふたつの言語が使われる、あからさまな人種差別などない多文化的な街だった。国境はあっても、それが様々な世界を融合させていた。米国のテキサス州エルパソとメキシコのチワワ州フアレスは、ひとつの塊を半分に割ったような別々の都市ではない。リオグランデ川が真ん中を横切り、二国間にある都市を分割しているが、国境は明確でありながら、いい加減なものだった。故郷を思い出した。コシツェはカッサになり、またコシツェに戻り、国境はすべてを変えながら、実は何も変えなかった。私の英語はまだ基本レベルで、スペイン語にいたってはまるで話せないが、ここではボルチモアほど軽んじられたり、仲間外れにされたりするとは感じなかった。ボルチモアではユダヤ系移民が集まる地区で暮らせば、守ってもらえると期待していたのに、むしろさらし者にされたように感じた。ところがエルパソでは、様々な人種の中に入り交じることができたのだ。

引っ越したばかりのある午後、オードリーと近所の公園にいると、ハンガリー語で子どもたちを呼ぶ母親の声が聞こえる。私は彼女を、もうひとりのハンガリー人の母親を、知っている人ではないかと期待し、数分ほど眺めたのち、自分をたしなめる。なんと無邪気な思い込みだろう。その話し方が耳慣れたもので、自分のものとそっくりだからというだけで、何か共通点があるかもしれないと考えるとは。けれども、彼女と子どもたちが遊んでいる間、目で追わずにいられず、彼女を知っているという感覚を手放せない。

突然、あることを思い出す。クララの結婚式の夜以来、忘れていたことを。コシツェのマグダの鏡に挟んであった絵葉書。橋の写真を横切るように書かれていた文字。エルパソ。十年前にラシ・グラッドスタインがここに、この都市に移ったことを、どうして忘れていたのだろう？　グンスキルヒェンで私たちとともに解放された青年ラシ。ウィーンからプラハまで、マグダと私と一緒に列車の屋根に乗った人。私たちの手を優しく撫でた人。いつかマグダと結婚するかもしれないと私が考えた人。叔母と叔父の家具店で働き、医学校の学費を貯めるためにエルパソに来た人。絵葉書で見るかぎり、地の果てのように思えたエルパソが、今では私が暮らす場所だ。

オードリーが私を物思いから呼び覚まし、ブランコに乗りたいと言う。乗せてやると、あのハンガリー語を話す女性も息子を連れてブランコまで来る。私はすばやくハンガリー語で話しかける。思い留まる前に。「あなたはハンガリー人ね？」とたずねる。「もしかして、戦後にエルパソに来た古い友人をご存知ないかしら？」

彼女は大人が子どもを見るように愉快そうに私を見る。まるで私が面白いほど、とても無邪気であるかのように。「お友だちはどなた？」と彼女がたずねる。調子を合わせてくれている。

「ラシ・グラッドスタイン」

彼女の目に涙がわき上がる。「私、彼の妹よ！」と泣き出す。彼女は私の暗号を読み取っていたのだ。古い友人。戦後。「兄は医者よ」と彼女が言う。「今はラリー・グラッドスタインの名で通っているわ」

この瞬間に感じた気持ちをどうしたら説明できるだろう？　行き場をなくした生還者たちとと

もに、私がラシと列車の屋根に乗ってから十年が過ぎた。その十年の間に、彼は医師になるという夢を実現させていた。それを聞くと、どんな希望や野心にも手が届くように思えた。彼は米国で新しい自分を築き上げたのだ。それなら、私にもできる。

しかし、それは物語の半分にすぎない。熱い砂漠の太陽の下、公園に立ちながら、私は紛れもなく地の果てにいた。オーストリアのじめじめした森に積み重ねられた死体の中に、死んだものとして見捨てられた少女だったときから、時間も空間も離れた場所にいる。あの戦争以来、私はあの少女にも近づいたことがない。なぜなら、ここにいる私にとって少女はほとんど見知らぬ人だからだ。ところが、私はここで昼日中に過去から現れた幽霊と向き合っている。ブランコの娘からもっと高く、高くとせがまれながら。もしかすると、先に進むことは、円を描いて元の場所に戻ることでもあるのかもしれない。

電話帳でラリー・グラッドスタインの番号を見つけるが、一週間以上待ってからようやく電話をかける。米国人の妻が電話に出る。彼女が伝言を受ける。私の名前の綴《つづ》りを何度かたずねる。私は彼は覚えていないと自分に言い聞かせる。その夜、ボブと家族がわが家に夕食にやってくる。マリアンからハンバーガーを作ってと頼まれ、母がいつもやっていたように作る。牛挽き肉に卵とニンニクとパン粉を混ぜ、ミートボールのように丸め、芽キャベツとキャラウェイシードで味付けしたポテトと一緒に出す。料理をテーブルに運ぶと、マリアンが目を白黒させる。「ママ」と彼女は言う。「アメリカン・ハンバーガーのことだったのに」彼女が欲しいのは、味のない白パンに挟んだ平たいパティに、油っぽいフライドポテトと平凡なケチャップを添えたものだ。娘は米国人のいとこ、ディッキーとバーバラの前で恥ずかしい思いをする。彼女の不満の声が突き刺さる。けっしてすまいと自分に誓ったことをしてしまった。娘に恥ずかしい思いをさせてしまったのだ。電話が鳴ったのでテーブルを逃げ出し、電話に出る。

「エディス」電話の男性が言う。「ミセス・イーガー。ラリー・グラッドスタイン医師です」

彼は英語で話すが、声は変わらない。それが私のキッチンに過去を連れてくる。列車の屋根の肌を刺すような風。めまいがする。半餓死状態だった当時のように空腹を感じる。折れた背骨が痛む。「ラシ」と言う私の声が遠くに聞こえる。別の部屋のラジオから聞こえてくるかのように。ふたりが共有した過去が広がっていくが、まだ口に出して言えない。

「また会えたね」と彼が言う。ふたりはハンガリー語に切り替える。彼は妻と彼女の慈善事業のこと、三人の娘がいることを話し、私は子どもたちのこと、ベーラが公認会計士を目指していることを話す。彼は私に自分の診療所に来てほしい、私の家族を自宅での夕食に招きたいと言う。そんなふうに友情が——ふたたび——始まり、それは終生つづく。電話を切ると、空がバラ色と金色に染まりつつある。ダイニングルームから家族の声が聞こえる。ボブの息子ディッキーが母親に、私は本当に米国人なのか、どうして英語が下手なのかとたずねている。体が強ばる。過去にあまりに近づくといつもそうなるように。車が急ブレーキをかけたときに、子どもたちの前に突き出す手のようだ。何かを守るための反射作用。マリアンの妊娠以来、医師の警告を拒んだとき、わが子の人生のために戦う人生を選んだとき、死の収容所の悪影響がわが子たちには及ばないようにすると心に決めたのだ。その信念が強化され、たったひとつの目的となった。わが子たちにはけっして知らせない。飢え、骸骨のような姿で、煙がもうもうと昇る空の下、母のシュトルーデルの夢を見ている私を彼らが想像することはない。それを、ふたりが心の中に抑え込まなければならないイメージには、けっしてしない。私がふたりを守る。ふたりに嫌な思いはさせない。しかし、ディッキーの質問で、私は気づいた。自分の沈黙は自分で選ぶことはでき、つき合う親類を選ぶこと、他の人の沈黙をごまかすことはできる。だが、私がいない場での人の言葉や行動は選べない。娘たちが偶然聞いたらどうなるのだろう？　真実を隠しつづける私の努力にもかかわらず、他の人がふたりに告げたらどうなるのだろう？

ほっとしたことに、ディッキーの母親が話題を変える。彼女はディッキーとその姉バーバラに、秋から学校に行くマリアンに好きな先生たちについて話すように促す。ベーラが彼女に黙っていてくれるように頼んだのだろうか？　それとも、彼女が直観でしたことだろうか？　彼女が私のために、私の子どもたちのために、それとも彼女自身のためにしたことなのだろうか？　そのあと、一家が帰ろうとして玄関扉のところに集まると、ディッキーの母親が彼に英語でこう言うのが聞こえる。「どんなことがあっても、ディッツ叔母さんに昔のことをたずねてはいけません。私たちが話題にすべきことではないのよ」

私の人生は一族のタブーなのだ。私の秘密は安全だ。

いつでも世界はふたつある。私が選ぶものと、否定するもの。後者は私の許可なく入り込んでくる。

一九五六年、ベーラは公認会計士試験に合格し、資格を取る。三人目の子ども――息子のジョニー――が誕生する数ヵ月前に、フィエスタドライブに寝室が三つある、慎ましい平屋を購入する。家の背後には砂漠があるだけだ――ピンクと紫のセニーザが満開で、赤いユッカの花が咲き、ガラガラヘビが立てる音がする。居間と書斎には明るい色の家具を選ぶ。日曜の朝には、ベーラが国境を越え、フアレスの農産物市場から買ってくる新鮮なパパイヤを食べながら、新聞の見出しを読む。ハンガリーでは民衆が蜂起し、反共産主義者の暴動の鎮圧にソビエトの戦車が進行する。ベーラは娘たちにろくに返事もせず、吃音が戻っている。外はとても暑く、私は臨月間近だ。私たちは冷房装置を作動させ、書斎のテレビのまわりに集まり、メルボルンからの夏季オリンピックの放送を観る。

私たちが注目するのは、女子体操チームのブダペスト出身のユダヤ人、アーグネシュ・ケレティが床の演技に備えてウォーミングアップする様子だ。彼女は私より六歳年上の三十五歳。彼女がカッサで育つか、私がブダペストで育っていれば、一緒に練習していただろう。「よく見るんだ！」ベーラが娘たちに言う。「彼女は僕たちと同じハンガリー人だ」床に立つアーグネシュ・ケレティを見るのは、私の片割れ、もうひとりの自分を見ることだ。アウシュヴィッツに送られなかった方（ケレティはブダペストのキリスト教徒の少女から身分証明書を買い取ったのち、辺鄙《へんぴ》な村に逃れ、メイドとして働きながら戦争終結を待った、とのちに知る）。母親が生き残った方。戦後、以前の人生の途切れた部分を元に戻し、苦難や年齢に夢を壊させなかった方だ。

ケレティは両腕を上げ、体を伸ばしてから、落ち着いて演技を始める。ベーラが熱狂的に声援を送る。オードリーがそれを真似る。マリアンは私をじっと見る。テレビに向かい、身を乗り出す私の姿を。彼女は私が昔、体操選手だったことを知らず、ましてやケレティの人生を妨害した同じ戦争が、私の人生をも妨害したこと――いまだ侵入していること――などまったく知らない。しかし、私が息を止め、目だけでなく体でケレティの動きを追っていることに、娘が気づいているのが感じられる。ベーラとマリアンとオードリーは宙返りのたびに拍手喝采する。ケレティがゆっくりと抑制された動きをしている間、私は息を殺している。彼女が前屈して床に手をついたあと、座位で前屈した姿勢から後方に展開し、アーチ姿勢を取り、起き上がって倒立する、すべての動きが優美で流れるようだ。彼女の規定演技が終わる。

ソビエトチームのライバルが床に立つ。ハンガリーにおける民衆蜂起のせいで、ハンガリーとソビエトの選手たちの間にはとくに強い緊張感がある。ベーラがブーイングを送る。二歳の幼いオードリーも同じことをする。私はふたりを黙らせる。私はラリサ・ラチニナを審判の目で見る。ケレティも同じように見ているはずだ。彼女のハイキックはケレティのものより少し高いかもしれない。宙返りの軽快さ、開脚して着地する様子に注目する。マリアンは正しい評価をし、ため息をつく。ベーラはまたブーイングする。「彼女はとても上手だったわ、パパ」とマリアンが言う。「彼女は迫害者といじめっ子の国の人間だ」とベーラが言う。「彼女が生まれる場所を選んだわけじゃない」と私が言い返す。ベーラが肩をすくめる。「自分の国が包囲されたときに、あんなふうにクルクルまわってみればいい」と彼が言う。「この家ではハンガリー人を応援するんだ」

結局、ケレティとラチニナはどちらも金メダルを得る。メダル授与式でふたりが並んだとき、ラチニナの肩がケレティの肩をかすめる。ケレティは台上で顔をしかめる。「ママ、どうして泣いてるの?」マリアンがたずねる。「泣いてないわ」と私は答える。

否定しなさい。否定しなさい。否定しなさい。私はいったい誰を守っているのだろう? 娘? それとも自分自身だろうか?

マリアンはこれまで以上に好奇心旺盛な子となり、熱心な読書家となる。エルパソの公立図書館の児童書コーナーの本を読破した彼女は、自宅の書棚によじ登り、私の哲学書や文学作品、ベーラの歴史書を読むようになる。一九五七年、十歳になった彼女は、ベーラと私を書斎にあるベージュ色のソファに座らせる。小さな教師のように私たちの前に立つ。一冊の本を開く。書棚のひとつに並んだ本の背後に隠されているのを見つけたと言う。まるで骸骨のような裸の死体が山積みにされている写真を指差す。「これは何?」とたずねる。私は汗をかき、部屋がぐるぐるまわる。この時が来ることは予想できただろうが、それでも驚きであり、胸に突き刺さり、身がすくむ。まるでサンジャシントプラザの生きたワニの巣穴が、わが家の居間に移されていたかのようだ。真実と向き合うのは、真実と向き合う娘と向き合うのは、獣と向き合うのと同じだ。私は部屋から飛び出す。浴室の洗面台で吐く。ベーラがヒトラーについて、アウシュヴィッツについて娘に説明しているのが聞こえる。彼が恐ろしい言葉を口にするのが聞こえる。「ママはそこにいたんだ」

鏡を割りそうになる。だめ! だめ! だめ! 大声で叫びたい。私はあそこにはいなかった!

言い換えれば、これはあなたが背負うべき問題じゃない！「ママはとても強い人だ」ベーラがマリアンに言うのが聞こえる。「だが、お前は自分が生還者の娘であることを理解する必要がある。いつも、どんなときも、ママを守らなければならない」その機会を利用することもできた。マリアンを安心させるために。私を心配したり、私に同情したりしなければならない重荷を彼女から取り除くために。彼女の祖父母が生きていたら、どれほど可愛がってくれたことか伝えるために。なんの問題もない、私たちは今、安全なのだと伝えるために。だが、私は浴室から出られない。自分自身を信用できない。過去のことをひと言でも口にすれば、激情にかられ、悲嘆に暮れるだろう。そして、暗闇に落ち、娘も道づれにしてしまう。

私は子どもたちのこと、新しい家で家族全員が安心でき、受け入れられ、幸せでいられるようにすることだけに注意を向ける。

わが家には毎日の習慣になっていることもあれば、週ごと、季節ごとに行う独自のお楽しみもあり、指折り数えて待つ行事もある。ベーラの一風変わった習慣は、毎朝、オードリーを学校まで送りながら、はげ頭を剃ること。わが家の裏の広大な砂漠に建てられたセーフウェイの店までで買い物に行くのは、ベーラの仕事。いつものように、私が買い物リストに書き忘れたものがあれば、店内で彼を呼び出してもらう。食料品係たちは私の声を知っている。「ミスター・イーガー、奥様からお電話です」と彼らが店内放送で呼んでくれる。私は庭の世話をし、芝生を刈り、ベーラの事務所でパートタイム勤務をする。彼はエルパソで成功したすべての移民たち——シリア人、メキシコ人、イタリア人、ヨーロッパから来たユダヤ人——から愛され、信頼される会計士となる。土曜日には子どもたちを連れ、クライエントたちに会いに行く。ベーラがどれほど敬愛されているのか知らなくても、彼らが私たちの子どもに示す優しさから、ベーラに対する好意に気づいただろう。日曜になれば、ベーラがファアレスの食料雑貨店チュイズまで新鮮な果物を買いに行き、自宅で家族全員で豪華なブランチを取る。ブロードウェイミュージカルのアルバムを聴き、ショーの歌に合わせて歌い（ベーラの吃音は歌うときは消える）、それからみんなでＹＭＣＡに泳ぎに行く。クリスマスの日には、エルパソのダウンタウンにあるサンジャシントプラザに行く。わが家ではクリスマスに贈り物をして祝ったりしないが、それでも子どもたちはサンタに手紙を書く。ハヌカー祭にはソックスや衣服など実用本位の贈り物を交換する。新年は多くの料理とサン・カーニバル・パレードとともに迎える——サン・クィーン、高校のバンド、オートバイに乗ったロータリークラブの男性たちを眺めるのだ。春になれば、ホワイトサンズやサンタフェまでピクニックに出かける。秋になれば、アーメンワーディで新学期のために衣服を買う。私は商品棚に両手を走らせる。最高品質の布地は触れればわかる。私は最安値で最良の衣服を見つけるコツを心得ている（ベーラと私はどちらもこういった触覚を使う習慣がある——彼はそれで農産物を選び、私は衣服を選ぶ）。秋の収穫の季節にはメキシコの農場に行き、自家製のタマーレ（訳注／トウモロコシ粉に香辛料と挽き肉を混ぜ、トウモロコシの皮に包んで蒸すメキシコ料理）をお腹いっぱい食べる。食べ物は愛だ。子どもたちがよい成績表を持ち帰れば、裏にあるソーダの店でバナナスプリットを食べさせたものだ。

九歳になったオードリーは、通年の水泳チームの試験を受け、競泳選手となる。高校生になるまで、一日六時間、練習することになる。私が昔、体操とバレエでそうしていたように。マリアンが十三歳のとき、家を増築し、主寝室を追加することで、マリアン、オードリー、ジョニーが自分の部屋を持てるようにする。ピアノも買い、マリアンとオードリーがレッスンを受ける。少女時代に両親がしていたように室内楽コンサートを開く。ブリッジパーティーもする。ベーラと私はモリー・シャピロ主宰の読書クラブに入る。モリーは芸術家や知識人を集めたサロンを主宰する、エルパソでは有名な人だ。私はテキサス大学でＥＳＬ（訳注／第二言語としての英語）クラスを取る。私の英語はようやく上達し、一九五九年には学部生として入学できると感じるまでになる。勉強を再開するのは長年の夢だった——他の夢は見送ったが、この夢は今、実現できるように思える。最初の心理学の授業をバスケットボール選手たちの列に座って受け、ハンガリー語でノートを取り、レポートを書くときはいつもベーラに手助けを求める。私は三十二歳になっている。私たちは家の外でも、中でも、たいていは幸せだ。

しかし、ベーラが息子に向ける眼差しが気になる。彼は息子を欲しがっていたが、こういう息子を望んではいなかった。ジョニーにはアテトーゼ型脳性麻痺があった。おそらく原因は出生前の脳炎だ。これが運動制御機能に悪影響を及ぼした。マリアンとオードリーが少しもたつきながら覚えたことに、ジョニーは悪戦苦闘しなければならない——服を着る、話す、フォークやスプーンを使って自分で食べることに。外見も姉たちとは違っていた。伏し目がちで、よだれを垂らした。ベーラはジョニーにあれこれ文句をつけ、その苦闘する姿に苛立った。私は昔、内斜視だったせいであざ笑われたことを思い出し、息子を哀れに思った。ジョニーの問題にたまりかねたベーラはよく怒鳴った（完璧なアメリカ英語だけを話してほしいという私の願いにもかかわらず、子どもたちは家で聞くハンガリー語が少しわかる。しかし彼はチェコ語で怒鳴ったため、子どもたちにはその意味がわからない——もちろん口調からわかるが）。そうなれば、私は寝室に引っ込んだ。私は隠れるのがうまかった。一九六〇年、ジョニーが四歳のとき、ジョンズ・ホプキンズ大学の専門医クラーク博士の診察を受けさせる。博士は私に言った。「息子さんの将来はあなた次第ですよ。ジョンは他のみんながすることはなんでもできるようになります。でも、彼がそこにたどり着くには時間がかかるでしょう。無理強いしては逆効果になります。けれども、努力させないのも間違いです。彼の潜在能力に合わせて努力させてください」

ジョニーを治療に通わせることができるように大学を中退した。言語療法や作業療法など、考えられるあらゆる種類の診療所、支援してくれそうなあらゆる種類の専門家のところへ連れていった（オードリーは、幼少時のいちばん鮮やかな記憶はスイミングプールではなく、あちこちの待合室だと言う）。私は息子は障害を負ったままになるとは考えないことにした。彼は力強く成長できると私たちが信じさえすれば、きっとそうなるという確信があった。しかし、幼い頃は手で食べ、口を開けたまま噛んだ。それが彼にできる精一杯のことだったからだ。ベーラはそんな息子に落胆と悲しみにあふれる眼差しを向けた。私は息子を父親から守ってやらなければならないと感じた。

恐怖が流れとなり、私たちの快適な生活に入り込んできた。オードリーが十歳のとき、友だちが来ていた。彼女の部屋に入ったちょうどその時、救急車が家の前をサイレンを鳴らしながら疾走していった。私は頭を覆った。その癖はあの戦争以来、執念深く私に取りつき、いまだやってしまう。サイレンをはっきり認識し、それに対する自分の反応に気づく前に、オードリーが友だちに叫ぶのが聞こえた。「さあ早く。ベッドの下に潜《もぐ》って！」彼女は床に身を投げるとベッドスカートの下に転がる。友だちは笑いながら彼女の後を追う。おかしな遊びだと思っているのだろう。けれども、私にはオードリーがふざけているのではないとわかった。彼女はサイレンは危険の前兆だと本当に思っていた。そして、身を隠さなくてはならないと。そんなつもりはないのに、私はなんの自覚もないまま、彼女にそう教えてきたのだ。

私たちは安全、価値観、愛情について、自分では気づかないうちに、子どもたちに他にどんなことを教えていたのだろう？

高校の卒業パーティーの夜、マリアンはシルクのドレスを身にまとい、手首に美しいランのコサージュをつけ、わが家の玄関先に立つ。彼女がデートの相手と玄関先から降りていくとき、ベーラが呼びかける。「楽しんでおいで。知ってるだろうけど、ママは君の年齢のとき、アウシュヴィッツにいて、両親を亡くしたんだ」

マリアンが去ると、私はベーラに金切り声を浴びせる。辛辣で冷たい人だと言い放ち、特別な夜に娘の楽しみを台無しにし、彼女の喜びを私が我が事のように感じる楽しみを台無しにする権利など、あなたにはないと非難する。彼が自分の言葉を取り消さないなら、私もしない。彼が幸せな気分で娘を祝福してやれないなら、彼は死んだも同然だと私は言い切る。「君はアウシュヴィッツにいたけど、彼女はそうではないという事実は、幸せな気分だよ」とベーラは弁解する。「マリアンには今、手にしている人生に満足してほしい」

「だから、それを壊したりしないで！」私は大声を出す。ベーラの言葉より悪いのは、そのあと、私はそれについてマリアンと話し合わなかったことだ。彼女もまたふたつの人生を生きていることに、私は気づかないふりをする——彼女自身のために生きる人生と、私が生きるのを許されなかったせいで、彼女が私のために生きる人生と。

一九六六年、秋、オードリーが十二歳、マリアンがウィッティア大学二年生になる。十歳になるジョニーはクラーク博士の予想どおり、適切な支援を受けたことで身体的にも学力的にも安定した。自分の成長のために使う時間を取り戻した私は大学に戻る。英語も上達し、ベーラの助けなしにレポートを書けるまでになる（彼に助けてもらっていた頃の最高評価はCだったが、今ではAばかり）。自分はようやく前進している、ようやく過去という制約を乗り越えつつあると感じる。ところが、これまで必死になって切り離してきた、ふたつの世界がふたたび衝突する。大教室で政治学入門講座が始まるのを待っていると、私の後ろに砂色の髪の男性が座る。

「あなたはあそこにいたんですね？」と彼が言う。

「あそこって？」パニックが起き始めるのを感じる。

「アウシュヴィッツ。あなたは生還者なんでしょう？」

その質問に狼狽するあまり、こちらから聞き返すことなど考えられない。なぜ私を生還者だと思うの？　どうしてわかったの？　どうやって見当をつけたの？　現在の生活では自分の経験について、誰にも、わが子にさえも、ひと言も話したことはない。囚人番号の入れ墨も私の腕には入っていない。

「あなたはホロコーストの生還者ではありませんか？」と彼がふたたび問う。

彼は若い。おそらく二十歳——だいたい私の半分の年齢だ。彼の若さ、生真面目さ、声から察せられる思いやりのある真剣さの何かが、エリックを思い出させる。外出禁止時刻を過ぎてから映画館で並んで座ったこと。彼が川辺でスプリットをする私の写真を撮ったこと。彼が私の腰の細いベルトに手をおきながら、初めて唇にキスしたこと。解放から二十一年経っているのに、私は喪失感に打ち砕かれそうになる。エリックを失ったことに。若い恋を失ったことに。未来を——結婚し、家庭を築き、行動主義を実践するというふたりが共有した理想を失ったことに。閉じ込められていた、まる一年の間、避けられないと思われた死からなんとか逃れた、あの一年の間、私は心に刻み込んだエリックの言葉にしがみついていた。〈君の目をけっして忘れない。君の手をけっして忘れない〉記憶が私の命綱だった。では、今は？　私は過去を封印した。思い出してしまっては、あの恐怖を繰り返し認めることになる。しかし、エリックの声が存在するのもやはり過去だ。過去にこそ、飢えていたあの何ヵ月もの間ずっと心の中で感じ、歌っていた愛が存在するのだ。

「私は生還者です」と震えながら答える。

「これ、読みました？」彼が小さなペーパーバックを見せる。ヴィクトール・フランクル著『夜と霧』哲学の教科書のようだ。著者名を見ても、ピンとくるものがない。私は首を左右に振る。「フランクルはアウシュヴィッツにいたんです」とその学生が説明する。「それに関するこの本を戦争直後に書いたんです。あなたなら興味をもつと思って」と言い、私にくれる。

本を手に取る。薄い。恐怖心でいっぱいになる。他の誰かの体験のフィルターを通したものであっても、なぜ自ら進んで地獄へ戻る必要があるのだろう？　だが、私にはこの若者の心遣いを退ける勇気はない。ありがとう、とつぶやくと、その小さな本をバッグに入れる。本はカチカチと音を立てる爆弾のように、夜までそこに入っている。

夕食を作り始めても、心ここにあらずの状態がつづく。ベーラにセーフウェイまでニンニクを買いに行かせ、それからまたコショウを買いに行かせる。食事の味がほとんど感じられない。夕食のあと、ジョニーにスペルのクイズを出す。食事の後片づけをする。子どもたちにお休みのキスをする。ベーラは書斎に行き、ラフマニノフを聴き、ネイション誌を読む。私のバッグは玄関扉前のホールにおかれ、あの本はそこに入ったままだ。それが自宅にあるだけで、不安を感じる。私は読まない。読む必要などない。たしかに私はあそこにいたけれど、わざわざ自分を苦しめたりしない。

真夜中を過ぎた頃、好奇心が恐怖心に打ち勝つ。そっと居間に入り、ランプの明かりの中で本を手にし、しばらく座っている。それからようやく読み始める〈編集注／以下はすべて『夜と霧 新版』〈池田香代子訳・みすず書房〉より引用〉。「これは事実の報告ではない。体験記だ。ここに語られるのは、何百万人が何百万通りに味わった経験、生身《なまみ》の体験者の立場にたって『内側から見た』強制収容所である」うなじがぞくぞくする。著者は私に話しかけている。私のために話している。「強制収容所の日常はごくふつうの被収容者の魂にどのように映ったかを問おうと思うのだ」彼は囚人の生活に生じる三つの段階をまとめている――まず死の収容所に到着し、「恩赦妄想」つまり死刑を免れたという錯覚を感じ取るのはどんなものかというところから始まる。そう、私はよく覚えている。列車のプラットフォームで音楽の演奏を聞いた父が、恐ろしい場所のはずがないと言ったこと。メンゲレが指を振り、生と死を分け、「お母さんにはすぐに会える」となんでもなさそうに言ったこと。それから第二段階に入る――耐えがたく、想像を絶するようなことに順応し始めるのだ。カポの殴打に耐えること。どれほど寒く、飢え、疲れ、具合が悪くても起き上がること。スープを飲み、パンを残しておくこと。体の肉が消えていくのを見守ること。死ぬ以外に逃げ道はないとあらゆる場所で聞くこと。第三の段階である解放にたどり着いても、閉じ込められた状態が終わるわけではない、とフランクルは書く。それは恨み、幻滅、そして意味と幸福を求める苦闘の中でつづいていく場合もある。

私は自分がずっと隠そうとしてきたことを正面から見つめている。読み進むにつれ、自分が機能停止状態や体が動かない状態になっている、あるいはあの場所に閉じ込められているとは感じないことに気づく。驚いたことに私は怯えていない。読んだどのページにも十点満点をつけたい。自分の物語を語ることで、支配を強くするのでなく、軽くできるとしたら？　過去のことを話すことで、過去を硬化させるのでなく、癒やすことができるとしたら？　沈黙と否定だけが、破滅的な喪失を経験したあとの唯一の選択でないとしたら？

フランクルが氷のように冷たい闇の中、仕事場まで行進する様子を読む。寒さは厳しく、看守たちは残忍で、囚人たちはよろめく。体の苦痛と人間性を奪う不当な仕打ちの真っ只中で、フランクルは妻の顔を思い出す。真冬だというのに、妻の眼差しを思い浮かべることで、彼の心には愛情の花が咲き乱れる。「人は、この世にもはやなにも残されていなくても、心の奥底で愛する人の面影に思いをこらせば、ほんのいっときにせよ至福の境地になれるということ」を彼は理解する。私の心が開く。私はすすり泣く。そのページから、車両の重苦しい暗闇から、母が私に話しかけている。〈忘れないで。あなたの心の中にあるものを奪える者などいないことを〉人には暗闇を消すことは選べないが、明かりを灯すことは選べるのだ。

一九六六年秋の夜明け前の数時間に、私はこれを、フランクルの教えの真髄を読む。「人は強制収容所に人間をぶちこんですべてを奪うことができるが、たったひとつ、あたえられた環境でいかにふるまうかという、人間としての最後の自由だけは奪えない」

一瞬一瞬が選択だ。体験することがどれほど苛立たしかろうと、退屈であろうと、抑圧的であろうと、苦しかろうと、過酷であろうと、人はいつでも自分がどう対応するかを選ぶことができる。そして、私は自分にも選択の余地があることを、ようやく理解し始める。この気づきが私の人生を変えていく。

第14章　ある生還者から別の生還者への手紙

真っ直ぐな癒やしの道を進む人はいない。

一九六九年一月のある夕方、オードリーがベビーシッターのアルバイトから帰ると、ベーラと私は、彼女とジョンに居間にある茶色いデニッシュカウチに座るように言う。私はベーラの顔も子どもたちの顔も見ることができず、カウチの無駄のない現代的なライン、その細く小さな脚を眺める。ベーラが泣き始める。

「誰か、死んだの？」とオードリーがたずねる。「教えてよ」

ジョニーがいらいらと足でカウチを蹴る。

「何も問題はないよ」とベーラが言う。「僕たちはふたりのことをとても愛している。ただ、ママとパパはしばらくの間、別々の家で暮らすことにしたんだ」つっかえながら話すので、言い終わるのに一年かかりそうだ。

「何を言ってるの？」オードリーがたずねる。「いったい何が起こってるの？」

「わが家をもっと平和にする方法を探さなきゃいけないのよ」と私が言う。「あなたたちが悪いわけじゃないわ」

「もう愛し合ってないの？」

「愛し合ってるさ」とベーラが答える。「僕は愛している」これは彼のジャブであり、私にナイフを突きつけている。

「突然、幸せじゃなくなったの？　ふたりとも幸せだと思ってた。それとも、これまでずっと私たちに嘘をついてきたの？」オードリーはベビーシッター代をずっと握りしめている――彼女が十二歳になると、ベーラが当座預金口座を開いてやり、貯金したお金は彼が倍にしてやると言ったのだ――しかし今、彼女はそのお金をカウチに投げつける。まるで私たちがよいもの、価値あるものすべてを汚してしまったかのように。

＊　＊　＊

それは突然、思いついたことではなく、いろいろな出来事が積み重なり、ベーラとの離婚につながった。私の選択は母と――母が選んだものと、選べなかったものと――関係があった。母は父と結婚するまで、ブダペストのある領事館で働き、自分の収入があり、国際的な専門家たちが集まる社交界の一員だった。その時代には、とても解放された女性だった。しかし、妹が結婚すると世間と家族の期待に沿うべきだ、家族の恥になる前に結婚すべきだという重圧がのしかかった。母には愛した男性がいた。領事館での仕事を介して出会った人、『風と共に去りぬ』に手書きのメッセージをつけて母に贈った男性だ。ところが、その男性はユダヤ人ではなかったため、母の父親が結婚を許さなかった。その頃、名の知れた仕立屋だった私の父は、ある日、母にドレスを仕立て、その容姿に見惚れた。そして、母は自分のために自分で選んだ人生を捨て、自分に期待された人生を選んだ。ベーラと結婚するとき、自分も同じことをしていると不安になった――夢を追うことをあきらめ、ベーラがくれる安全を選んだのだから。けれども今では、昔、引かれた彼の長所に、つまり彼から与えられ、世話されることに息が詰まりそうになった。この結婚が私自身を放棄させるもののように感じられたのだ。

両親のような結婚など欲しくなかった――親密さの欠片もない寂しい関係は。壊れた夢も欲しくなかった（父の医師になる夢。母のキャリアウーマンになり、恋愛結婚する夢）。しかし、私は自分自身のために何が欲しかったのだろう？　わからない。そこで私はベーラを抵抗すべき勢力として仕立て上げた。自分が生きる真の目的と進むべき方向を探し出すのではなく、彼と敵対すること、彼が私を抑えつけたと思い込んで抵抗することに意味を見いだしたのだ。実際にはベーラは私の学業に協力的で、学費も負担し、私が読んでいる哲学や文学について喜んでともに議論し、私がもらった推薦図書リストをよく読み、興味深いものは自分の好きな歴史の読書リストに加えていた。私が勉強に時間を取られることに時折ベーラが腹を立てたこと、私の健康を心配し、ペースを落とすように注意したことが何度かあったせいで、人生で前進したければ、独立するしかないという考えが私の中に根を下ろし、大きくなったのだろう。私はひどく飢え、自分自身を軽んじることにひどくうんざりしていたのだ。

一九六七年、オードリーが十三歳のとき、水泳大会が開催されるサンアンジェロまで一緒に旅行したことを思い出す。付き添いの親たちは夜になるとホテルに集まり、酒を飲んで騒いだ。ベーラがここにいたら、と私は考えた。私たちはみんなの中心にいただろう。どちらも酒好きだからではなく、ベーラが生まれつき人びとを魅了する人だから――人が大勢いる部屋を見ると、近づかなくてはいられない人なのだ。彼がいれば、どこでも社交場となり、彼が作り出す雰囲気から生まれる陽気なやり取りに誰もが引き込まれた。私はそれに感心しながら、同時に不快でもあった。不快なのは、彼の声を響かせるために私は静かにしているしかなかったからだ。私が育った家庭とまったく同じで、そこにはスターひとり分のスペースしかなかった。エルパソの友人たちと毎週開いていたヒレステーキとダンスのパーティーでは、みんながベーラと私のためにダンスフロアにスペースを作ってくれ、ふたりでライトを浴びたものだ。私たちは一緒にいると扇情的で、目を離せないと友人たちから言われた。私たちはカップルとしてあこがれの対象だった――けれども、そこには私専用のスペースはなかった。サンアンジェロのあの夜、他の親たちの騒々しさと酩酊《めいてい》ぶりが嫌になり、自分の部屋に戻ろうとした。私は孤独で、自分自身を少々哀れに思った。すると、ふとフランクルの本を思い出した。どんな状況におかれても、自分の受け止め方は選べるという自由に関する記載を。

私はそれまでしたことのないことをした。オードリーの部屋の扉をノックしたのだ。彼女は私を見て驚きはしたが、招き入れてくれた。彼女と友人たちはテレビを見ながらトランプをしていた。「私があなた方の年齢のときはね」と私は話し始める。「やはりアスリートだったのよ」オードリーが目を見開いた。「あなた方はとても幸運で、美しい。強靭な体をもつことがどういうことか知ってるわね。練習に励むことも。チームになることも。バレエ教師からずいぶん昔に教えられたことを、彼女たちに伝える。「人生の喜びはどれも内側からやってくるのよ」私はお休みを言い、扉から出ようとするが、出る前にハイキックをして見せる。オードリーの目が誇りできらめいた。友人たちは拍手喝采してくれた。もう私はおかしな訛りのある物静かなママではなかった。パフォーマーで、アスリートで、娘から尊敬されるママだった。私は心の中で、自尊心に満ち、意気揚々としたその感覚をベーラがいないことと結びつけた。その輝きをもっと頻繁に感じたければ、彼と一緒にいないようにする必要があるのかもしれない。

自分に対するその飢えは、学部課程の勉強においても私をかき立てた。貪欲に、つねにさらなる知識を求め、尊敬され、認められたかった。そういうことが、自分に価値があることを示すものに思えたのだ。すでに仕上がっているレポートに夜も寝ないで取り組んだ。まだ不十分ではないか、あるいはそこそこよいだけではないか、という不安のせいで。ある心理学教授が学期開始時に、自分が私たちのクラスに与えるのはC評価だけだと宣言すると、私は彼のオフィスに押しかけ、私はA評価しかもらったことがないが、自分の並外れた学業成績を途切れさせないためにはどうすればいいかとたずねた。すると教授は私を自分の助手にしてくれ、私の教室での学習に、通常は大学院生のみに認められる現場実習を加えてくれた。

ある午後、級友たちから、授業のあとビールを飲みに行かないかと誘われた。キャンパス近くの暗いバーで一緒に座り、テーブルに冷えたグラスをおき、彼らの若いエネルギーや政治的情熱に魅了された。私は彼らに、社会正義擁護者に、平和主義者に感心した。一緒にいられて幸せだった。同時に悲しくもあった。私の人生のこの段階は突然、終わってしまった。家族から離れ、個人として独立すること。デートと恋愛。実際に改革を起こした社会運動への参加。私は戦争に子ども時代を奪われ、死の収容所に思春期を奪われ、けっして振り向くなという強迫観念に青年期を奪われた。そして、自分の母の死を悼む前に自分が母親になった。あまりに早く、あまりに急いで完全なものになろうとした。私が否定を選んだこと、自分自身を、記憶を、本当の意見を、経験したことをつねに隠しつづけたことは、ベーラの落ち度ではなかった。私は彼にも隠していたのだ。それなのに今、私は自分の行き詰まりを長引かせた責任を彼に押しつけていた。

ビールを飲んだあの日、学生のひとりがベーラと私の出会いをたずねた。「すてきな恋物語が大好きなんです」と彼女は言った。「一目惚れだったんですか?」どう答えたのかは覚えていないが、その質問が私に自分はどんな愛を求めていたのか、もう一度考えさせたのは確かだ。

エリックがいるだけで刺激に満ち、近くに来られると体中が生気にあふれた。アウシュヴィッツでさえ、私の中の夢みる少女を、きっとまた彼に会えると、日々、自分に言い聞かせていたあの少女を消せなかった。しかし戦争のあと、あの夢は死んだ。

ベーラに出会ったとき、恋に落ちたわけではない。私は飢えていたのだ。そんなとき、彼は私にスイスチーズを持ってきた。サラミを持ってきた。ベーラと暮らした最初の数年に抱いた幸福感を思い出すことができる——マリアンを妊娠したときには、毎朝、花を買いに市場まで歩きながら、子宮の中の彼女に話しかけ、あなたも花のようにつぼみを開くのよと言ったこと。そして彼女はそうなり、私の子どもたちはみんなそうなった。今、私は四十歳に、母が死んだ年齢になったが、まだ花開いていない。自分が手にするべきだと考える愛もまだ手にしていない。まるで騙され、基本的な人間の儀式も認められることなく、結婚に閉じ込められた気分だった。しかもその結婚は、栄養も期待できず、飢えを消す見込みもないまま食べる食事となっていたのだ。

ところが、私の栄養は思いがけないところからやって来た。一九六八年のある日、帰宅すると郵便受けに、ヨーロッパ風の手書きで書かれた私宛の手紙があった。ダラスのサザンメソジスト大学から送られたものだった。差出人住所には名前はなく、V．F．とイニシャルだけ書かれている。開封した私は倒れそうになった。出だしの挨拶にはこうあった。「ある生還者から別の生還者へ」手紙はヴィクトール・フランクルからだった。

二年前の夜明け前に『夜と霧』を夢中で読んだあと、私は『ヴィクトール・フランクルと私』というエッセーを書いた。自分のために個人的な課題として書いたもので、学術的なものではないものの、自分の過去を語る初めての試みだった。人として成長できたのではないかと期待した私は、それを幾人かの教授と友人たちに恐る恐る見せた。するとそれが大学の出版物となった。そして誰かが匿名でそれをダラスのフランクルに郵送したのだ。私は知らなかったが、彼は一九六六年から客員教授となっていた。フランクルは私より二十三歳年上だった――アウシュヴィッツに収容されたとき、彼は三十九歳のすでに名高い医師であり、精神医学者だった。現在、彼はロゴセラピー（訳注／自分の生の意味を見つけられるよう援助することで心の病を癒やす心理療法）の著名な創始者だ。彼は世界中で診療し、講演し、教えている。彼は私のちょっとしたエッセーに心を動かされ、連絡をくれ、同じ生還者として、仲間として私に親しみを感じてくれたのだ。メンゲレに踊らされたあの夜、ブダペスト・オペラハウスの舞台に立つ自分を思い描いた、と私は書いた。するとフランクルは、アウシュヴィッツでやはり同じようなことをしたと書いてきた――彼は最悪の瞬間にも、自由な人間として、閉じ込められた人間の心理についてウィーンで講義する自分を思い描いた。さらに彼も内なる世界に聖域を見つけていた。それが現在の恐れと苦しみから自分を遮断するだけでなく、希望と目的意識をかき立ててくれた――それが彼に生き残るための手段と理由を与えたのだ。フランクルの本と手紙のおかげで、私は私たちが共有する体験を説明する言葉を見つけることができた。

こんなふうにして文通と友情が始まり、それは長い間つづいた。その中で私たちは、自分たちの人生を流れていく疑問に対する答えを、ともに見つけようとした。「なぜ自分は生き残ったのか？自分の人生の目的は何なのか？　自分の苦しみからどんな意味を見いだせるのか？　人生の最悪の時期に耐え、情熱と喜びをもっと感じ取るために、自分自身と他者を助けるにはどうすればいいのか？」

数年にわたる手紙のやり取りののち、私たちが初めて会ったのは、一九七〇年代にサンディエゴで彼が講演を行ったときだ。彼は私を楽屋に招き入れ、妻に紹介し、講演の感想までたずねてくれた――メンターに仲間として扱われるという、途方もなく重要な瞬間だった。彼の最初の手紙だけでも、私に使命の種を与えてくれた。それは次のことを目的とする探究の道だ。他者が人生に意味を見つけられるよう手助けすること。私の人生に意味を見つけ、他者を癒やすことができるように自分を癒やすこと。自分を癒やせるように他者を癒やすこと。さらには、自分が存在する意味、自分らしい人生を選択する責任だけでなく、それができる能力とチャンスを自分が手にしていることが理解できた。ところが、ベーラと離婚するとき、私はその理解を悪用してしまったのだ。

自分らしい人生を見つけるために意識的な第一歩を踏み出したのは、一九五〇年代の終わり、ジョニーの発達の問題に気づき、それに対処するのに助けが必要だったときだ。ある友人がスイスで学んだユング派分析家を推薦してくれた。一般的な臨床心理学、とくにユング派精神分析についての知識は無きに等しかったが、そのテーマを少し調べてみると、ユング派のいくつかの考え方に引かれた。気に入ったのは神話と元型を重視している点で、それは少女の頃に愛した文学作品を思い出させた。さらに、精神の意識と無意識のバランスを取り、心の全体性を保つという考えに好奇心をそそられた。『赤い靴』のヴィッキー・ペイジの心の内と外の出来事の不協和音が思い出された。もちろん私は自分の心の葛藤に悩まされていた。とはいえ、自分の中にあるその強い不安を癒やそうとして、意識的に治療を始めたわけではない――息子にどう対処すべきなのか、それをめぐって生じたベーラと私の亀裂をどう修復すればいいのかを知りたかっただけだ。しかし、それだけでなく、カール・ユングの治療的分析の考え方にも引かれていた。「自分自身にイエスと言い、自分自身を何より重要なものと捉え、自分がするすべてのことを自覚し、あらゆる疑わしい側面からけっして目を離さないこと――まさに人に極度の負担をかける課題」私自身に「イエスと言う」こと。私はそれがしたかった。そして花を咲かせ、今より成長したかった。
ユング派分析家から夢に関する宿題をもらった私は、熱心に夢を記録した。まず例外なく、私は飛んでいた。地面からどれくらいの高さで、どれくらいの速さで飛ぶのかは自分で選べた。飛び超えていく景色も選べた――ヨーロッパの大聖堂、森林に覆われた山々、海辺。自分が力強く、喜びに満ちあふれ、自由に飛び、好き勝手に動ける夢を見られるから、眠るのが楽しみだった。こういった夢から気づいたのは、他の人たちがよく息子に押しつける窮屈な思い込みを私の力が超越していることだ。さらに、私に押しつけられた限界だと感じているものを超越したいという自分の欲望も見えてきた。しかし、私にまだわかっていなかったのは、超越すべき限界は自分の外にあるのではないこと――それは自分の内にあった。だから、数年後、ヴィクトール・フランクルの影響を受けた私が、自分は人生に何を期待するのかという質問を始めたとき、ベーラにノーと言うことが、私自身にイエスと言うひとつの方法だと思い込むのは、私にとってとても簡単なことだったのだ。

離婚から数ヵ月、気分は前よりよくなった。数年間、ずっと偏頭痛に苦しんできた（母も体が衰弱するような頭痛に苦しんでいた。遺伝的なものなのだろう）。ところが、ベーラと別居した直後から偏頭痛が消えた。まるでひとつの季節が去っていくように。今はベーラの気分の浮き沈み――怒鳴り声や皮肉、苛立ちや失望――から解放されて生活しているおかげだと考えた。頭痛は消え、もう隠れたり、引きこもったりしなくてもよくなった。学生仲間や教授たちを家に招き、騒々しいパーティーを開いた。まるで世界に向けて開かれた、ひとつのコミュニティの中心にいる気分だった。

自分は生きたいように生きていると考えていた。だが、まもなく霧が出てくる。周囲が灰色がかって見えるようになる。食べなさいと自分に命令しなければ、食事もしなくなる。

一九六九年五月のある土曜の朝、書斎にひとり座っている。それは卒業式の日。私は四十一歳だ。テキサス大学エルパソ校心理学理学士号を得て、優等で卒業するのだ。けれども、私にはその式典で歩くことなどできない。あまりに恥じ入っているからだ。「こんなことはもっと若い頃にやっておくべきだった」と独り言を言う。その本当の意味――私の選択と信念の多くから読み取れる真意――は、「自分は生き残るに値しない」というものだ。自分の価値を示し、世の中に自分の居場所を作ることに取り憑かれすぎていたため、もう私にはヒトラーなど必要ない。なぜなら私が自分の看守となり、自分自身にこう言っていたのだ。「お前が何をしようと、何か足りないものがある」

ベーラを失っていちばん懐かしく思い出すのは、彼のダンスだ。とくにあのウィンナワルツ。皮肉で怒りっぽい彼だが、楽しさを招き入れる人でもあり、体でそれを表現し、まわりに伝える。テンポに屈したとしても、まだリードし、安定したダンスができる。彼の夢を見る夜もある。私に求愛していた時期に手紙に書いてくれた、子ども時代の物語だ。雪崩に倒れ込む父親の姿。すべてが真っ白な中で、その呼吸が停まる様子。母親がブダペストの市場でパニック状態になり、ナチス親衛隊に身元を告白する姿も見る。ベーラの家族の死に母親が果たした役割から生じた、一族の悲しい緊張感を思う。ベーラの幼い日のトラウマが残した彼の吃音を思う。ある夏の日、ベーラがジョンを迎えに来る。新車を運転している。米国でのわが家の車はいつも質素なものだった――みすぼらしい車だと子どもたちは言う。今日、運転しているのは、革製シートがついたオールズモビルだ。中古を買ったんだと弁解がましく言いながらも、自慢気だ。しかし、私が信じられないという顔をしたのは車のせいではない。助手席に座る上品な女性のせいだ。彼は他の誰かを見つけたのだ。

自分とわが子の生活のために働く必要があることに救われている。仕事は逃避だ。そして、私に明確な目標を与えてくれる。私はエルパソのヒスパニック地区で、七年生と八年生を教える社会科教師になる。街の裕福な地区にある、誰もが行きたがるような学校からも求人はあるが、私は二カ国語を話す生徒たち、ベーラと私が米国に来た時期に直面した貧困や偏見といった障壁に向き合っている生徒たちを相手に働きたい。私がしたいのは、生徒たちを彼らの選択肢につなげること。自分を被害者だと思わないようにすれば、選択肢が増えると教えることだ。私の仕事の何よりむずかしい部分は、生徒の生活で聞かれる否定的な声――時に親たちの声――に反論することだ。卒業するのは無理だ、教育を受けても生きていくのに役立たないといった声。お前はとても醜い。お前はとても弱い。お前に夫は見つからない。

私は生徒たちに伝える。自分が内斜視だったこと。姉たちが愚かな歌を歌ったこと。しかし、問題は姉たちが私に向かってそんな歌を歌ったことではない――問題は私が姉たちの言葉を信じたことなのだ、と。とはいえ、生徒たちに伝えないこともある。それは私が姉たちにどれほど共感したか。憎しみが私の子ども時代をどれほど破壊したか。自分に価値はないと信じ込まされた人を蝕《むしば》む闇のことを、私がどれほどよく知っているかということ。タトラ山脈からわき上がってきた声を思い出す。〈生きるなら、何かのために立ち上がらなければならない〉生徒たちは立ち上がるための目的を私にくれる。けれども、私はまだ感情が鈍く、臆病で、孤立し、とても傷つきやすく、悲しんでいた。

フラッシュバックはつづき、運転中に起こることもある。道路の脇に制服の警官が見えると、視野狭窄が起こり、気絶しそうになる。私はこの感覚をなんと呼ぶのか知らない。対処できていない悲嘆が体に現れたとは、まだ理解していない。それは、意識的な人生から遮断してきた感情の存在を思い出させるものとして、体が送るヒント。私が自分自身に感じる許可を与えないとき、私に襲いかかる嵐なのだ。

自分が感じることを許さない感情とは何だろう？　それはわが家に住む見知らぬ人たちのようなものだ。目には見えないが、食べ物を盗み、家具を動かし、ホールまで泥の跡をつけていく。離婚しても、その不快な存在から解放されない。離婚により、心を乱すものや、非難と恨みのいつもの対象がいた部屋が空っぽになったせいで、私は自分の感情と向き合わざるを得なくなる。

ときどき、マグダに電話する。彼女もナットと離婚したのち、再婚した。今度は年齢の近い男性テッド・ギルバート。優しい聞き手、優しい継父だ。彼女とナットは今も親しい友人だ。彼は週に二、三回、彼女の家に夕食を食べに来る。「不安なときには行動に気をつけるのよ」と姉が忠告する。「よくないことを考えてしまうから。どうでもいいことを。彼はこうだった、ああだったって、私もずいぶん苦しんだ。でも結局は、自分を苛立たせたものを懐かしく思い出しているだけなのよ」

まるで心を読まれているかのようだ。それは、壊れたと思ったものは、離婚しても元に戻せないかもしれないという疑い、あるいはあきらめの小さな棘《とげ》だ。

ある夜、わが家に女性から電話がかかる。ベーラを探している。彼がいそうな場所を私が知っているか、ですって？　彼の恋人だと気づく。彼女はまるで私が元夫を監視しているかのように、私には彼女に情報を与える義務があるかのように、私が彼の秘書であるかのように、わが家に電話をかけている。「二度と私に電話しないで！」と私は大声を上げる。

電話を切ったあと、興奮して眠れない。飛ぶ夢を、明晰夢（訳注／夢と自覚しながら見る夢）を見ようとするが、飛び立てず、目覚めたまま落ちていくだけだ。つらい夜だ。同時に有益な夜でもある。オードリーは友人の家に泊まりに行き、ジョニーはもうベッドに入っている。不快感から逃げようにも行き場がない。だからそれを感じるしかない。私は泣き出す。自分自身を哀れに思いながらも怒り狂う。嫉妬、恨み、孤独、憤り、自己憐憫といったものが波のように次々と私を襲う。ところが翌朝、眠れなかったのに気分がいい。いつもより落ち着いている。何も変わっていないのだが。皮肉なことに、自分が捨てることを選んだ夫から見捨てられた気分は変わらない。けれども、私の心の嵐と動揺が行き着くところまで行ったのだ。そういったものはずっと同じ形をしているわけではない。動き、変化する。だから私の心はいつもより安らいでいる。

こんな夜や昼が何度も繰り返される。ひとりでいるときや、どれほどつらくても、感情を追いやらない訓練を始めたときなどに。それは離婚がくれた贈り物。自分の内にあるものに立ち向かわなければならないという気づき。本気で人生をよりよいものにするつもりなら、変えるべきはベーラでも私たちの関係でもない。変えるべきは私なのだ。

変化の必要性は理解しても、どんな変化を起こせば、もっと自由になれ、もっと楽しい気分になれるのかわからない。自分の結婚を新しい目で見てみようと別の臨床心理士にカウンセリングを受けるが、彼女のやり方は役に立たない——彼女は私に向かって指を振り、こう言うのだ。ベーラに食料品の買い物をさせては女々しくなる。私が芝を刈るべきではなかった。それが男としての責務を彼から奪ってしまった、と。さらに彼女は私の結婚でうまくいっていたことを選んでは、それを問題や落ち度にしてしまう。

私は新しい仕事に就く。今度は高校で初級心理学を教え、スクールカウンセラーの役割も担う。しかし仕事を始めたときに感じていた目的意識は、学校というものの官僚主義により徐々に破壊されていく。クラスが大きすぎ、カウンセリングの数も多すぎるため、生徒ひとりひとりにうまく対処できないのだ。私が与えるべきものはもっとある——このことはわかっていたが、自分がするべきものが何なのか、まだわかっていない。

心の中でいつもこう考えていた。職業的にも個人的にも、私にとって深い意味があり、いちばん重要な取り組みはこれから見つかるもので、それはまだ曖昧で漠然としている、と。友人リリとアルパードは、この取り組みが何を強いるかを教えてくれた最初の人たちだ。ところが私にはまだそれを引き受けるどころか、それを認める覚悟もない。ある週末、ふたりは私をメキシコの自宅に招いてくれる。ベーラと私はもう何年も彼らと休暇を過ごしてきたが、今回は私ひとりだ。私が帰宅する日曜、私たちは朝食――コーヒー、果物、私がパプリカとタマネギで作った卵料理――を長い時間をかけて食べる。

「私たち、あなたのことを心配してるの」とリリが言う。その声はのんびりと優しい。

彼女とアルパードが離婚に驚いたのは知っているし、ふたりがそれは間違いだと考えているのも知っている。彼女の心配を批判として受け取らないのはむずかしい。彼らにベーラの恋人の話をする。作家だったか、ミュージシャンだったか、思い出せない。私にとって彼女は人というより、観念にすぎない。とにかく、ベーラは先に進み、私を置き去りにしたのだ。友人たちは耳を傾け、同情している。それからふたりは目を合わせ、アルパードが咳払いする。

「エディ」と彼は言う。「もし僕があまりにも立ち入りすぎたら許してほしい。人に干渉するな、と言ってくれていい。でも、君が自分の過去に取り組んだら、君の役に立つかもしれないと考えたことはないかな?」

取り組むって? 私は過去を背負って生きてきたのに、他に何をしろと? 私はそう言ってやりたい。私は沈黙の申し合わせを破った。でも、人に話しても、不安感やフラッシュバックは消えなかったのよ。それどころか、話すことで症状が悪化したようにも思える。わが子や友人に対しては、改まって沈黙を破ってはいないが、今はもう、彼らから過去のことをたずねられるのではないかという不安の中で生きているわけではない。さらに、自分の物語を語り聞かせる機会を受け入れようとしてきた。最近も、歴史学の修士号を取ろうとしている学部生時代の友人から、ホロコーストに関する論文のために取材を申し込まれ、私はそれを受けた。何もかも話してしまえば、ほっとするかもしれないと考えた。けれども、彼女の家を出たとき、私は震えていた。家に帰ると吐いた。十年前、マリアンから強制収容所の囚人たちの写真が掲載された本を見せられた、あの時とまったく同じだ。「過去は過去よ」と今、リリとアルパードに言う。私には過去に「取り組め」というアルパードの助言を聞き入れるどころか、それを理解する準備すらできていない。しかし、ヴィクトール・フランクルの手紙のように、それは私の中に種を、時とともに芽を出し、根を下ろす何かを蒔く。

ある土曜日、キッチンのテーブルで生徒たちの心理学試験の評価をつけていると、ベーラから電話がある。その日はオードリーとジョンが彼と過ごす日だ。私は突然、不安を感じる。

「何かあったの?」とたずねる。

「いや、何もないよ。ふたりはテレビを観ている」それから何も言わない。彼は自分の声が追いつくのを待つ。「夕食に出かけよう」とようやく言う。

「あなたと?」

「僕と」

「忙しいの」と私は答える。本当だ。社会学の教授とデートする。もうマリアンに電話し、アドバイスをもらった。何を着ていくべきか？　何を話すべきか？　自宅に招かれたら、どうすべきか？　寝てはだめよ、とマリアンから警告された。とくに最初のデートでは、と。

「エディス・エヴァ・イーガー」元夫が哀願する。「どうか、お願いだから、子どもたちには友だちと夜を過ごさせて、僕との夕食に来ると言ってくれ」

「なんであれ、電話で話せるでしょう。それとも、子どもたちを送ってきたときに話しましょう」

「だめだ」と彼が言う。「だめだ。これは電話や玄関先で話せることじゃない」

きっと子どもたちのことに違いないと考えた私は、ふたりのお気に入りのヒレステーキレストラン、昔のデートスポットで会うことに同意する。

「迎えに行くよ」と彼が言う。

彼は時間ぴったりに、ダークスーツにシルクのネクタイというデート用の出で立ちでやって来た。かがみ込んで頬にキスされても、逃げたいとは思わない。彼のコロン、きれいに剃った顎の近くにいたいと思う。

レストランのいつものテーブルで、彼は私の両手を取る。「考えられないかな？」と彼がたずねる。「ふたりで築き上げるべきことがもっとあると」

その質問に私の心はぐるぐるまわる。もうすでにダンスフロアにいるかのように。もう一度やってみる？　よりを戻す？「彼女のことはどうするの？」と私がたずねる。

「彼女は愛らしい人だ。楽しいし。とても気の合う友人なんだ」

「それで？」

「最後まで言わせてくれ」彼の目に涙があふれ、顔をつたい落ちる。

「彼女は僕の子どもたちの母親じゃない。僕をプレショフの留置所から逃亡させてくれたわけじゃない。タトラ山脈のことなど聞いたこともない。チキンパプリカシュを夕食に作るどころか、発音することもできない。エディ、彼女は僕が愛している女性じゃない。彼女は君じゃないんだ」

お世辞を聞くのも、分かち合った過去を抱きしめるのもいい気分だが、私の心を何より揺さぶったのは、ベーラのリスクを負う覚悟だ。私が知るかぎり、彼はいつもそうだった。彼は森でナチスと戦うことを選んだ。不当な行いを止めようと、病気や銃弾で死ぬリスクを負った。私はリスクに絡め取られていた。ベーラはリスクをそうと知りながら選び、このテーブルでもふたたび選んでいる。私に拒絶される可能性に自分をさらしているのだ。

彼の欠点に目を向けてばかりいたため、彼が何者であるか、彼が何を差し出しているのかを考えていなかった。この結婚に終止符を打たなければ、私は死んでしまう、と思っていた。しかし、おそらく彼と離れて過ごした年月のおかげで私も成長し、「自分」というものが存在しないうちは、「自分たち」も存在しないことがわかるようになったのだ。以前と比べれば少しはまともに自分自身と向き合えた今なら、私たちの結婚で感じた空しさが、ふたりの関係に何か問題があることを示すものではなかったと理解できる。それは私が抱えていた空洞だったのだ。今でもその空洞は、誰かや、自分が成し遂げたもので塞ぐことはできない。何をもってしても、私が失った両親と子ども時代を埋め合わせることはできない。誰も私の自由の責任を負ってくれない。責任を負うのは私なのだ。

一九七一年、離婚から二年後、私が四十四歳のとき、ベーラはひざまずき、私に婚約指輪をくれる。二十年以上前のような市庁舎ではなく、ユダヤ式の儀式を行う。ふたりの友人であるグロリアとジョン・ラヴィスが立会人となる。「これがあなた方の本当の結婚式ですね」とラビが言う。今回はユダヤ式の結婚式という意味なのだが、私が考えるに、今回、私たちは心から互いを選んでいる、逃避や駆け落ちではないという意味でもあるのだろう。

コロナドハイツに新しい家を買い、赤やオレンジといった鮮やかな色で装飾し、ソーラーパネルを取り付け、プールも作る。新婚旅行としてスイス、アルプスに旅し、温泉のあるホテルに滞在する。空気は冷たい。温泉は温かい。私はベーラの膝に座る。空を背景に険しい山々が広がり、山の色は変化し、水の色も変化する。ふたりの愛は山脈のように安定し、海のように包容力と流動性があり、順応しながら、変化しながら、私たちが与える形を満たしていくように感じられる。ふたりの結婚の中身が変わったのではない。私たちが変わったのだ。

第15章　人生が人に期待したもの

「わたしたちが生きることからなにを期待するかではなく、むしろひたすら、生きることがわたしたちからなにを期待しているかが問題なのだ（編集注／池田香代子訳・みすず書房刊の新版より引用）」とヴィクトール・フランクルは『夜と霧』で書いている。一九七二年、ベーラと私が再婚した翌年、私はエルパソ最優秀教師に選ばれた。表彰され、生徒たちに貢献できると感じると同時に、人生が私に期待することをまだ見つけていないという思い込みを捨てられずにいた。「あなたはキャリアの終わりではなく、始めたときに最高の評価を得たのですよ」と校長が言った。「あなたが素晴らしいことを成し遂げてくれるのを期待しています。次は何をしますか？」

それはいまだ自分が自分にたずねている質問と同じだった。私はふたたびあのユング派分析家の診察を受けるようになり、彼から、学位は心の内面を探る作業や心の成長の代わりにはならないと忠告されながらも、漠然と大学院への進学を考えていた。私が理解したかったのは、人はなぜあるものを選び、別のものを選ばないのか。人はどのように日々の試練に向き合い、悲惨な経験を切り抜けるのか。人はどのように自分の過去や間違いと共に生きていくのか。人はどのように癒やされるのか、ということだった。もし私の母に話し相手がいたら、どうなっただろう？

父ともっと幸せな結婚生活を送れただろうか？　それとも別の人生を選んでいただろうか？　さらに、私の生徒たち——あるいは私の息子——の場合はどうだろう。「できる」ではなく、「できない」と言われる人たちは。私はどうすれば、人びとが自分の限界に対する思い込みを超え、この世界でなるべき者になる手助けができるのだろう？　校長には心理学の博士号を取ることを考えていると伝えた。しかし、それがいつなのか、はっきりさせないまま夢を語ることはできなかった。「自分でもわかりません」と私は言う。「大学を終えるときには五十歳になっています」彼は私に微笑む。「どのみち、あなたは五十歳になりますよ」と彼が言った。

それから六年の間に、校長とユング派分析家はどちらも正しいことに気づく。自分自身に限界を設け、年齢に選択を限定させる理由などなかった。私は人生が自分に求めるものに耳を傾け、一九七四年にテキサス大学エルパソ校で教育心理学文学修士を、一九七八年にはセイブルック大学で臨床心理学博士号を取った。

学問の道を進むうち、マーティン・セリグマンとアルバート・エリスの業績を知る。カール・ロジャーズやリチャード・ファースンにくわしく、人をやる気にさせる教師やメンターたちに出会う。その全員のおかげで、自分自身のいろいろな部分と、自分の体験を理解できるようになった。マーティン・セリグマンは、のちにポジティブ心理学と呼ばれる新しい分野を作り上げた人で、一九六〇年代後半に彼が行った研究は、一九四五年五月のグンスキルヒェンで迎えた解放の日以来、私を悩ませてきた疑問に答えてくれた。なぜ多くの囚人たちが、いったん収容所の門から出ながら、結局はあの泥だらけのおぞましいバラックに戻ったのだろう？　フランクルはアウシュヴィッツでも同じ現象があったと書いている。心理学的に考えると、どんなことが起こり、解放された囚人たちに自由を拒ませたのだろう？

セリグマンの実験——対象は犬。不幸なことに動物虐待を禁止する現在の法律ができる前に行われた——からわかったのは、彼が「学習性無力感」と名づけた概念だ。電気ショックを与えられた犬は、レバーを押せばショックを止められる場合、止める方法をすばやく学習する。すると、その後の実験でも、低い柵を跳び越えれば、ケージ内で与えられる電気ショックから逃れられると見抜くことができた。しかし、電気ショックを止める手段を与えられなかった犬は、自分ではどうすることもできないと思い込んだ。その犬たちはケージに入れられ、電気ショックを与えられても、逃げ道である柵を飛び越えようとはせず、ただケージ内に横たわり、クンクン鳴くばかりだった。ここからセリグマンが導き出した結論は、おかれた状況を自分ではどうすることもできないと感じた場合、苦痛を和らげたり、生活をよくしたりするために自分にできることは何もないと信じた場合、何をしても無駄だと思い込み、自らのために行動を起こすことを止めてしまうというものだ。これこそ、あの収容所で起こったことだ。囚人だった人たちは、いったん門から外に出ながらも、結局は収容所に戻り、ようやく手にした自由をどうすればいいのかわからず、ただぼんやりと座っていた。

苦しみは避けられないもの、どこにでもあるものだ。しかし、苦しみに対する反応の仕方は人によって違う。研究していくうちに、人間には自分を変える力があることを示す臨床心理士たちに、私は強く引かれた。アルバート・エリスは、論理情動行動療法の提唱者であり、認知行動療法の先駆者だ。私が彼から学んだのは、人は自分自身に対する否定的感情をどこまで自分に刷り込むのかと、そういった感情につづいて起こる否定的で自己破滅的な行動だ。彼が示したのは、人による最も効果が小さく、最も害の大きな行動の下に横たわるのは、哲学的、観念的な意識の中核だということだ。それが筋の通らないものであっても、自己と世界の見方の中心にあるため、それがひとつの信念にすぎないことに人はまず気づかない。さらに日々の生活の中で、この信念を自分自身に絶え間なく、繰り返し言い聞かせていることにも気づかない。その信念が感情（悲しみ、怒り、不安など）を決定し、すると感情が行動（行動の実行、機能停止、不快感を和らげる自己治療）に影響を及ぼす。行動を変化させるには、感情を変化させなければならず、感情を変化させるには、信念を変化させるのだ、とエリスは教えた。

ある日、エリスがステージ上で心理療法を行うのを見たことがある。対象は自信に満ち、意見をはっきり述べる若い女性で、デートで体験したことに苛立っていた。長く付き合いたいと思うような男性を引きつけられないと感じ、どうすれば望ましい男性と出会い、気持ちを通じ合わせられるのか、助言を求めていた。女性が言うには、いいなと思う男性と出会うと怖気づき、緊張してしまう。そして、慎重になり、身構えてしまうため、本当の自分や相手を知りたいという心からの興味を覆い隠してしまうのだった。ほんの数分で、エリス博士は彼女を、デートという行動の下に隠れた中核となる信念へと導く——その筋の通らない信念とは、気づかないうちに、彼女がそれを真実と思い込むまで自分自身に何度も何度も繰り返し言っていること。「私はけっして幸せになれない」惨めなデートのあとで、彼女は自分自身に、「ああ、またやってしまった。私はよそよそしく、感じが悪かった」と言うだけではない。自分はけっして幸せになれないのだから、試しても意味がないという中核となる信念に戻ってもいた。彼女に本来の自分を見せるリスクを負う気にさせなかったのは、この中核となる信念が起こした恐怖心だった。すると結果として、自己破滅的な信念が現実になる可能性がかなり高くなった。

感動的だったのは、女性の自己像がステージ上のその場で目に見えて変化したことだ。彼女は古いバスローブを脱ぎ捨てるように、否定的な信念からするりと抜け出たように見えた。突然、その目が輝きを増し、背筋を伸ばして座り、胸も肩も大きく開かれた。まるで幸せが着地する表面積を広げているかのように。エリス博士は彼女に、すぐさま素晴らしいデート相手とめぐり合える可能性は低いと警告した。しかし、つまらないデートの不快さを受け入れることは、否定的な信念から抜け出す取り組みの一部だとも教えた。

要するに、人は生きていれば不愉快な出来事に遭遇する。人は間違いをする。欲しいものがいつも手に入るわけではない。それは人間であることの証しなのだ。問題――および執拗な苦しみの根本にあるもの――は、不快感、間違い、失望が自分の価値について何かを伝えていると信じ込むこと。人生で起こる不愉快なことはすべて自業自得だという考え方だ。私が患者と親しい関係を築くやり方はエリス博士のものとは違うが、害をもたらす考えを見直し、改善するように患者を導く彼のスキルは、私の診療におおいに影響を与えた。

カール・ロジャーズは私が非常に大きな影響を受けたメンターのひとりで、患者が自分自身を全面的に受容できるようにする名人だった。ロジャーズの理論によれば、自己実現の必要性が肯定的配慮の必要性と衝突する、あるいはその逆が起こるとき、人は自分の真の性格と欲望を抑えるか、隠すか、無視するかを選ぶ可能性がある。ありのままの自分でいては愛されないと信じ込んでしまうと、人は自分の本当の姿を否定するリスクを負う。

　自己受容は私にとって癒やしの一番むずかしい部分で、いまだ苦労しているものだ。完全主義は承認欲求を満たすための行動として、子ども時代に現れたのち、生還者の罪悪感を乗り越えるための対処メカニズム（訳注／社会的場面への対処法として学習された行動）としていっそう深く刻み込まれた。完全主義とは、何かが――あなたが――壊れていると信じることだ。そこで、その壊れた感覚を、学位や功績や称賛や学術論文で見栄えよくしようとするが、どれも自分が直していると考えているものを直せない。私は低い自尊心と闘おうとしながら、実際には自分には価値がないという感覚を強めていた。けれども、患者たちに完全なる愛と受容を与えることを学ぶうちに、幸運にも自分自身にも同じものを与える大切さを学んだのだ。

　ロジャーズは患者の感情が正しいと立証し、彼らの本音を否定することなく、その自己概念を見直させることに長《た》けていた。彼が無条件の肯定的配慮を与えた結果、その全面的受容の安全な環境の中で、患者は仮面と抑圧を脱ぎ捨て、嘘偽りのない自分の人生を生きることができた。ロジャーズ博士から私が学んだのは、どんな治療の場でも使える、ふたつの非常に重要な言いまわしだ。それは「あなたは……と言いましたね」と「もっと話してください」というものだ。さらに患者のボディランゲージの読み取り方と、自分の体を使って無条件の愛と受容を伝える方法も学んだ。たとえば、私は腕や脚を組まない――しかし、心を開く。目を合わせ、身を乗り出し、自分と患者の間に橋を架ける。そうすることで患者は私が全身全霊を傾けているとわかる。私は全面的受容を示すために患者の状態を模倣する（患者が静かに座っていたければ、私も静かに座る。患者が怒り、叫び声を上げたいなら、私も一緒に叫び声を上げる。使う言葉も患者の言葉に合わせる）。さらに私は成長と癒やしを後押しできるような存在を体現する（息遣い、話の始め方、動き方、聞き方）。

セリグマンとエリスの理論を学び、とりわけロジャーズの理論に取り組んだおかげで、よい聞き手になれ、患者を統合された状態にうまく導けるようになり、折衷的で直観的な洞察志向および認知志向の心理療法を導き出すことができた。私の療法に名前をつけるとすれば、CHOICE（選択）療法と呼ぶだろう。なぜなら、自由とはCHOICE――共感（Compassion）、ユーモア（Humor）、楽観主義（Optimism）、直観（Intuition）、好奇心（Curiosity）、自己表現（self-Expression）を選択することだから。さらに、自由でいるとは、現在に生きること。過去に捕らわれ、「ここではなく、あそこに行っていれば……」、「別の人と結婚していれば……」などと言っているなら、その人は自分が作った監獄の中で生きている。未来にばかり目を向け、「卒業するまで幸福になれないい……」「ぴったりの相手を見つけないかぎり、幸せになれない」と言っていても、やはり同じだ。選択の自由を行使できる唯一の場所は現在なのだ。

私の患者たちはこういったツールを利用することで、役割期待（訳注／相互関係の中で認知された役割に寄せられる暗黙の期待）から解放され、自分自身に対し優しく慈愛深い親になり、自分を閉じ込める信念と行動を伝えるのをやめ、最後に答えとして見えてくるのが愛情だと気づくことができた。私は患者を導き、自己破滅的な行動を起こすもの、それを継続させるもの両方を理解させる。自己破滅的な行動は最初は便利な行動として現れる。具体的には欲求、たいてい承認、愛情、注目のどれかひとつに対する欲求を満たすための行動だ。患者はいったん特定の行動（人をけなす。怒っている人に味方する。拒食症、過食症など）を起こした理由を理解すれば、その行動を継続するかどうか、自分でけじめをつけられる。そして、やめるべきものを自分で選択すればいい（承認欲求、買い物欲求、完璧でいる欲求など）――自由もただではなく、代償が必要なのだから！　そうすることで、患者は自分をもっと大切にし、自己を受容できるようになる。「自分にできることを、自分ができる方法で行えるのは、自分しかいない」

それを学んだ私は、自分の中にいた、強迫的に業績を求める人、自分の価値を確認しようと、いつももっともっと論文を書こうとする人を消し去った。そして、自分の弱さや傷を確認するよりも、トラウマを見直し、つらい過去の中に成長するための強さと才能とチャンスの証しを見つけた。

一九七五年、私は卒業論文のためにホロコースト生還者に取材しようとイスラエルに旅する（ベーラも同行する。彼はエルパソのクライエントから学んだイディッシュ語を含め、いくつもの言語を操れたため、有能な通訳者だと考えた）。私の教授リチャード・ファーソンの、災難が成長を促すという理論を深く掘り下げたかった。それはこんなものだ。「実際に人を人間として成長させてくれるものは……たいてい危機的な状況である。逆説的には、そういう出来事は人びとを破滅させることもあるが、ほとんどは成長を促す経験となる。そんな災難の結果、人は自分の生活状況を大幅に再評価し、自分自身の能力、価値、目標を深く理解した上で、それを反映させた生活に変えることが多い」

予定では、私と同じ強制収容所の生還者に取材し、人がどのように生き残り、トラウマを負ったあとも力強く前進するのかを突き止めるつもりだった。どんな傷を負ったのであれ、どんな悲しみを経験したのであれ、人はどのように喜びや目的や情熱に満ちた人生を築き上げるのだろう？　そして、トラウマそれ自体は、どのようなやり方で人に前向きな成長や変化のチャンスを与えるのだろう？　友人アルパードから忠告されたこと――自分自身の過去にじっくり取り組むこと――はまだ実行していなかったが、自分と衝撃的な過去を共有する人たちに取材するうちに、一歩前進し、自分自身の癒やしを起こすための基盤を築きつつあった。

災難に遭ったことは、取材した人たちの日々の行動にどのように役立ったのだろう？　私が会った生還者たちは学校に戻ったり、起業したり（ベーラと私が計画したことと同じ）、素晴らしい親交を結んだり、日々の生活に新しい視点で向き合ったりしていた。イスラエルは生還者にとって生きやすい場所ではなかった。偏見にさらされながら生きるのも、自分自身が侵略者にならないのも楽ではない。勇気を持ち、政治や文化の摩擦に平和的に向き合った人。朝、登校する子どもたちが爆発物に出迎えられることがないように、夜間、交代で学校の見張りをした人にも会った。彼らをあきらめさせなかった、あるいは降参させなかったものがなんであれ、私は彼らを称賛する。また別の戦争を生き抜き、過去の恐ろしい経験に次に来るものを破壊させなかった彼らの強さに敬服する。閉じ込められ、人間性を奪われ、拷問され、飢え、打ちのめされるような痛手に耐えてきたことは、彼らがどんな生活ができるかに影響を及ぼさなかったのだ。

もちろん、取材した人がみんな前進していたわけではない。多くの沈黙する親たちにも会い、沈黙し無気力な親、自分自身を責める親をどう理解すればいいのかわからない子どもたちにも数多く会った。それだけでなく、過去に閉じこもったままの生還者も大勢いた。「私はけっして許さない」と多くの人が私に言った。彼らにとって許しとは、忘れること、あるいは見逃してやることなのだ。取材した人の多くが復讐の幻想を抱いていた。私は復讐を空想したことはないが、ボルチモアでの最初のつらい数年間には、自分を迫害した者たちと真っ向から対決する場面を空想したものだ――パラグアイに行ってメンゲレを探したかった。彼はそこへ逃げ込み、ニュルンベルク裁判（訳注／一九四五～四六年に行われたナチス戦犯に対する軍事裁判）での訴追を免れていた。米国人ジャーナリストのふりをして、彼の家に入り込む自分を想像した。そのあと自分の正体を明かす。「私はあなたのために踊ったあの少女よ」と私は言う。「あなたは両親を殺した。あなたはそれは多くの子どもたちの親を殺したのよ。よくもそんな残酷なことができたわね。医者だったくせに。人を殺す薬を与えないというヒポクラテスの誓いを立てたくせに。あなたは冷酷な殺人鬼よ。あなたには良心はないの？」後ずさりする彼のくたびれた体に向かい、罵《ののし》り、激しい怒りをぶつける。恥辱を感じさせる。重要なのは加害者に責任があるとわからせること。悪事に目をつぶったり、相手の言い分を認めたり、説明責任を免れさせたりしては、なんにもならない。しかし、私と同じ生還者たちが教えてくれたように、過去の復讐のために生きることもできるが、現在を豊かにするために生きることもできる。過去の監獄で生きることもできるが、過去をバネにし、今、欲しい人生を手に入れることもできるのだ。

私が会ったどの生還者も、私と、そして互いと共通点があった。人生の最も破滅的な現実に対してはどうすることもできなかった。けれども、トラウマ後の人生の受け止め方を決める力はもっていた。生還者たちは、迫害が終わったあと、ずっと被害者でありつづけることもできたが、先に進んでいくこともできたのだ。卒業論文の調査の中で、私は個人的な確信と、自分の臨床治療の基準を見つけ、それをはっきりさせた。それは、人は自分自身の看守でいることも選択できるが、自由になることも選択できる、というものだ。

イスラエルを去る前、ベーラと私はバンディとマルタ・ヴァダスに会いに行く。ベーラがウィーンの鉄道駅で待ちぼうけを食わせた友人たちだ。彼らはテルアビブに近いラマトガンで暮らしている。それは心の痛む再会であり、目の前にありながら生きなかった人生との出会いだ。バンディは相変わらず活発に政治活動を行い、今もシオニストで、シナイ半島のイスラエルによる占領をめぐり、予想されているイスラエルとエジプトの和平合意について議論したがる。エルサレムとテルアビブにおけるアラブからの爆撃について、正確に詳細を話せるほど精通している。彼とベーラは食事が終わったあとも、私たちを長々とテーブルに残し、イスラエルの軍事戦略について熱く議論する。男性たちは戦争の話をする。マルタは私の方を向き、手を取る。若い頃より顔が膨らみ、赤毛は艶を失い、白髪になりつつある。

「エディケ、歳月はあなたにはずっと優しかったのね」とため息をつきながら言う。

「母のよい遺伝子のおかげよ」と私は答える。するとあの選別の列が、母の顔の滑らかさが頭をよぎる。この瞬間は何年もずっと私のあとをつけてくる幽霊だ。

私の心がどこか別の場所に移動し、暗闇が私を包み込んだことに、マルタは気づいたに違いない。「ごめんなさい」と彼女は言う。「あなたの歳月が楽なものだったと言うつもりはなかったのよ」

「私を褒めてくれたんでしょう」と私は彼女を安心させる。「あなたのことをずっと覚えていたのは、そういうところのせいよ。とても優しいから」彼女が死産し、私が健康な赤ん坊を産んでも、彼女は友情にひびを入れたりしなかった。嫉妬したことも、辛辣になったこともなかった。私は午後になると毎日、マリアンを連れ、彼女を訪ねた。彼女が喪に服していた一年間ずっと。

彼女は私の心を読んだらしい。「知っているだろうけど」と彼女が言う。「戦後の人生で、赤ん坊を亡くしたこと以上につらいことはなかった。あの悲しみは耐えがたいものだった」彼女が間をおく。ふたりはその痛みをともに、しかし別々に感じながら、無言のまま座っている。「あなたにお礼を言ったことはなかったと思う」彼女がようやく口を開く。「私の子を埋葬したとき、あなたはふたつのことを教えてくれた。それを忘れたことはないわ。あなたは言った。『人生はまたよいものになる』さらにこう言った。『これを切り抜けられたら、どんなことでも切り抜けられる』私はその言葉を何度も何度も自分に言い聞かせてきたのよ」

マルタはハンドバッグから子どもたちの写真を取り出す。一九五〇年代初めにイスラエルで誕生したふたりの娘だ。「あまりに怯えていたから、すぐに次の子をもうけることはできなかった。でも人生はなんとかなるものね。ずいぶんと嘆き悲しんだわ。でも、そうやってあの子に捧げた愛情のすべてを感じながら、私は決めたの。その愛情を自分の悲嘆に蒔いたりしないと。それは自分の結婚に蒔こう、生きていく子どもたちに蒔こうと」

私は彼女の指を握りしめる。蒔かれる種子の美しいイメージを握りしめる。私の人生と愛情の種子はむずかしい土壌に蒔くのを強いられたが、それは根を張り、成長していた。テーブルの向こうのベーラを見る。子どもたちのことを、マリアンが最近教えてくれたニュースのことを思い出す。彼女と夫ボブは家族を作ろうとしている。次の世代。そこは両親に対する私の愛情が生きていくところだ。

「来年はエルパソで」別れるとき、私たちはそう約束する。

帰宅すると卒業論文を書き、テキサス州フォートブリスにあるウィリアムボーモント陸軍病院での最後の臨床実務研修を終える。ウィリアムボーモントで修士、博士レベル両方の実務研修ができたことは幸運だった。他に負けない価値ある研修場所、権威ある職場であり、一流中の一流の講演者や教師たちが行き来する場所だ。しかし、そこに所属することの真の利点が、自分の内側をさらに深く見つめさせられることだとは、まだ気づいていなかった。

ある日、職場に到着すると、白衣に腕を通し、「イーガー博士、精神医学部門」と書かれたネームプレートをつける。ウィリアムボーモントで過ごす間に、自分の立場で技術的に要求されるもの以上のことをやり遂げようとする、意欲のある人だという評判を築いた――自殺の恐れのある患者を監視するために一晩中起きていたり、誰もやる気にならない症例や他の医師たちが匙《さじ》を投げた症例を担当したりしたからだ。

今日、私に割り当てられたのは、ふたりの新しい患者だった。どちらもヴェトナム帰還兵で、どちらも下半身不随だった。診断名も同じ（低位脊髄損傷）、予後も同じだった（生殖能力および性機能障害。ふたたび歩行できる可能性は低い。両手と胴体はうまく制御できる）。診察に向かいながら、そのひとりから人生を変える影響を与えられるとは思ってもみなかった。まずトムに会う。ベッドに横たわり、胎位で丸くなり、神と国を呪っている。彼は閉じ込められているらしい――自分の傷ついた体に。惨めさに。怒りに。

もうひとりの帰還兵の部屋に行くと、チャックはベッドから出て、車椅子に座っている。「驚くべきことです」と彼は言う。「僕は第二のチャンスを与えられた。それって素晴らしいことじゃないですか？」彼は新しい発見と今後の可能性にあふれんばかりだ。「この車椅子に座り、芝生や地面の上まで行き、花を間近で見られる。自分の子どもたちの目だって見ることができるんです」

診ている患者たちに話すのであれ、ステージから聴衆に話しかけるのであれ、私がこの物語から伝えたいのは、誰もがある程度トムであり、ある程度チャックであることだ。人は喪失感に押しつぶされ、自分はもう二度と自分や人生の目的という感覚を取り戻せない、自分は二度と元に戻れないと考える。しかし、人生に困難や悲惨な出来事が起こっても――むしろ起こるからこそ――ひとりひとりが客観的な視点を持ち、それが自分を被害者から前進していく者に変えるのだ。人は自分の苦難と自分の癒やしを引き受けることを選択できる。人は自由になることを選択できる。けれども、いまだに認めづらいことだが、初めてトムに会ったとき、その怒りに私はわくわくした。

「糞食らえ、アメリカ！」その日、私が病室に入るとトムが叫ぶ。「糞食らえ、神！」私は密かにこう考える。彼は怒りのすべてを吐き出している。そして彼の激しい怒りを目にすると、自分の中の大きな怒りが呼び出され、それを表に出し、解放したくなる。糞食らえ、ヒトラー！　糞食らえ、メンゲレ！　それは気持ちがいいことだろう。しかし、私はここでは臨床心理士のイーガー博士なのだ。役割を果たし、主導権を握り、解決策をもつ者でいる必要がある。心の中では壁に拳をぶつけ、扉を蹴破り、叫び、泣き、床に崩れ落ちてしまいたいと思っていても。自分の名札を見る。イーガー博士、精神医学部門。一瞬、それがこう読める。イーガー博士、詐欺師。本当の私は誰だろう？　私は自分が誰なのか知っているのだろうか？　私がとても恐れているのはその感覚。仮面が粉々になること。自分がどれほど壊れているのかを見ること。そして、私に向かって押し寄せてくる、こんな激しい怒り――「なぜ私なの？」「どうしてこんなことが起きたの？」人生が取り返しがつかないほど変わり、私は烈火のごとく怒っている。

トムを見るとわくわくした理由は、私が隠してきたものを、彼はあからさまに表に出していたからだ。私は人から非難されたり、怒られたりすることにあまりに怯え、破壊的な力としての怒りそのものを恐れていた。そのため、自分自身にその感情を感じさせることもできず、いったんそれを表に出してしまえば、二度と止められないかもしれない、自分は怪物になってしまう、と恐れていた。考えようによっては、トムは私より自由だった。なぜなら、彼は自分に怒りを感じさせ、それを言葉にしていたのだから。その言葉は私にはまず考えることもできず、ましてや口に出すことなどできないものだった。だが、本音を言えば、床に崩れ落ち、彼と一緒に荒れ狂いたかったのだ。

自分が心理療法を受けるときは、そうしてみたい、その怒りを表に出してみたい、とおずおずと言う。だがそれは、もし自分が身動きできない状態になっても、助け出してくれる専門家がそこにいるからだ。私は床に横たわる。大声を出そうとするができない。怖くてできない。体を丸め、どんどん小さなボールになる。自分のまわりに限界を、境界線を感じたい。押し返す何かを感じたい。臨床心理士に私の上に座ってくれと頼む。彼は重い。重みのせいでほとんど息ができない。気を失うかと思う。私はもう少しで床を叩き、臨床心理士に立ち上がらせてくれと頼み、この馬鹿げた実験をあきらめようとする。すると、そのとき、私の中から叫び声が出てくる。あまりに長く、大きく、苦悩に満ちているため、自分でもぎょっとする。どれほど深い傷を負えば、あんな不快な声が出てくるのだろう？　私はその声を出すのを止められない。気分がいい。三十年以上も沈黙してきた幽霊が、今、私の中から吠えている。私の悲しみが大声を上げながらほとばしり出ているのだ。気分がいい。私は叫び、叫び、私にのしかかる重みを押し返す。臨床心理士はそうさせまいとし、奮闘する私は泣き叫び、汗をかく。

何が起こるのか？　私の中の長く否定されてきた部分が表に出されると、何が起こるのか？

何も起きない。

怒りの力を感じるが、だからといって、それが私を殺すわけではない。

私は大丈夫。私は大丈夫。私は生きている。

私にとって過去を語るのは、いまだ簡単ではない。それを思い出したり、くわしく話したりするたび、恐怖と悲嘆にふたたび向かい合うのは、かなりの痛みを伴う。しかし、この瞬間から、その感情がどれほど強くても、致命的なものではないとわかった。それは一時的なものにすぎない。けれども、その感情を抑えつけてしまっては、手放すことがますますむずかしくなるだけだ。表に出すことは、抑圧の対極にあるものなのだ。


一九七八年、息子ジョンがテキサス大学を優秀な学生十名のひとりとして卒業し、私は臨床心理学の博士号を得る。それはわが家にとって輝かしい年だった。私はカリフォルニア州の開業認可を取ろうと決める。なぜならそれが取得が一番むずかしい州だからだ（ここでもまた、私は赤い靴を履いていた！）。自分の価値を証明しようとする（あたかも一枚の紙切れでそれができるかのように）自我の要求以上に、カリフォルニア州の開業許可があれば、国内のどこでも開業できるという実際的な利点もあった。ベーラが公認会計士免許を取ろうと奮闘していたことを思い出し、自分もむずかしい道を進もうと気をひきしめる。

受験資格として三千時間の臨床経験が求められたが、私は必要条件を二倍にした。六千時間になるまで受験の申し込みすらしなかった——大部分がウィリアムボーモントでの経験で、そこでの評判がよかったため、マジックミラー越しにセッションを行うよう求められた。そうすれば、同僚の臨床医たちが私が患者と親しい関係を築き、信頼を得て、患者を新しい選択へと導いていく私のやり方を観察できるからだ。そうしているうちに、筆記試験の時期になった。私は多肢選択式テストが大の苦手だった——運転免許試験に合格するためにさえ、数ヵ月準備する必要があったほどだ。向こう見ずな粘り強さのせいか、あるいは単に幸運だったのか、とにかく私は筆記試験に合格した。とはいえ、一度で受かったわけではない。

ようやく口述試験に臨むが、それは全体でいちばん簡単な部分だと考えていた。試験官はふたりの男性で、ひとりはブルージーンズにポニーテールの長髪、もうひとりはスーツにクルーカットだった。彼らは何時間も私を苦しめた。長髪の男性は厳しく、簡潔に話し、統計値、倫理観、法律についてあらゆる質問をした。クルーカットの男性は哲学的な質問を担当した。そういった質問のおかげで、私の頭はより創造的になり、心は真剣さを増した。けれども、全体的には不愉快な経験だった。体が固まり、感覚を失い、無防備になった。試験官は試験を楽なものにはしてくれなかった——彼らの無表情な顔、冷ややかな声、感情を見せないことが、よそよそしさを感じさせた。次の質問に集中するのがむずかしかった。前の質問に対する自己批判に苦しみ、それに戻り、自分が言ったことを訂正したい、承認や励ましのうなずきをもらえるような何かを、どんなことでも言いたい欲求に駆られたからだ。ようやく試験が終了したときには呆然とし、両手が震え、空腹と吐き気の両方を感じ、頭痛がした。自分はしくじったと確信した。

ちょうど正面玄関まで来たとき、背後から足音が聞こえた。誰かが私に追いつこうと走ってくる。混乱していたせいで、ハンドバッグを忘れてきたのだろうか？　不合格だったと、もう伝えようとしているのだろうか？「イーガー博士」とクルーカットの男性が呼んだ。私はまるで罰を待つかのように身構える。彼は追いつくと、息を整えるために間をおいた。私の顎と肩に力が入る。ついに男性が手を差し出した。「イーガー博士、光栄です。あなたは豊富な知識をお持ちです。これからあなたに診てもらう患者たちは、実に幸運です」

ホテルに戻ると、私は幼い少女のようにベッドに飛び乗った。

第16章　自分の中の何を選ぶか

私の陽気な楽観主義、専門家として成果を出しているという感覚、自分自身を十分に体現し、表現しているという感覚は、開業し、最初の患者を診たとたん、すべてしぼんでしまった。私は患者のいる病院を訪れた。彼は一ヵ月入院しながら、診断を待ち、胃がんとわかり、治療を受けていた。彼は恐れていた。自分の体に裏切られたと感じ、死ぬ運命に怯え、病気による心細さと孤独に押しつぶされていた。しかし、私の手は彼がいる場所まで届かなかった。暖かさと信頼の雰囲気を築き上げ、自分と患者の間に橋を架ける能力が残らず消えてしまったのだ。医師の白衣で仮装した子どもの気分になった。偽もの。自分自身に対する期待があまりに高く、失敗に対する不安で倒れそうになっていたせいで、支援と愛情を求めている男性に手を伸ばすという自己陶酔以外のものが見えなくなっていた。

「また元気になれるでしょうか？」と患者に問われると、私の心は回転式卓上カードファイルのようにパタパタと空回りし、いくつもの理論と手法の間で迷走し、壁を見つめ、自分の緊張と恐怖心を隠そうとした。私は彼の役に立てなかった。彼は二度と私を呼ばなかった。私は下半身不随のトムと会ったときと同じように、職業上の成功は自分の内側の深いところからやって来るべきものだと気づいた――人を喜ばせ、認めてもらおうとする幼い少女ではいけない。全身全霊を傾けられる人。無防備で好奇心のある人。自分自身を受け入れ、成長する用意のある人でなければならないのだ。

言い換えれば、私は自分のトラウマと新しい関係を築き始めていた。それは沈黙、抑圧、回避、否定といったことではなかった。それは私が水を汲み出すことのできる井戸。患者たち、その苦しみ、癒やしへの道のりを理解し、感じ取るための深い水源だった。開業から数年で、自分の傷を必要で役立つものとして捉え直し、ずっと使ってきた治療原則をまとめ、発展させることができた。患者たちを診ていると、自分が自由への道のりについて発見したことと重なる点が多くあった。同様に、患者から、私の自由の探究はまだ不十分だと教えられることもよくあった――彼らはさらなる癒やしに向かう道案内をしてくれたのだ。

エマは「患者とみなされた人」（訳注／精神科の家族療法では、症状のある人を家族の問題を代表して病気になったと捉え、「患者とみなされた人」と呼ぶ）だったが、私が最初に会ったのは両親だ。ふたりは家庭内のその秘密を誰にも話していなかった。とりわけ他人には。それは、一番上の子エマが餓死しかけていることだ。彼らは秘密主義で控えめな人たち、保守的なドイツ系米国人で、顔には気苦労が刻まれ、目は不安に満ちていた。

「役に立つ解決策を探しています」エマの父は初診のときにそう言った。「娘がまた食べられるようにしなければ」

「あなたは生還者だと聞きました」エマの母が付け加える。「エマはあなたから何か学べるのではないか。あなたが彼女にきっかけを与えてくれるのではないかと考えたんです」

エマの命を心配し、うろたえ、動揺する両親を見ると胸が痛んだ。彼らにとって、子どもが摂食障害になるなど、まったく想定外の出来事だった。こんなことが自分の娘や家族に起こるとは考えたこともなく、これまでの親としての経験をもってしても、エマの健康を改善させられなかった。私は二人を安心させたかった。その苦悩を和らげてあげたかった。しかし、彼らには事実に目を向けてもらいたいとも思った。その事実はエマの病気を認めることよりも、もっとつらいものになる可能性があった――それは、彼らが病気の一因であるということだ。子どもが拒食症と闘っている場合、患者とみなされた人はその子どもだが、実際の患者はその家族なのだ。

彼らは自分たちを不安にさせるエマの行動を逐一、私に聞かせたがった。彼女が拒否した食べ物、食べたふりをした食べ物、家族の食事のあとにナプキンに包み込まれているのを見つけた食べ物、ドレッサーの引き出しに詰め込まれているのを発見した食べ物、娘が彼らから離れ、閉じた扉の向こうに引きこもる様子、娘の体の恐ろしいほどの変化、といったものだ。けれども、私がたずねたのは、むしろ彼ら自身のこと、明らかな不安を抱きながら彼らがどうしたかということだった。

エマの父は小柄だった――昔、サッカー選手だったと言う。ヒトラーに少し似ていると気づいた私は不安になる――ちょび髭となでつけた黒っぽい髪。吠えるような話し方。まるであらゆる意思疎通の裏側で、自分を無視するなと主張しているかのようだ。そのあと、エマの両親それぞれと個別セッションを行い、父親に職業として警官を選んだ理由をたずねた。彼が言うには、少年の頃、歩くとき足を引きずっていたため、父親に「足を引きずるチビ」とからかわれた。警官になることを選んだのは、それが危険で体力がいる仕事だからだ。自分がチビでも身障者でもないことを父親に証明したかったのだ。何か証明しなければならないことがあるなら、その人は自由ではない。初診のとき、父親の子ども時代のことはまったく知らなかったが、彼が自分で作った監獄の中で生きていることはわかった――彼は自分はこうあるべきだという限られたイメージの中で生きていたのだ。彼の行動は、協力的な夫や心配そうな父親というより、鬼軍曹のようだった。彼は質問をせず、尋問をした。自分の不安やもろさを認めず、エゴを主張した。

彼の妻は、ボタンが下までずらりと並んだ、きっちりしたコットンドレスと、細いベルトという、時代を超越した飾り気のない装いをし、夫の口調と話に過剰に同調しているように見えた。夫が昇進を見送られたときの苛立ちについて数分ほど話しているとき、私が気づいたのは、妻が夫の憤りを支持することと、怒りをかき立てることの間で注意深くバランスを取ろうとしていることだ。夫の意見が正しいとする必要があること、夫は誰かに反論されたり、否定されたりすることに耐えられないことを、彼女ははっきりと思い知らされていたのだ。個別セッションでは、妻の多才ぶりに感心させられた――芝生を刈り、家の修理の多くをこなし、自分の衣服も手作りする――それほどの才能を持ちながら、権力を夫に明け渡すとは、一見、矛盾しているように見えるが、それは平和を保つために彼女が払った犠牲だった。しかし、その何としても夫との摩擦を避けようとする妻の癖が、夫の横暴な行動と同様、娘の健康と家族の力関係に害を及ぼしていた。ふたりは家族の言語である共感や無条件の愛でつながっていなかった。ただともに支配していたのだ。

「これは時間の無駄だ」初診のとき、父親の仕事、家族の日課、祝日の祝い方についての私の質問に答えたあと、父親はとうとう辛抱しきれなくなり、こう言った。「とにかく、どうすればいいのか教えてください」

「そうです。エマを食事の席に着かせるにはどうすればいいのか、それだけ教えてください」と母親が頼む。「どうすれば食べさせられるのか、教えてください」

「お二人がエマのことをどれほど心配しているのかはわかります。答えと対処法を必死で求めていることもわかります。でも、エマを元気にしたいのなら、あなた方がまずすべきなのは、理解することです。拒食症の場合、問題はエマが何を食べるかだけではありません。何が彼女を蝕んでいるかという問題でもあるんです」

ただ彼女を治し、元の健全な彼女自身に戻すことはできないと彼らに伝えた。私を助け、私を補助する臨床心理士となり、自分の娘を観察してほしい。ただし彼女に何か違うことをさせたり、違うものにしたりすることはせず、ただ彼女の心の状態と行動に注意を払ってほしいと頼んだ。私と両親が共同作業をすれば、娘が感じていることをもっとはっきりさせ、この病気の心理学的側面をもっとくわしく知ることができる。両親らの手助けと協力を得ることで、彼らが彼女の病気の一因であることを理解させたいと私は考えた。私はエマを蝕んでいるものを生み出した彼ら自身に責任を取らせようとしていたのだ。

翌週、エマに初めて会った。十四歳だった。まるで自分自身の幽霊に会ったような気がした。

その姿はまるでアウシュヴィッツにいた頃の私だった——骸骨のように痩せ、青白い。彼女は衰弱していた。その長いくしゃくしゃの金髪が顔をますます細く見せていた。診察室の戸口に立ち、長すぎる袖が両手を隠していた。彼女は秘密をもつ人のように見えた。

新しい患者に会うときに重要なのは、顔を合わせる最初の瞬間から、その人の心理的境界線に配慮することだ。この人は私に手を取って欲しいのか、それとも距離をおいて欲しいのか。この人は私に命令して欲しいのか、それとも優しく提案する方がいいのか、瞬時に直観で判断する必要がある。拒食症——支配が起こす病気。具体的には何を、いつ、食べるのか、あるいは食べないのか。何を明かし、何を秘密にするのかに対する厳格なルールが関係する病気——の患者の場合、この最初の瞬間が肝心だ。その理由のひとつは、拒食症にはどうしても避けられない生理学的な問題があること。体内に入る栄養素が欠乏しているうえに、摂取した少ないカロリーの大半が自律神経機能（呼吸、排泄）に使われてしまうため、脳の血流が奪われた結果、思考が歪められ、重症例では被害妄想を起こす。臨床心理士として、拒食症の患者と治療関係を始める際に覚えておかなければならないのが、自分が意思疎通している相手の認知機能が正常でない可能性があることだ。癖になっている仕草——たとえば、快適な長椅子に導こうと肩に手をおくこと——も脅迫的、あるいはプライバシーの侵害だと曲解されやすい。初めてエマに挨拶したときは、暖かい雰囲気を出しながらも、ボディランゲージは使わなかった。なぜなら、拒食症患者は支配の名人であるため、自由を与えることで、支配したい欲求を和らげるのが重要になる。同時に、明確なルールと形式の中で安心していられる、きっちりした環境を創り出すことも不可欠だ。

両親と会った結果、あら探しと非難の言葉で満ちている家庭だとわかっていたため、私はセッションを感謝の言葉で始めた。「来てくれてありがとう」と私は話しかけた。「ようやくあなたに会えて、とてもうれしいわ。それに時間どおりに来てくれてありがとう」

エマが長椅子に座ると、まず、彼女が私に話すことは——彼女の命が危険な状態にならないかぎり——すべて機密事項になると伝えた。そのあと、自由な受け答えができる穏やかな言葉をかけた。「あのね、ご両親はそれはあなたのことを心配している。私は本当の話を知りたいと思っているの。私に話したいことはないかしら?」

エマは反応しなかった。袖を引き下げ、さらに両手を覆いながら、カーペットを見つめている。

「黙っていてもいいわ」と私は言った。

ふたりの間にさらなる沈黙が広がる。私は待った。さらに待った。「あのね」しばらくしてから私は言った。「あなたに必要なだけ時間を取ってもかまわない。私、片付けなければいけない書類仕事が少しあるの。別の部屋で済ませてくるから。あなたの準備ができたら、知らせて」

彼女はいぶかしげに私を見た。厳しい躾《しつけ》をする家庭では、子どもたちは脅されるのに慣れて育ち、そういった脅しは急に激化する場合もあれば、それとは正反対に口先だけの無意味なものである場合もある。私は優しく話していたにもかかわらず、彼女は、私の言葉や口調が怒りに満ちた批判や警告にエスカレートしていくのではないか、実際には部屋を出ていかないのではないか、私はただの扱いやすい相手なのかと探るように見ていた。

私が立ち上がり、部屋を横切り、扉を開けると、彼女は驚いたようだった。私の手がドアノブに触れたとき、ようやく彼女が言葉を発した。

「準備ができました」と言ったのだ。

「ありがとう」私は自分の椅子に戻りながら言う。「それを聞いてうれしいわ。あと四十分あります。有効に使いましょう。私から二、三、質問させてもらっていいかしら？」

彼女は肩をすくめた。

「あなたのいつもの一日について話してください。起床は何時ですか？」彼女は目を白黒させながらも質問に答えた。私はこんな調子でつづけた。時計付きラジオか、目覚まし時計を使っているか、それとも母親か父親が起こしに来るのか？　しばらくは布団をかぶったまま横になっているのが好きか、それともすぐにベッドから飛び起きるのか？　私はありふれた質問をすることで、エマの日常生活の感触をつかんだ――けれども、食べ物に関わる質問はしなかった。拒食症の患者にとって、生活の中で食べ物以外のものに目を向けるのはとてもむずかしい。両親から聞いたことから、彼女の食べ物に対するこだわりが家族を支配していること、家族の注目のすべてが彼女の病気に向けられていることを、私はすでに知っていた。さらに私にも彼女の病気だけに注目してほしいと彼女が思っているのが感じられた。私が質問することで試みていたのは、彼女に生活の他の部分に目を向けさせること、そして彼女の防御態勢を取り除くか、少なくとも和らげることだった。

エマに一日についてたずね終わったあと、彼女にはどう答えればいいのかわからない質問をした。「あなたは何をするのが好きなの？」

「わかりません」と彼女が言った。

「趣味は何？　暇なときに何をするのが好きなのかしら？」

「わかりません」

私は診察室においているホワイトボードに歩み寄った。そこに、「わかりません」と書き込む。エマの関心事、情熱、願望についてさらに質問しながら、彼女が「わかりません」と答えるたびにチェックマークを付けた。

「人生の夢は何？」

「わかりません」

「わからないなら、想像してみて」

「わかりません。考えてみます」

「あなたの年齢の女の子の多くが詩を書くわ。あなたは詩を書くの？」

エマは肩をすくめた。「ときどきは」

「五年後にどこにいたいと思う？　どんな生活や職業に魅力を感じるの？」

「わかりません」

「あなたが、わかりません、という言葉をよく使うことがわかってきた。でも、あなたに考えられることが、わかりません、だけなんて、悲しくなるわ。それは、あなたが自分がもつ選択肢に気づいていないってことなの。選択肢も選択の機会もないなら、あなたは本当に生きてはいない。私のために何かしてくれない？　このペンを取って、私に絵を描いてくれることはできる？」

「たぶん」彼女はボードまで歩き、痩せた手を袖から出し、ペンを取った。

「今回はあなた自身の絵を描いて。あなたには自分がどんなふうに見えるのかしら?」

彼女はペンのキャップを外し、唇をすぼめながら、すばやく描いた。振り向いて、私に絵を見せる。表情のないうつろな顔の、背の低い太った少女の絵だった。それは驚くほど対照的だった――表情のない太ったイラストと、その傍らに立つ骸骨のようなエマ。

「今とは違う気分だった頃を思い出せる? 幸せで、かわいくて、陽気だった頃のことを?」

彼女はじっくりと考えた。しかし、「わかりません」とは言わなかった。考えたあげく、彼女はうなずいた。「五歳のとき」

「その幸せな女の子の絵を描いてくれる?」

エマがボードから一歩下がったとき、私に見えたのは、チュチュを着て、くるくるまわりながら踊る女の子の絵だった。それが何なのか気づいた私は息を呑んだ。

「バレエを習ってたの?」

「はい」

「そのことをもっと聞きたいわ。踊っているときはどんな気分だった?」

エマが目を閉じた。両方の踵を引き、第一ポジションを取るのが見えた。それは無意識の動きだった。体が思い出したのだ。

「思い出している今、どんな気持ちがする? その気持ちをひとつの言葉にできる?」

彼女は目を閉じたまま、うなずいた。「自由」

「その気持ちをもう一度感じたい？　自由を？　生き生きしている状態を？」

彼女はうなずいた。ペンをトレイにおき、袖を引き下げ、両手をふたたび覆う。

「自分を飢えさせていては、その自由という目標に近づけないんじゃない？」私はできるだけ暖かく、優しくたずねた。彼女を責めたわけではない。自己破壊と、それをどこまでやってしまったのかを、しっかりと認識させるための取り組みだった。さらに、自由に向かうどんな旅であれ、それを始めるときに非常に重要になる、次の質問に答えさせるための取り組みでもあった。「今、自分は何をしているのか？」「それはうまくいっているのか？」「それは自分を目標に近づけるのか、それとも目標から遠ざけるのか？」エマは私の質問に言葉では答えなかった。しかし、その無言の涙に、自分は変わらなければならない、変わりたいのだという、彼女の気づきを感じ取ることができた。

エマと両親と初めて一緒にセッションを行うとき、私は彼らを大歓迎した。「とてもよいニュースがあります！」と私は言った。そして、彼らはチームとして取り組んでいけるという私の希望と自信を伝えた。そのチームに私が加わるかどうかは条件次第だとした。それはエマが摂食障害クリニックで医師の治療も受けること。拒食症は深刻な病で、命に関わる場合もあるからだ。もしエマが、クリニックの医師と相談して決める特定の体重以下になったら、入院しなければならない。「事前に防げることで、あなたの命を危険にさらすことはできません」と私はエマに言った。

エマの診療の開始から一、二ヵ月経った頃、彼女の両親から自宅での食事に招待された。そこでエマのきょうだい全員に会った。私が注目したのは、エマの母親がそれぞれの子どもにキャッチフレーズをつけて紹介したことだ。「こちらがグレッチェン。恥ずかしがり屋なんですよ。ピーターはユーモアのある子です。デレクは責任感があります」（エマはすでに紹介ずみだった。病気の子として）子どもに名を与えれば、子どもはそれに合わせた振る舞いをする。それこそ、私が患者にこうたずねると役立つと考える理由だ。「家族の一員になるために、あなたがもっていた入場チケットは何だったの？」（私の子ども時代なら、クララが神童、マグダが反逆者、私は親友だった。私が両親にとっていちばん役立ったのは、私が聞き手で、ふたりの感情の入れ物だったとき、私が目に見えない存在だったときだ）。当然ながら、食卓でのグレッチェンは恥ずかしがり屋で、ピーターはユーモアがあり、デレクは責任感があった。

私がその決まりごとを破ったら、子どもたちのひとりを別の役割に引き込んだら、何が起こるのか見てみたくなった。

「ねえ」と私はグレッチェンに言った。「あなたはとてもきれいな顔をしてるわね」

母親がテーブルの下で私を蹴った。「それは言わないでください」と声をひそめて注意する。「うぬぼれてしまいますから」

夕食後、エマの母親がキッチンを片付けている間、まだよちよち歩きのピーターが、相手をしてもらいたくて母親のスカートを引っ張った。相手にされないと、彼はますます必死になって母親の手を止めて、自分を抱き上げさせようとした。とうとう我慢できなくなったのか、彼はキッチンをよちよち出ていくと、コーヒーテーブルへと真っ直ぐ進んだ。そこには磁器製の小さな置物がいくつかおかれていた。母親は彼を追いかけ、さっと抱き上げると、お尻を叩き、こう言った。「それに触ってはだめと言ったでしょ」

「鞭を惜しむと子どもが駄目になる」的な規律を守らせる方法は、子どもが自分には否定的な注目だけ向けられていると感じる雰囲気を生む（否定的な注目もまったく目もくれないよりはましだが）。厳しい環境、子どもに白か黒か両極端な性質のルールや役割を押しつけること、そして両親の間の明らかな緊張感――こういったものはどれも家庭における感情面の飢えを生じさせる。

さらに私が目撃したのは、エマの父親が彼女に向けた非常に不適切な注目だ。「よお、かわいい子ちゃん」夕食の後、彼女が居間にいた私たちに加わったとき、彼がそう言ったのだ。彼女がカウチの中で身を縮め、自分を隠そうとするのが見えた。支配、厳しい躾、精神的な近親相姦――エマが豊かさの真ん中で死にかけていてもなんの不思議もなかった。

どの家族もそうであるように、エマとその家族にはルールが必要だが、それは彼らがそれまで従っていたものとはまったく違うルールだ。そのため、私はエマと両親が家族の憲法を作成できるように支援した。具体的には、家庭の雰囲気を改善させるような家族のルールのリストを作成し、それを互いが守れるようにした。まず、彼らは機能していない行動について話し合った。エマが両親に伝えたのは、ふたりの怒鳴り声や互いを責める声を聞くことでどれだけ怯えたか。さらに門限やテレビを観る前に終えるべきお手伝いについて、ふたりが土壇場でルールや求める内容を変えると、どれほど腹立たしかったかということだった。父親は家庭でどれほど孤独感を抱いているかを話した――子どもたちの躾を自分ひとりで担っているように感じていたのだ。興味深いことに、エマの母親も似たようなことを言った。彼女はひとりで子育てしているような気がしていた。害のある習慣や行動――彼らがやめたいもの――のリストから、彼らが守ると同意したものを短いリストにした。

1. 人を責めるのではなく、自分自身の行動や言葉に責任を負うこと。何かを言ったり、したりする前に、こう自問すること。これは親切なことだろうか？　これは重要なことだろうか？　これは役に立つだろうか？

2. チームワークを利用して、共通の目標を達成すること。家の清掃が必要になれば、家族の各メンバーが年齢に応じた仕事をすること。家族で映画を観に行くときは、観る映画をみんなで選ぶか、交代で選ぶこと。家族を一台の車だと考えること。車は行くべき場所へ移動するために、すべての車輪がまとまり、ともに働いている――ひとつの車輪が支配しているわけでも、ひとつの車輪が総重量に耐えているわけでもない。

3. 一貫性をもつこと。門限が決められているなら、そのルールを土壇場で変更することはできない。

ひと口に言うと、エマの家族の憲法は、誰かを支配する必要性を手放すことだった。

私は二年間、エマを治療した。彼女はその間に摂食障害クリニックの外来患者プログラムを終えた。中学校入学時に父に強いられて始めたサッカーはやめ、バレエ教室に戻った（それから、ベリーダンスやサルサなども始めた）。創造的な表現、音楽とリズムに合わせて動く喜びが、体をもつことの楽しさに繋がり、それが彼女に健全な自己像を与えた。治療期間が終わる頃、十六歳のときに学校で出会った少年と恋に落ち、その関係のおかげで、生きたい、健康でいたいという意欲がさらに高まった。治療の終了までに彼女の体は丸みを帯び、髪はふさふさと輝いていた。彼女はあのくるくるまわりながら踊る少女の絵の現行バージョンとなっていたのだ。

エマが高校二年生になった夏、彼女の家族がバーベキューに招いてくれた。家には素晴らしいご馳走が用意されていた――骨つき肉、豆料理、ドイツ風ポテトサラダ、自家製ロールパン。エマはボーイフレンドと並んで立ち、皿を食べ物でいっぱいにしながら、笑い、いちゃついていた。両親、きょうだい、友人たちが芝生や折り畳み椅子に座り、食事を楽しんだ。食べ物はもはや家族にとって嫌な言葉ではなかった。エマの両親は、子育てや結婚の雰囲気をすっかり変えたわけではなかったが、エマが自分自身に与えるようになったものを両親も与えるようになっていた――それは人生に幸福をもたらすものに向かう自分の道を見つけるための余裕と信頼だ。エマに何が起きるのかという恐怖に飲み込まれた生活を送る必要がなくなったため、両親も自分の人生を生きる自由を手に入れた。彼らは毎週、友人たちとブリッジを楽しむ夜を過ごし、あまりに長い間、家族生活を蝕んできた不安も、怒りも、支配する必要性も、その大半を手放したのだった。

エマがエマに戻る様子を見た私は安堵しながら、同時に感動した。さらに、彼女がたどった道のりが刺激となり、自分を省みることになった。エディ。私は私の中にいる踊る少女と一体化していただろうか？　彼女の好奇心と喜びと共に生きていただろうか？

エマの治療が終わったのと同じ時期に、私の初孫、マリアンの娘リンゼイが幼児向けバレエ教室に通い始めた。マリアンは小さなピンクのチュチュを着たリンゼイの写真を送ってくれた。かわいい丸ぽちゃの足を小さなピンクの上靴に押し込んでいる。その写真を見ると涙が出た。もちろん嬉し涙だ。しかし、同時に悲嘆に関わりのある胸の痛みも感じた。この瞬間からリンゼイの人生が展開していく様子が目に浮かぶようだった――彼女のパフォーマンスとリサイタルが（案の定、彼女はバレエをつづけ、子ども時代から青年期までの毎冬、『くるみ割り人形』で踊ることになった）――そして、彼女の幸福も目に浮かんだ。彼女が待ち望んでいるに違いないあらゆるものが楽しみになった。けれども、それを中断された人生で私が感じた悲しみから切り離すことはできなかった。人が悲嘆に暮れるとき、それは起こったことに対してだけではない――起こらなかったことに対しても悲嘆に暮れる。私は自分の内側に恐怖の一年を閉じ込めていた。それだけでなく、私の内側にはもうひとつ、ぼんやりとしたうつろな空間もあり、それは起こらなかった人生の入った広い闇だった。私はトラウマと、足りない何かを抱えていた。自分の真実のどの欠片も手放せず、かといって、どれも簡単には抱きしめることはできなかった。

アグネスの中にも、また別の鏡と教師を見つけた。ユタのスパで出会った女性だ。そこで私は乳がんを克服した人たちに講演を行い、癒やしを促すセルフケアの重要性を伝えた。彼女は四十代前半と若く、黒髪を低い位置でまとめていた。着ている中間色のスモックドレスのボタンを首元までかけていた。講演のあと自室で行った個別相談の予約リストの最初に記載されていなければ、その存在にまったく気づかなかったかもしれない。それほど彼女は目立たないようにしていた。私の前に立ったときですら、その体は服に隠され、ほとんど見えなかった。

「ごめんなさい」私が彼女を招き入れようとドアを開けると、彼女はそう言った。「私よりもあなたの時間を使うべき人がきっと他にもいたでしょうに」

私は彼女を窓辺の椅子に案内し、グラスに水を注いだ。彼女はそんなちょっとした気遣いにも戸惑っているようだった。椅子の端に座り、水のグラスをぎこちなく体の真ん前で持つ。まるでひと口飲むだけで、私の負担になるかのようだ。「私はまる一時間も必要ないんです。簡単な質問があるだけなんですよ」

「そうですか。私がどんなふうにお役に立てるか、話してください」

彼女は、私が講演で話したあることに興味を抱いたのだと言う。それは少女の頃に教わったハンガリーの諺だった。「怒りを胸に吸い込むな」私は自分が生涯、ずっと抱え込んでいた、自分を閉じ込める信念や感情の例を挙げた。具体的には、私は誰かの許可を得なければいけない。私は何をしても、愛される価値があるほど優れた結果を出せない、といったものだ。私は聴衆の女性たちにこう自問するように頼んだ。

「私が抱え込んでいるのはどんな感情や信念なのか？」

「私はそれを手放す意志があるのか？」

すると今、アグネスが私にたずねた。「抱え込んでいるものがあるかどうか、どうやったらわかりますか？」

「それはいい質問ね。自由について話すとき、どんな場合にも通用するものなどないの。見当をつけられない？　自分の中に注意を引こうとしているものがあると直観でわからないかしら？」

「夢です」数年前、がんの診断を受けて以来、病気が寛解している今でも、繰り返し見る夢があると彼女は言った。その中で彼女は外科手術をする準備をしている。青い手術着とフェイスマスクを身に着けている。使い捨てキャップの中に長い髪を押し込む。シンクに立ち、両手をゴシゴシ洗う。

「患者は誰なの？」

「はっきりとはわかりません。いろんな人になるんです。息子のときもあれば、夫や娘のときもある。過去に会った人のときもあります」

「なぜ、あなたが手術をしているの？　患者の診断名は何なの？」

「わかりません。それも変わると思います」

「手術をしているとき、どんな気持ちがする？」

「両手が燃えているようです」

「目覚めたときはどんな気分なの？　元気になった感じ？　それとも疲れた感じ？」

「それは時によって違います。手術のつづきができるように眠りに戻りたいときもあります。手術がまだ終わっていないので。悲しくて、疲れているときもあります。まるで徒労に終わった手術のように」

「その夢は何を意味していると思う？」

「昔、医学校に行きたかったんです。大学卒業後に出願しようと考えていました。でも、夫が経営学学位を取るための学費が必要で、そのあと子どもたちが生まれて、それからがんになって。これまではチャンスがなかったんです。それがあなたに相談したかった理由です。今、人生のこんなに遅い時期に医学校への道を進むべきだから、こんな夢を見ると思いますか？　それとも、そろそろ医師になる幻想を手放す頃合いだから、こんな夢を見ると思いますか？」

「医学のどんなところに魅力を感じるの？」

彼女はよく考えてから答えた。「人を救うところ。でも、実際に何が起こっているのかを突き止めるところにも。真実を捜し出すところ。表面下にあるものを見つけ、問題を解決するところです」

「人生に――医学にも――確実なものはないわ。知っていると思うけど、治療がむずかしい病気もある。痛み、手術、治療、体の変化、気分の変動。それに必ず回復するという保証はない。あなたががんとともに生きるのに役立ったことは何かしら？　どんな真実や信念に導かれて、病気を切り抜けたの？」

「重荷にならないこと。自分の苦悩のせいで誰かを傷つけたくないんです」

「自分のことをどんなふうに思い出してもらいたい？」

彼女の明るい灰色の目に涙がわき上がる。「善人として」

「あなたにとって善とはどんな意味かしら？」

「与えること。寛大なこと。優しいこと。無私無欲。正しいことをすること」

「善人は不平を言ったりするのかしら？　怒ったりは？」

「それは私の価値観ではありません」

彼女は私自身を思い出させた。半身不随の退役軍人が私自身の怒りに対決させてくれる前の私を。「怒りは価値観ではないわ」私はアグネスに教えた。「それはひとつの感情。それはあなたが悪いという意味ではない。あなたが生きているという意味にすぎないのよ」

彼女は疑わしそうな顔つきだった。

「やってみてほしいことがあるの。インサイドアウト訓練よ。いつもと反対のことをしてもらうわ。いつもなら抑え込んでしまうどんなことも口に出し、いつもなら吐き出すようなどんなこともしまい込むの」ホテルの便箋をデスクから取り、ペンと一緒に彼女に渡した。「あなたの肉親ひとりひとりに、文章をひとつ書いて。本人には言ったことのないことを書いてほしいの。願望でも、秘密でも、後悔でもいい——取るに足りないことでもいいのよ。『汚れた靴下は自分で洗濯物入れに入れてほしい』とか。唯一のルールは、声に出して言ったことがないものであること」

彼女は不安そうにかすかに微笑んだ。「それを実際に言わせるつもりですか？」

「それをどうするかは、あなた次第よ。紙吹雪みたいに引き裂いても、トイレに流しても、火をつけてもいいわ。ただ、書き出すことで、それをあなたの体の外に出してもらいたいの」

彼女は数分ほど無言で座っていたが、やがて書き始めた。数回ほど何かを線で消した。そして、ようやく顔を上げた。

「どんな気分かしら？」

「少しめまいがします」

「頭が混乱してる？」

「はい」

「それでは、あなたを満たす時間よ。でも、使うのはあなたがいつも人に与えているものだけ。愛情、保護、慈しみのすべてを自分の内側に取り戻していくのよ」私は彼女にとても小さくなっていく自分を思い描くよう求めた。自分の耳の中に潜り込めるほど小さい自分を。外耳道を這って進み、喉から食道に進み、はるばる胃まで行くように彼女に言う。自分の内側を旅している間、通り抜けていく体の各部位に、小さくて愛情あふれる両手をおくように求めた。肺に、心臓に。背骨に、脚と腕にも。それぞれの臓器、筋肉、骨、血管に思いやりあふれる両手をおくように指導した。「あらゆる部位に愛をもたらすのよ。あなた独自の、他にはどこにもない慈しみになって」と私は言った。

しばらく時間を取り、彼女をその状況になじませ、外側で感じるものから注意を逸らさせた。彼女は椅子の中でもぞもぞと体を動かし、額からほつれ毛をどかし、咳払いをした。それから、呼吸が深く、ゆっくりしたものになり、身じろぎしなくなった。彼女は自分の内側を冒険しながら、深いリラックス状態となり、顔つきが安らかになった。外耳道から外に戻るように導く前に、彼女が内側で感じたこと、あるいは発見したことで私に伝えたいことはないかとたずねた。

「ここは真っ暗だと思っていました」と彼女が言った。「でも、それは多くの光があります」

数ヵ月後、彼女が電話で衝撃的な知らせを伝えてきた。乳がんはもはや寛解状態ではなかった。再発し、急速に広がっていた。彼女が言った。「人生があとどれくらい残っているのか、わかりません」インサイドアウト訓練を毎日行うつもりだ、そうすれば、避けられない怒りや恐怖心を取り除き、愛情と光で自分を満たすことができるから、と言った。さらに、矛盾しているが、正直になり、家族に対し否定的な感情を書けば書くほど、感謝の気持ちが大きくなったと言う。

夫には、彼のキャリアを優先したことをどれほど恨みに思っていたかを伝えた。夫に率直に話したことで、恨みを抱え込んでいても、誰のためにもならないとよくわかった。また結婚を通して、夫が様々な形で自分を支えてくれたことを再認識できた。自分は夫を許せると感じた。十代の息子には、死への恐怖心を隠したりせず、明らかな気休めも与えなかった。ただ自分の不安を素直に話した。息子に人間には理解できないこともあるのだと教えた。もっと幼い中学生の娘には、自分には立ち会えない瞬間があることにどれだけ腹を立てているか伝えた——娘の初めてのデートの話を聞いたり、大学合格通知を開けるのを見たり、ウェディングドレスを着るのを手伝ったりする瞬間のことだ。彼女は怒りを受け入れられない感情として抑えつけなかった。彼女はその下に隠れているものを見つけ出した——それは彼女の愛情の深さとそれが駆り立てる力だった。

アグネスの夫が電話で彼女の死を伝えてきた。自分はこの悲しみを乗り越えることはできないだろうが、彼女の死は安らかだったと言った。家族関係における愛情の質は、彼女の人生の最後の数ヵ月に深まっていた。彼女が家族に互いに心を通じ合わせる本当の方法を教えたからだ。電話を切ったあと、私はすすり泣いた。誰の落ち度でもないが、ひとりの美しい人間があまりに早く亡くなった。不公平だった。残酷だった。けれども、そのおかげで自分自身の死すべき運命について考えた。もし明日死んだら、安らかに死ねるだろうか？　アグネスが見つけたことを、私自身は本当に学んだのだろうか？　自分自身の暗闇の中で、光を見つけたのだろうか？

エマは自分の過去との関わり方を考えさせてくれた。アグネスは現在との関わり方に向き合わせてくれた。そして、一九八〇年のある暑い午後、体を硬直させた陸軍大尉ジェイソン・フラーが初めて私の診療所にやって来た。白い長椅子にしばらく黙って座ったまま、動けなくなっていた。しかし、私と一緒に公園へ犬の散歩に行くという、やっとの思いで私が下した命令に従い、私に未来を決める決断への向き合い方を教えてくれた。あの日、彼から学んだことは、私の残りの人生の質に、私が子どもたち、孫たち、ひ孫たちに渡すことを選んだ遺産の質に影響を与えた。

ふたりで公園を歩きまわるにつれ、ジェイソンの歩調は緩やかになった。顔つきも穏やかになり、一歩ごとに顔色がよくなり、柔和になった。突然、若々しく見え、うつろな雰囲気が消えつつある。しかし、相変わらず、口を利かない。診療所に戻ったらどうなるのか、私は先のことを考えていなかった。私はふたりで移動し、呼吸していただけだった。けれども、私といる一瞬一瞬、ジェイソンが安心しているかぎり、彼に手が届く可能性を示していた。

公園をゆっくり一周したあと、診療所に戻り、ふたりのグラスに水を注いだ。先に何が待っているにしろ、急いではならないことはわかっていた。全幅の信頼を寄せられる場所を与えなければならない。ジェイソンが私にどんなことも、どんな感情も話せる場所。自分は安全だとわかる場所。自分は批判されないとわかる場所を。彼はふたたび長椅子に座り、こちらに顔を向けたので、私は身を乗り出した。どうしたら、彼を私とともにここに留めおくことができるだろう？ただ体が診療所にあるというだけではなく。胸の内を率直に話す覚悟ができ、ここで発見するものを受け入れられる状態で。私たちは協力し、洞察と癒やしへ向かう道を、彼を硬直状態に追い込んだ感情や状況がなんであれ、ジェイソンがそれとともに流れていける道を見つけなければならなかった。だが、彼を健康な状態に導くつもりなら、無理に話をさせることはできなかった。私がすべきなのは、彼の現在の精神状態、現在の選択と状況とともに流れていくこと、告白と変化のチャンスに柔軟に対応することだった。

「私を助けてもらえないかしら」と私はやっと言った。乗り気でない患者、手強い相手にときどき使う対処法だ。患者の問題から気を逸らす。私が問題を抱えた者になる。患者の同情心に訴えるのだ。ジェイソンに自分が力と解決策をもつ者、そして私は好奇心が強く、いくらか絶望し、助けを求める、ただの人だと感じさせたかった。「私がぜひ知りたいのは、あなたがなぜ、ここで、私と時間を過ごしたいかということよ。あなたは若い男性で軍人。私はただのおばあちゃん。私を助けてもらえないかしら？」

彼は話そうとするが、感情で喉が詰まり、首を振った。自分の外側であれ、内側であれ、どんな混乱が存在していようと、彼が逃げ出したり、機能停止に陥ったりしないようにするために、私にどんな手助けができるだろう？

「どんなふうにあなたの役に立てるのか、もう少し理解できるように助けてもらえない？　あなたの相談役になりたいの。どうか、少しだけ手助けしてもらえないかしら？」

彼はまるで眩しい光に反応しているかのように、目をぎゅっと閉じた。あるいは涙を押し戻しているかのように。「妻が」と彼はようやく言ったが、その言葉のあと、喉がふたたび閉じられてしまった。

妻がどんなふうに彼を悩ませているのかとはたずねなかった。事実をたずねなかった。私はその言葉に隠された感情に向かった。彼には私を、彼の心にある真実まで、真っ直ぐ、掘り下げて導いてもらいたかった。私が彼になれると信じている人間になってほしかった——抑圧を解き、何かを感じ取れる人間に。感じ取れないものを癒やすことはできない。私は抑圧と無感覚を選んだまま数十年を過ごしたあと、つらい思いをして、このことを学んだ。ジェイソンのように、私も自分の感情を封じ込め、仮面を被っていたのだ。

ジェイソンの仮面の下には何があるのだろう。抑圧？　喪失？　恐怖心？

「何かを悲しんでいるように見える」と私は言った。ただ当てずっぽうで言ってみただけだ。正しくなければ、彼が訂正してくれるだろう。

「悲しいわけではない」と彼がつぶやいた。「俺は怒っている。俺は猛烈に怒っている。妻を殺しかねないんだ！」

「あなたの奥さんを」

「あのあばずれは俺を裏切っている！」そこにあった。真実が表に出てきた。それが始まりだったのだ。

「もっと話して」と私は言った。

妻は浮気をしていると彼は言った。彼の親友がこっそり教えてくれたのだ。自分がその兆候を見逃していたことが信じられなかった。

「ああ、なんてことだ」彼がつぶやく。「ああ、なんてことだ、なんてことだ」

彼は立ち上がった。歩きまわった。長椅子を蹴った。彼は自分の頑固さを打ち砕き、今では多弁に、攻撃的になっていた。痛みに顔をしかめるまで壁を叩いた。まるでスイッチが押され、彼の感情が投光器のように最大限の強さで表に出てきたかのようだ。彼はもう封じ込められても、抑制されてもいなかった。彼は爆発していた。火山のように。そして、彼がその苦しみの中で無防備にのたうちまわっている今、私の役割は変わっていた。私は彼が自分の感情に戻るよう導いてきた。しかし今、私がすべきなのは、彼がそれに溺れたり、その激しさの中で自分自身を完全に見失ったりしないようにさせながら、自分の感情にどっぷりと浸らせることだった。私が何か言う前に、彼は部屋の真ん中で体をこわばらせ、叫んだ。「もう我慢できない！　妻を殺してやる。ふたりとも殺してやる」

「あなたは奥さんを殺せるほど強く怒っている」

「ああ！　あのあばずれを殺してやる。今すぐやってやる。俺が持っているものを見てくれ」

大げさに言っているのではなかった。文字どおりのことを意味していた。ベルトの下から拳銃を取り出した。「彼女を今すぐ殺してやる」

警察を呼ぶべきだった。最初にジェイソンがドアから入ってきたとき、心の中で感じた警報は誤報ではなかったのだ。しかし、もう遅すぎるかもしれない。ジェイソンに子どもがいるかどうかは知らない。だが、ジェイソンが拳銃を振りかざしたとき、私の頭に浮かんだのは、母親の葬式で泣いている子どもたち、獄中のジェイソン、復讐を求める一瞬の衝動のせいで両親を失った子どもたちだった。

けれども、私は警察を呼ばなかった。アシスタントを呼び、支援が必要かもしれないと知らせることすらしなかった。そんな時間はなかったのだ。

彼を機能停止にさせたりしない。彼の気持ちにつき合い、その結末まで見届けよう。「今すぐ彼女を殺したら、どうなるの？」と私はたずねた。

「俺はやってやる！」

「そうしたら、どうなるの？」

「あいつにはそれがふさわしい。当然の報いだ。俺についた嘘のひとつひとつを後悔するだろう」

「あなたが妻を殺したら、あなたに何が起こるの？」

「そんなこと、どうでもいい！」彼は私に、まさに私の胸に拳銃を向け、両手で握り、引き金近くで指をこわばらせていた。

私が標的だったの？　私に怒りを向けることなんてできるの？　うっかり引き金を引いても、銃弾が飛ぶの？　怯えている時間などなかった。

「子どもたちは心配しているのかしら？」私は直観で行動していた。

「子どもの話はするな」ジェイソンが私を黙らせた。拳銃をほんの少し下げた。今、引き金を引けば、私の心臓ではなく、腕か椅子を撃つだろう。

「子どもを愛しているの？」と私はたずねる。どれほど破壊的なものであれ、怒りはけっしていちばん重要な感情ではない。それはいちばん外側の部分にすぎず、もっとずっと深い部分にある感情の、薄く無防備な最上層だ。怒りの仮面で変装している本当の感情は、たいてい恐怖心だ。だから人は愛情と恐怖心を同時に感じることはできない。ジェイソンの心を引きつけられれば、一秒でも彼に愛情を感じさせられれば、暴力になる寸前の恐怖心の信号を妨害するには十分かもしれない。すでに彼の怒りは中断されていた。「子どもを愛しているの？」と私はもう一度たずねた。

　ジェイソンは答えようとしなかった。彼は自分自身の矛盾する感情の交差線で立ち往生しているかのようだった。

「私には子どもが三人いるの」と私は言った。「娘ふたりと息子ひとり。あなたは？」

「両方だ」と彼が答える。

「娘と息子？」

彼がうなずいた。

「あなたの息子のことを教えて」と私は頼んだ。

ジェイソンの中で何かが解き放たれた。新しい感情。それが彼の顔を横切るのが見えた。

「息子は俺に似ている」とジェイソンが言った。

「やっぱり親子ね」

彼の目はもう私にも拳銃にも焦点を合わせていなかった。どこか他の場所を見ていた。その新しい感情が何なのか、まだわからなかったが、何かが変わったのが感じられた。私はそれを追いかけた。

「息子に自分のようになってほしい？」と私はたずねた。

「いいや！」と彼が答えた。「そんなこと、駄目だ」

「なぜ駄目なの？」

彼は首を振った。私が導いている場所には行きたくないのだ。

「あなたは何を求めているの？」私は静かにたずねた。それは答えるのが怖くなる質問、人生を変える質問だった。

「こんなこと、我慢できない！　こんなこと、感じたくないんだ！」

「あなたは苦しみから解放されたがっている」

「あのあばずれに償いをさせたいんだ！　あいつに俺を笑い者にさせてたまるか」彼が拳銃を引き上げる。

「自分の人生を落ち着いた状態に戻すのよ」

「そのとおりのことを俺がするんだ」

私は汗をかいていた。彼が拳銃を捨てるかどうかは、私の助言次第だった。従うべきシナリオなどなかった。「彼女はあなたを不当に扱った」

「もういい！　ここまでだ」

「自分の身を守るのよ」

「そのとおりだ」

「問題への対処方法を息子に教えるのよ。どうしたら男らしい男になれるのかを」

「俺は息子に、他の人間に自分を傷つけさせない方法を教える！」

「彼のママを殺すことで」

ジェイソンが凍りついた。

「息子の母親を殺したら、あなたが自分の息子を傷つけることにならない？」

ジェイソンは手の中の拳銃を見つめた。この瞬間、彼の心を満たしていたものを、その後の診察で教えてくれた。彼は父親についても話してくれた。ジェイソンに時に言葉で、時に拳で、これこそが男がすることだと叩き込んだ暴力的な男性のことを――男はけっして負けない。男は泣かない。男は支配する。男は決定を下す。ジェイソンはつねに自分の父よりよい父親になろうと思ってきたと言った。しかし、彼にはどうすればいいのかわからなかった。どうやって威嚇することなく、子どもたちを教え、導けばいいのかわからなかったのだ。復讐を求める選択をしたら、息子にどんな影響を及ぼすのか考えてほしいと私が頼むと、彼は突然、それまで考えもしなかった可能性を考えなくてはいけなくなった。暴力と不安を次世代に伝えない生き方をすれば、彼――と息子――は、復讐の誘惑に閉じ込められるのでなく、期待と可能性に満ちた広々とした空へ進んでいけるのだ。

私があの午後について、自分の人生全体について、何かを理解したとすれば、それは、人生の最悪の瞬間、人が醜い欲望に捕らわれる瞬間、耐えなければならないありえないほどの苦痛に我を忘れそうになる瞬間が、実はむしろ自分の価値を理解させてくれる瞬間になるということだ。それは、自分が過去のすべてと未来のすべてを結ぶ架け橋になるようなもの。自分が受け取ってきたすべてのものと、自分が次世代に伝える――あるいは伝えない――と選択できるものの存在に気づく。それはスリル満点でゾクゾクする混乱状態に似たもの。途方もなく広いが横断できる渓谷のように自分を取り巻く過去と未来のことだ。宇宙と時間の大きな枠組みの中では人間が小さな存在であるように、ひとりひとりは回転する大きな車輪全体を維持する小さなメカニズムにすぎない。とすれば、自分自身の人生の車輪を使い、何に力を与えるのか？　悲嘆と後悔からなる同じピストンを押しつづけるのか？　過去からつづく苦痛にまた縛られ、それを再現するのか？自分が見捨てられたからといって、愛する人たちを見捨てるのか？　自分の子どもたちに自分の悲嘆のつけを払わせるのか？　それとも、自分の知識を最大限に活かし、自分の人生の農地から新しい作物を成長させるのか？

復讐を求め、拳銃を握り、息子の顔の中に自分を見たジェイソンは、突然、自分の目の前にある選択肢を理解できた。彼には殺すことを選ぶことも、愛することを選ぶこともできた。相手を打ち負かすことも、許すこともできた。悲しみに立ち向かうことも、苦痛を何度も繰り返して伝えることもできた。彼は拳銃を手放した。彼は今、泣いていた。大きく波打つようにむせび泣き、その体中に悲しみの波が打ち寄せる。彼はその感情の大きさに耐えられなかった。床に崩れ落ち、膝立ちになり、頭を下げた。彼に波となって押し寄せる様々な感情が目に見えるような気がした。痛手、屈辱、傷ついたプライド、壊れた信頼、孤独。彼にはなれない、なりたくない男のイメージ。彼は負けたことのない男になれなかった。これからはずっと、幼い頃、父親に殴られ、自尊心を傷つけられ、妻に裏切られた男でいるのだ。私がこれからずっと、母親と父親を毒ガスで殺され、焼かれ、煙にされた女でいるのと同じように。ジェイソンと私はこれからずっと、人間なら誰でもそうであるように、苦しみに耐えていくのだ。人には苦しみを消せない。だが、人にはありのままの自分と、自分に起こったことを受け入れ、前に進む自由がある。ジェイソンはひざまずき、泣いていた。私は床に座り、彼に寄り添った。私たちが愛し、信頼した人たちは消えていなくなったり、裏切ったりした。彼は抱きしめられる必要があった。だから私は彼を抱きしめた。彼を胸に引き寄せると、彼は私の膝に沈み込んだ。私は彼を抱きしめ、ふたりの涙で私のシルクのブラウスがびしょ濡れになるまで、一緒に泣いた。

ジェイソンが診療所を去る前に、私は拳銃を渡すように求めた（その拳銃はそれから何年も保管していたが、時間の経過とともに忘れていた。ところが、サンディエゴへ引っ越すとき、診療所の荷造りの最中にそれを見つけた。弾丸を込めた状態でファイルキャビネットの引き出しに入っていたのだ。それを見て、人が隠すことを選びがちな不安定さと苦悩、人が意識的に向き合い、取り除かないかぎり残る、潜在的な悪影響のことを思い出した)。

「今、帰っても大丈夫かしら?」私は彼にたずねた。「自宅に帰っても大丈夫?」

「自分でもわからない」

「拳銃がないと落ち着かなくなるでしょう。怒りが戻ってきたら、どこか行くところはあるの? 誰かを傷つけたり、殺したりしなければと感じたときに」

彼は友人の家に行けると言った。妻の浮気を知らせ、私の診察を受けるよう助言した親友のことだ。

「奥さんに伝えることを練習しておかなきゃね」ふたりでセリフを考え、彼は書き留めた。彼は彼女にこう言うのだ。「俺はとても悲しく、動揺している。今晩、時間を取って話し合いたいと思っている」ふたりきりになる前に彼はそれ以上何かを言ってはいけない。ふたりきりになって初めて、暴力でなく言葉で意思疎通してもよいことにした。帰宅できないと感じたら、すぐに私に電話する手はずだった。そして、もし殺したい気持ちが戻ってきたら、安全な場所に座るか、散歩することになっていた。「ドアを閉めて。それか外に出て。ひとりになって。それから何度も深呼吸するのよ。そうすれば、その気持ちが消える。冷静さを失っていると感じたら、私に電話すると約束して。その状況から離れ、身の安全を確保してから私に電話するのよ」

彼はまた泣き始めた。「あなたのように気遣ってくれた人はいません」

「私たちはいいチームになれるわ」と私は言った。「あなたが私を失望させないことはわかっている」

ジェイソンは二日後に診療所に戻ってきた。こんなふうにして治療関係が始まり、それは五年間つづいた。しかし、彼の物語がどんな結末を迎えたのか知る前に、私自身の大きな転機がやって来た。

ジェイソンが去り、拳銃をしまい込み、椅子に座り、ゆっくりと深呼吸し、冷静さを取り戻したあと、ジェイソンの予期せぬ出現の直前にアシスタントから渡された郵便物の仕分けを始めた。するとそこには、私の人生の針路を変える、もうひとつの手紙があった。それはウィリアムボーモント陸軍病院の元同僚で、米国陸軍従軍牧師デーヴィッド・ウェールからの手紙だった。現在、彼はミュンヘンの宗教情報センターの代表を務め、ヨーロッパで職務についている米国陸軍従軍牧師と助手全員に対する臨床研修の責任者でもあった。手紙は、デイヴがひと月以内に開催するワークショップで、六百名の牧師を対象にした講演をしないかという申し出だった。状況が違えば受けていただろう。役に立てるのは光栄であり、畏れおおいことでもある。ウィリアムボーモントで臨床経験があり、現役軍人と退役軍人の治療に成功していたことから、大規模な軍関係の聴衆を前に講演を依頼されたことは何度もあり、常々そうすることは単に光栄であるだけでなく、道徳上の義務でもあると感じていた――元戦争捕虜として、米国兵士に解放された人間として。しかし、デイヴのワークショップはドイツで開かれる予定になっていた。しかも、単にドイツというだけではない。ベルヒテスガーデンだった。バイエルンの山岳地帯にあるヒトラーの山荘だった場所だ。

第17章　ヒトラーが戦争に勝ったことになる

私を身震いさせているのは、診察室の通風孔から出てくる冷風ではない。私はもうすぐ五十三歳になる。もはや戦争で荒廃したヨーロッパから逃げてきた、親を亡くした若い母親ではない。もはや過去から隠れている移民ではない。今では私はエディス・エヴァ・イーガー博士。私は生き延びた。私は人を癒やすために働いてきた。衝撃的な過去から学んだことを生かし、他の人たちの癒やしを手助けしている。社会福祉団体や医療団体、軍関係の団体に呼ばれ、心的外傷後ストレス障害の患者の治療を行うこともよくある。米国に逃れてから、ずいぶん長い道のりを進んできた。しかし、戦争以来、ドイツに戻ったことはなかった。

その晩、ジェイソンは妻とどう向き合っているのかという心配から気を逸らし、なかなか決心のつかない自分の気持ちを和らげようと、サンディエゴのマリアンに電話し、私のベルヒテスガーデン行きについてどう思うかたずねた。彼女は今では母親で、臨床心理士でもある。私たちはむずかしい患者について、たびたび相談し合っている。拳銃を握っていた、あの長い瞬間のジェイソンがそうであったように、今、私の目の前にある決断には自分の子どもたちが大きく関係している――私がいなくなったあと、彼らはどんな傷を抱えて生きるのだろう。それは治癒した傷だろうか。それとも開いたままの傷だろうか。

「わからないわ、ママ」とマリアンが言う。「私は行きなさい、と言いたい。生還したあなたが、今、戻って自分の物語を話す。それは大きな勝利よ。でも……。あのデンマーク人家族のこと、覚えている？　私の大学時代のホストファミリーの友人だった。彼らは安らぎを得られると考えて、アウシュヴィッツに戻ったの。でも結局は、すべてのトラウマを呼び戻しただけだった。それが精神的に大きな負担になって。ふたりとも帰宅後に心臓発作を起こしたの。彼らは亡くなったのよ、ママ」

ベルヒテスガーデンはアウシュヴィッツではないと、私は指摘した。そこは私の過去ではなく、ヒトラーの過去がある場所だ。とはいえ、エルパソでの日常生活でも、いまだフラッシュバックを起こすことがある。サイレンを聞けば、寒気がする。建設現場を囲む鉄条網を見れば、もう私は現在にはいない。柵からぶら下がる、いくつもの青ざめた死体が見え、恐怖に捕らわれる。私は日々、必死に闘っているのだ。そんな日常の出来事でさえ、トラウマを呼び戻せるなら、ドイツ語を話す人たちに囲まれたら、どうなるのだろう？　ナチスドイツの青少年団ヒトラーユーゲントの元メンバーたちに交じって歩いたら？　ヒトラーと顧問たちが昔、暮らしていた、まさにその部屋に入ったら？

「何か得るものがあると思うなら、行きなさいよ。応援するから」とマリアンは言ってくれた。「でも、それは自分のためじゃないと。誰かに何かを証明する必要なんてないわ。ママに行く義務はないのよ」

娘がそう言ったとたん、ほっとする。「ありがとう、マルチュカ」と言う。もう安心だ。満足だ。すべきことはした。私は成長した。もう手放してもいい。もう終わりにしてもいい。お招き光栄に思いますが、私にはつらすぎて応じられません、と言ってもいいのだ。デイヴは理解してくれるだろう。

しかし、その招きを断ることにしたとベーラに伝えると、彼は私の肩をつかむ。「君がドイツに行かなければ」と彼は言う。「ヒトラーが戦争に勝ったことになる」

それは私が聞きたいことではない。不意打ちのパンチをお見舞いされた気分だ。けれども、ある点で彼は正しいと認めざるを得ない。自分の被害者意識を終わらせる責任をもつよりも、自分の苦しみの責任を何かや誰かに負わせる方が簡単だ。私は結婚からこんなことを学んでいた――ベーラに対する怒りや苛立ちのせいで自分の仕事や成長に集中できないこと、自分の不幸せを彼のせいにすることがあったが、それはいつも、そうする方が自分自身に責任をもつより簡単だからだった。

大半の人は独裁者を求める――できれば優しい独裁者を――そうすれば責任を逃れ、こう言えるからだ。「私にああさせたのはあなたよ。私のせいじゃないわ」しかし、人は誰かの傘の下で一生ブラブラしながら、雨に濡れたと文句を言うことはできない。被害者でいることをわかりやすく表せば、「自分の外側ばかりに目を向けること」。そして自分の現状の責任を負わせる誰か、あるいは自分の目的、運命、価値を決定する誰かを、自分の外側で探すことだ。

だからこそ、ベーラは私に、私がドイツに行かなければ、ヒトラーが戦争に勝ったことになると言ったのだ。彼が意味しているのは、私は自分の過去のシーソーに座っているということだ。ヒトラー、あるいはメンゲレ、あるいは悲嘆がつくった、大きく口の開いた穴を反対側に座らせておくかぎり、私はなんとか正当化され、いつでも言い訳できる。それこそ、私が不安を感じる理由。私が悲しい理由。ドイツに行くリスクを負えない理由だ。不安や悲しみや恐怖を感じる私が悪いということではない。私の人生の中心に本物のトラウマが存在しないということではない。さらに、ヒトラーやメンゲレ、暴力や残虐行為の加害者全員には、与えた危害の説明責任がないということではない。けれども、シーソーに座りつづければ、私は過去を抱きしめ、それに自分が今、何を選択するかの責任を負わせてしまうのだ。

遠い昔、メンゲレの指が私を指差し、運命を決めた。彼は母を死なせることを選び、マグダと私を生かすことを選んだ。どの選別の列も生死がかかっていたが、その選択は私が決めるものではなかった。とはいえ、収容所の中でも、生き地獄の中でも、どう対応するかは自分で選択でき、どんな行動を取るか、何を話すかは選択でき、心の中に抱くものも選択できた。電流の流れる鉄条網に向かって歩くことも、寝棚を出るのを拒否することも選択できた。たとえ恐怖と悲嘆の真っ只中にいても、苦しみながら生きることも、エリックの声や母のシュトルーデルを思い出すことも、隣にいるマグダのことを考えることも、生きる目的として自分がもつあらゆるものに気づくことも選択できた。

あの地獄を出てから、三十五年が過ぎていた。昼夜を問わずパニック発作が起こり、自分の居間にいても、まるでヒトラーの古い掩蔽壕《えんぺいごう》にいるかのように簡単に私を飲み込んでしまう。なぜなら私のパニックは、完全に私の外側にあるきっかけから起こったものではないからだ。それは私の内側に住み着いた記憶や不安が表に出てきたものだ。自分を世界の特定地域からの亡命者のままにしておけば、私は自分自身の怯えている部分から亡命したいと言っているのと同じだ。けれども、もしかすると、その地域に近づくことで、私は何かを学べるかもしれない。

私の遺産はどうだろう？　ほんの数時間前、ジェイソンは人生の分かれ目に立った——彼が拳銃を握りながら引き金を引かなかったとき、わが子に伝えたい遺産を考えたとき、暴力以外のものを選択したときのことだ。私が伝えたい遺産とは何だろう？　自分がいなくなるとき、この世界に何を残すことになるのだろう？　秘密や否定や屈辱を手放すことはすでに選択している。しかし、私は本当に過去と和解したのだろうか？　これ以上の苦しみを次世代に伝えないために、解決すべきことはもっとあるのだろうか？

私は母の母親のことを思い出す。祖母は睡眠中に急死した。私の母は、突然、子ども時代を奪われるというそのトラウマに対する嘆きのせいで、本当に幼い頃から飢えと不安を植えつけられ、自分の子どもたちに曖昧で混乱した喪失感を伝えた。すると私は何を伝えるのだろう？　母の滑らかな肌、豊かな髪、くぼんだ目以外に。幼くして母を失った痛みと嘆きと怒り以外に。だが、もし私のトラウマが生まれた場所に戻り、そのサイクルを止め、別の種類の遺産を創り上げなければならないとしたら、どうだろう？

私はベルヒテスガーデンへの招きに応じることにする。

第18章　ゲッベルスのベッド

牧師であるデーヴィッド・ウェール博士が電話で滞在について手短に話してくれた。私はジェネラル・ウォーカー・ホテルの国軍レクリエーションセンターで、臨床牧会研修に集まる六百名の従軍牧師に講演を行う。そのホテルはバイエルンの山岳地帯の高所にあり、以前はヒトラーのナチス親衛隊将校向けのゲストハウス兼会合場所として使われていた。ベーラと私は近くにあるホテル・ツム・テュルケンに宿泊する予定だが、そこは昔、ヒトラーの内閣や各国の外交官たちに使用されていた。一九三八年、ネヴィル・チェンバレン英国首相はそこに宿泊し、ヒトラーに会ったあと、「我々の時代の平和」を確保したという、悲しいほど間違ったニュースをもって意気揚々と帰国した。さらにそこでは、アドルフ・アイヒマン自身がヒトラーに、最終的解決（訳注／第二次世界大戦時、欧州のユダヤ人を組織的に虐殺するためのナチスの計画）について説明した可能性もある。ベルクホーフと、鷲の巣と呼ばれたヒトラーの元別荘は、そこから少し歩いたところにあった。

　講演の聞き手は医療の専門家たちの集まりだった。陸軍牧師は宗教カウンセラーと並行して、問題行動に対する医療サービスを提供する役目も果たしていた。それまで知らなかったが、デイヴによれば、牧師が神学校での勉強を修了するには、一年間の臨床牧会教育を受ける必要があった。牧師には信仰教義だけでなく心理学の訓練も求められ、デイヴはヨーロッパ駐在牧師を対象に臨床心理学に関する一週間の研修を開催していた。そして、その基調演説を行うのが私なのだ。

デイヴは牧師たちと彼らが支える兵士たちのことをくわしく話してくれた。私が若かった頃の兵士や、ウィリアムボーモント陸軍病院での治療で慣れていた兵士たちはそこにはいなかった。そこにいたのは、平和な時代の兵士たち、冷戦下や水面下で行われる戦争の兵士たちだった。彼らは日常的な暴力の中で生きているわけではないが、それでもやはり厳戒態勢を取り、平和を維持しながらも、つねに戦争に備えていた。冷戦時の兵士の大半は事前配備されたミサイル基地に駐在していた。ミサイルは移動式発射装置に搭載され、すでに戦略的位置に隠されていた。こういった兵士にとって、つねにそこにある戦争の脅威や、いつもの警報演習あるいは実際の攻撃を知らせる真夜中のサイレンとともに生活するのは当たり前のことだった（アウシュヴィッツのシャワーのようだ。出てくるのは、水なのか、毒ガスなのか、まったくわからなかった）。つまり講演を聞く牧師たちは、全面戦争を抑止するために全力を尽くし、どんな事態でも最善を尽くす兵士たちが精神的に求めるものを与える責任を担っていたのだ。

「牧師たちはどんなことを聞きたがっているの？」と私はたずねた。「何を話せば、役に立てるのかしら？」

「希望」とデイヴは答えた。「許し。牧師がこのことについて話せなければ、それを理解していなければ、仕事はできない」

「なぜ、私なの？」

「説教壇から、あるいは宗教学者から、希望と許しの話を聞くのもひとつの方法だ」とデイヴが説明した。「だが、君はすべてを奪い取られ、飢えたあげく、死んだ者として見捨てられても、希望を手放さなかった。そんな話のできる人はそう多くはいない。そういった信憑性のある人物を私は他に知らないんだよ」

ひと月後、ベーラと私はベルリンからベルヒテスガーデンに向かう列車に乗っている。自分がろくに信用できない人間、希望と許しについて話すには地球上で最も不適格な人間のような気がする。目を閉じれば、悪夢の音が聞こえる。線路を走る車輪が絶え間なく回転する音。両親が見える。髭剃りを拒んだ父。自分の殻に閉じこもる母。ベーラが私の手を握る。一本の指でマリアンが生まれたときにくれた金のブレスレットに触れる。プレショフから逃げるとき、マリアンのオムツに隠したブレスレット。私が毎日、身につけているブレスレット。それは勝利の印だ。私たちはやり遂げた。私たちは生き延びた。私たちは生きるために戦う。しかし、ベーラの慰めも、肌に感じる滑らかな金属のキスも、心にわき上がる不安を和らげることはできない。

列車のコンパートメントで一緒になったのは、同年齢のドイツ人夫婦だ。感じのよい人たちで、持ち込んだペストリーを分けてくれ、女性は私の服装を褒めてくれる。私が十七歳のとき、雨あられと爆弾が落ちてくる中、ドイツの列車の屋根に座っていたと知ったら、彼らは何と言うだろう？　薄っぺらい縞模様の服を着た人間の盾となり、命がけでナチスの弾薬を守らされたと知ったら？　私が列車の屋根で寒さに震えていたとき、彼らはどこにいたのだろう？　戦争中、どこにいたのだろう？　彼らは私たちがドイツの町々を行進していたとき、マグダと私に唾を吐いた、あの子どもたちだろうか？　彼らはヒトラーユーゲントだったのだろうか？　彼らは今、過去について考えるのだろうか？　それとも私が長年してきたように目を背けているのだろうか？

　心の不安が他のものに変わる。激しく刺々しい感覚。憤激。マグダの怒りを思い出す。戦争が終わったら、ドイツ人の母親を殺してやる。喪失感を消せなくても、彼女にはそれを投げ返したい、仕返ししたいという気持ちがあった。対決を求める彼女の気持ちはわかるときもあったが、復讐を求める気持ちは私には理解できなかった。私が受けた打撃は、殺人衝動ではなく、自殺衝動として現れた。しかし、今、私の中で怒りが集まり、強い憤激となり、力と勢いが増す。昔、自分を迫害したかもしれない人たちのすぐ近くに私は座っている。私は自分が何をしでかすのか恐ろしくなる。

「ベーラ」と私はささやく。「もう十分遠くまで来たと思うの。家に帰りたい」

「君は以前も恐れていたね」と彼が言う。「それを迎え入れるんだ。受け入れるんだよ」ベーラは私も信じていることを思い出させている。これは癒やしに向けた取り組みだ。お前はつらいこと、恐れていることから目を背ける。それを何としても避ける。だが、お前は自分が何より恐れていることを迎え入れ、抱きしめるやり方を見つけた。それを実行したとき、お前はようやくそれを手放すことができる。

　ベルヒテスガーデンに到着し、シャトルバンでホテル・ツム・テュルケンまで行く。そこは現在ではホテルでもあり、博物館でもある。この場所の不吉な歴史は無視し、自然の雄大さに、周囲にそびえる山頂に目を向けようとする。岩だらけの雪に覆われた山脈は、ベーラと私が初めて出会ったタトラ山脈を思い出させる。彼が仕方なく結核病院まで私に付き添ったときのことだ。

ホテルに入り、コンシェルジュから、イーガー博士とミセス・イーガーと呼ばれ、ベーラと私は大笑いする。

「イーガー博士とミスター・イーガーだ」とベーラが訂正する。

ホテルはまるでタイムマシン、過去の遺物だ。客室は一九三〇年代から四〇年代にいるかのような設備のままで、分厚いペルシャ絨毯が敷かれ、電話はない。ベーラと私に割り当てられたのは、ヒトラーの啓蒙宣伝相だったヨーゼフ・ゲッベルスが眠った部屋だった。彼がいたときと同じベッド、同じ鏡とドレッサー、ナイトスタンドがおかれている。客室の戸口に立つと、心の安らぎが粉々に砕かれるのを感じる。私が今、ここに立つことにどんな意味があるのだろう？　ベーラはドレッサーの上、ベッドカバーと手を走らせ、窓まで行く。彼の頭も私のように歴史に乗っ取られているのだろうか？　私は崩れ落ちて膝をつかないように、ベッドの支柱をつかむ。ベーラは私を振り向く。ウィンクし、突然、歌を歌い出す。

「それは……ヒトラーの春、そしてドイツ！」と彼は歌う。メル・ブルックス監督の映画『プロデューサーズ』の挿入歌だ。「ドイツは幸福で、ゲイだ！」

彼は窓の前でタップダンスの場面を再現し、両手で架空のステッキを握る。映画『プロデューサーズ』は、離婚の前の年、一九六八年の公開時にふたりで観た。映画館で百人もの大笑いする観客と一緒に観たが、その中でもベーラの笑い声が一番大きかった。けれども、私は微笑むことすらできなかった。頭では風刺の目的は理解していた。笑いが気分を高揚させること、つらい時期を乗り越えさせてくれることはわかっていた。笑いには癒やしの力があることも知っていた。しかし、今、この場所でこの歌を聞くのは耐えられなかった。ベーラに猛烈な怒りを感じる。彼の浅はかさよりも、すばやく先に進み、苦悩からうまく抜け出せたことに。私は逃げ出さずにはいられない。

私はひとり散歩に行く。ホテルのロビーのすぐ外に散歩道があり、それはベルクホーフ、さらにヒトラーの別荘だった鷲の巣につづいている。私はその散歩道を選んだりしない。私はヒトラーの家、その存在を認めることで、彼に満足感を与えたりはしない。私は過去に取り残されてなどいない。私はそちらではなく別の小道を進み、別の山頂へ、広々とした空へと向かう。

だが、そこで思い留まる。私はここで、ひとりの死んだ人間に、私自身の発見の邪魔をする力を永遠に与えてしまっている。私がドイツまで来た理由はこれではないのか？　不快なものに近づくために。過去が今なお私に教えなければならないことを理解するために。

私は砂利道を滑り降り、崖の端に建つ、ヒトラーのかつての大邸宅のひっそりとした跡地へと向かう。現在、残っているのは、苔で覆われた古い擁壁と、瓦礫と、地面から突き出した配管だけだ。私は渓谷を見渡す。ヒトラーもそうしたに違いない。ヒトラーの邸宅は消えた――戦争の最後の数日間に米国兵士に焼き払われた。ワインとコニャックの貯蔵庫を略奪したあとだったが。彼らは煙と炎でよく見えない邸宅を背後に、テラスに座り、グラスを掲げた。

邸宅は消えたが、ヒトラーはどうだろう？　私にはここで彼の存在をまだ感じられるだろうか？　吐き気がしないか、背筋に寒気が走らないか確認する。彼の声が聞こえないかと耳を澄ます。彼の憎悪の余韻が響いてこないか、悪の非情な呼び声が聞こえないかと耳を澄ます。しかし、今日、ここは静かだ。山々を仰ぎ見る。まわりの山頂の溶けた雪がつくる、最初の冷たい流れを飲み込んだ野生の花を見る。私は昔、ヒトラーが歩いたのと同じ道を歩いている。しかし、今、彼はここにいない。いるのは私だ。今は春だが、それはヒトラーのためのものではない。私のためのもの。もの言わぬ雪の厚い表面が溶け始めている。静まり返った冬が、爆発するような若葉と流れの速い水の勢いに負けたのだ。いつも心に抱えていた、積み重なった不快な悲しみの中に、別の感情が突き抜ける。それは長く凍りついていた雪から、最初に溶け出た流れ。山腹を脈打つように流れ落ち、水が声を出し、私の心のあちこちが声を出す。私は生きている、と泡立つ小川が言う。私はやり抜いたのだ。勝利の喜びの歌が私を満たし、心の外へ出ようとしている。私の口から上にある空へ、下にある渓谷へと。

「私はあなたを手放す！」私はその古い悲しみに向かって叫ぶ。「あなたを手放すわ！」

「テンポラ・ムータントゥル・エト・ノース・ムータームル・イン・イッリース」翌朝の基調講演で、私は牧師たちに語りかける。「これは少女の頃に学んだラテン語の言葉です。時代は変わり、人もそれとともに変わる。人はつねに変わっていく過程にいるのです」彼らに私とともに四十年前に戻るよう求める。今、私たちが座っている同じ山の村に。もしかするとまさにこの部屋に。

五十人の高い教養をもつ人たちが、彼らと同じ人間を、ひとつの焼却炉で一度に何人焼いて灰にできるのかと考えていたときに。「人間の歴史には戦争があります」と私は言う。「残虐行為があり、暴力があり、憎しみがあります。しかし、人類の歴史には、これ以上、科学的かつ組織的に人間を死滅させた例はありません。私はヒトラーの恐ろしい死の収容所を生き延びました。昨夜、私はヨーゼフ・ゲッベルスのベッドで眠りました。人びとは私にたずねます。どうやって過去を乗り越えたのかと。乗り越える？　乗り越える？　私は何も乗り越えていません。殴られるたびに、爆撃のたびに、選別の列に並ぶたびに、死を見るたびに、空に向かって真っ直ぐに昇る煙を見るたびに、恐怖を味わうたびに、もう終わりだと思いました――こういった瞬間は、私の中に、記憶の中に、悪夢の中に生きつづけています。過去は消えていません。超越されても、消し去られてもいません。それは私の中で生きつづけています。けれども、それが私に与えてくれた客観的な視点も、またそうなのです。それは、心に希望を灯しつづけたからこそ、解放を見るまで生きられた。許すことを学んだからこそ、自由を見つけるまで生きられた、という視点です」

許しは簡単なことではない、と私は彼らに訴える。恨みを抱きしめ、復讐を求める方が簡単だ。私と同じ生還者たちのことを話す。イスラエルで出会った勇敢な男性たち、女性たちのことを。私が許しを話題にすると苦々しい顔つきをした人たち。許しとは見逃してやること、忘れることだと言って譲らなかった人たち。なぜ許すのだ？　そんなことをしては、ヒトラーを自分がしたことの責任から逃れさせることにならないのか？

私は大切な友人ラシ・グラッドスタイン――ラリー・グラッドスタイン――の話をする。彼が戦争から何十年もの間に一度だけ、はっきりと過去について話題にしたときのことを。それは私が離婚した時期で、彼は私がお金の問題を抱えていることを知っていた。彼は電話で、生還者の賠償金訴訟を扱う弁護士を知っていること、私に生還者として名乗り出て、当然支払われるべきものを請求するよう勧めた。それは多くの人にとって正しい選択だが、私にとってはそうではなかった。血にまみれたお金のように感じられたのだ。まるで、私の両親の首に値段をつけられるようではないか。そんなことをしたら、私たちを破滅させようとした者たちにずっと繋がれることになるのではないか。

苦しみから、過去から、監獄を作り出すのはあまりに簡単だ。ひいき目に見ても、復讐に意味はない。私たちになされたことを変えることはできず、私が苦しんだ不当な行為を消し去ることはできず、死者を取り戻すことはできないからだ。しかも、最悪の場合、復讐は憎しみの連鎖を次世代に伝える。憎しみの連鎖を延々とつづけていくことになる。復讐を求めれば、たとえそれが非暴力的なものであっても、人は前進しているのではなく、旋回しているだけなのだ。

昨日、到着したとき、私がここにいること自体が健全な復讐であり、天罰であり、恨みの和解になるとすら考えた。ところが、ベルクホーフに立ち、断崖を見渡していると、復讐しても自由になれないことに気づいた。だから、ヒトラーの元邸宅の跡に立ち、彼を許した。これはヒトラーとは何の関係もない。自分のために私がしたことだ。私は自分自身の一部を手放し、解放した。その一部が、ヒトラーを鎖に繋いでおくために、私の人生の大半を費やし、精神的、霊的エネルギーを使ってきたのだ。その怒りを手放さずにもっているかぎり、私はヒトラーと鎖で繋がり、悲惨な過去に閉じ込められ、自分の悲嘆に閉じ込められていた。許すとは――起こったこと、起こらなかったことを――嘆き悲しむことであり、別の過去を求めるのをあきらめること。人生を過去のままに、現在のままに受け入れること。もちろん、ヒトラーが六百万人もの人びとを殺したことを容認できると言っているのではない。それはもう起こってしまったこと。私はあらゆる障害を乗り越えて守り、闘った自分の人生を、あの事実にめちゃくちゃにされたくないのだ。

牧師たちは立ち上がる。私は彼らの暖かい称賛に包まれる。私はステージの照明の中に立ち、これほど高揚し、これほど自由を感じることはもう二度とないだろうと思う。そのときの私は、ヒトラーを許すことよりむずかしいことがあるとは知らない。許すのが最もむずかしい人とは、私がまだ対決していない人のこと。私自身だ。

ベルヒテスガーデンでの最後の夜、私は眠れない。ゲッベルスのベッドで目を覚ましている。ドアの下から光がひと筋入り込む。蔓草が絡まり合い、上に伸びていく古い壁紙の模様が見て取れる。テンポラ・ムータントゥル・エト・ノース・ムータームル・イン・イッリース。もし私が変わりつつあるなら、変わっていく過程にいる私は何なのか?

眠れない心細さに浸る。自分の心をのぞき込み、直観の声を聞こうとする。なぜか頭に浮かんでくるのは、とても才能豊かな芸術家であるユダヤ人の少年について聞いた物語だ。彼はウィーンにある美術学校に行くように勧められるが、旅費がなかった。そこでチェコスロヴァキアからウィーンまで徒歩で行ったにもかかわらず、結局、ユダヤ人であるため、試験を受けることができなかった。彼は懇願した。遠くから、しかもずっと歩いてきたのだから、せめて試験を受けることはできませんか？　それだけでも許されませんか？　学校側は試験を受けさせ、彼は合格した。彼はとても才能豊かであったため、血統にもかかわらず、学校に受け入れられたのだ。その試験で彼の隣に座ったのが、アドルフ・ヒトラーという名の少年だった。ヒトラーは不合格だった。しかし、そのユダヤ人の少年は合格した。ヨーロッパを離れ、ロサンゼルスで暮らしたこの男性は生涯、罪悪感を抱いた。なぜなら、ヒトラーがあのような敗北を経験していなければ、ユダヤ人に負けていなければ、ユダヤ人たちを生贄《いけにえ》にしなければと思わなかったかもしれない。ホロコーストは起こらなかったかもしれない。虐待された子ども、あるいは親が離婚した子どものように、人は自分自身を責める方法を見つけるものだ。

自己非難は自分自身だけでなく、他者をも傷つける。思い出すのは昔の患者のこと。一年ほど前に短期間治療した、ある男性とその家族のことだ。私の前に座る彼らの姿は、まるで別々のパズルの見捨てられたピースのようだった。勲章付きの制服を着た威圧的な大佐。ブロンドの寡黙な妻は、白いブラウスから鎖骨が突き出ていた。十代の娘。黒く染めた髪に入れ毛を入れて固め、突飛な巣を作り、目は黒いアイライナーで囲んでいた。八歳の静かな息子。膝に載せたマンガ本を眺めている。

大佐は娘を指差した。「娘のリアを見てください。ふしだらで、麻薬常用者で、わが家の決まり事を無視している。母親には生意気な口を利く。言われた時間に帰宅しない。一緒に暮らしていくのがむずかしくなってきている」

「あなたの意見は聞きました」と私は言った。「リアの話を聞きましょう」

リアは、父親の言葉のひとつひとつを確認する台本を読んで、父親をあざけってやろうとしているかのように、自分の週末の話を始めた。パーティーでボーイフレンドとセックスした。そこでは未成年が飲酒し、彼女はLSDも使った。朝帰りもした。順を追ってくわしい話をすることを楽しんでいるかのようだった。

母親は目をパチクリさせると、きれいに手入れされた爪をいじくった。父親の顔が真っ赤になった。席を立ち、娘の横に行った。彼女を見下ろし、拳を震わせた。「俺が何に我慢しなければならないか、わかるか?」と彼は怒鳴った。娘が見たのは父親の怒りだったが、私が見たのは心臓発作を起こしそうな男性だった。

「私が何に我慢しなければならないか、わかる?」とリアがじろりと横目でにらみながら言い返した。「父は私を理解しようとすらしない。話を聞こうともしない。私にあれこれ指図するだけなの」

弟はマンガ本をますます真剣にのぞき込む。まるで意志の力が、家族生活の場から交戦地帯となった場所から自分を救い出し、その本のファンタジーの世界に連れて行ってくれるかのように。そこでは善と悪の境界線がはっきり引かれ、最後には正義の人が勝つ。彼の口数は家族の誰よりも少なかったが、私には彼がいちばん重要なことを言ってくれそうな気がした。

私は両親にセッションの次の部では子どもたちなしで話をすると説明し、リアと弟を隣の部屋に導き、画用紙とマーカーを渡した。私はふたりに課題を与えた。それは、両親との張り詰めた時間のあと、緊張をほぐすのに役立ちそうだと思ったことだ。それぞれに、家族の肖像を人物なしで描くように求めた。

私は両親のところに戻った。大佐が妻を怒鳴りつけていた。彼女は衰弱し、消えつつあるように見え、もしかすると摂食障害の初期ではないかと心配になった。私が直接、質問しても、彼女は夫の意見に従った。家族はそれぞれが自分の防御柵の中にいた。彼らが心の内側に痛みを抱えていることは、互いを責め、自分自身を隠す様子からわかった。しかし、私は彼らを痛みの原因に近づけようとしながらも、実際には彼らに攻撃を開始するか、もっと後退するように促しているだけのように思えた。

「子どもたちの状況に対するあなたの意見は、もうお聞きしました」私はそう言い、大佐をさえぎった。「あなた方に起こっていることについてはどうですか?」

リアの母親は驚いたように私を見た。父親は冷ややかな眼差しをくれた。

「親として、あなた方が達成したいことは何ですか?」

「この世の中で強い人間でいるにはどうすればいいのか、教えることだ」と大佐が言った。

「では、それをどうやって実行していますか?」

「娘はだらしなく、息子は意気地なしだ。君はどう思うかね?」

「娘さんの行動があなたを怯えさせているのはわかります。息子さんはどうです? あなたをどんなふうに失望させていますか?」

「あいつは弱い。いつも弱腰だ」

「例を挙げてもらえますか？」

「一緒にバスケットボールをすると、負けっぷりがよくない。勝とうとすらしない。ただ逃げ出す」

「まだ少年ですよ。あなたよりずっと小さい。彼を勝たせてやったら、どうなります？」

「そんなことをして、息子は何を学べる？　世の中が弱い奴を特別扱いしてくれるとでも？」

「子どもを成長させ、その能力を伸ばしてやる方法はいくつもあります。尻を蹴飛ばしたりせず、優しく背中を押してやるとか」と私は言った。

大佐がうめき声を上げる。

「子どもたちには自分のことをどんなふうに見てもらいたいですか？」

「私が最高責任者であると」

「ヒーローのように？　リーダーのように？」

彼はうなずいた。

「子どもたちは実際にあなたをどう見ていると思いますか？」

「いまいましいほど女々しい男だと思ってるだろう」

セッションの後半ではふたたび家族を集め、子どもたちに家族の肖像を見せるように頼んだ。リアが描いたのはひとつのものだけだった。ページの真ん中で、巨大な爆弾が大爆発を起こしている。弟は獰猛《どうもう》なライオン一頭と、縮み上がるネズミ三匹を描いていた。

大佐の顔がふたたび真っ赤になった。妻は下を向いた。彼は口ごもり、天井をにらみつけた。

「今、どんな気持ちか、教えてください」

「俺がこの家族を、めちゃくちゃにしたんだろう？」

大佐と家族にはもう二度と会うことはないだろうと思っていた。ところが翌週、彼は電話で個人セッションの予約を入れた。私は彼に、子どもたちが絵を見せたときの気持ちをもっと話してほしいと頼んだ。

「子どもたちが俺を恐れているとしたら、世の中でどうやって生きていくつもりなんだ？」

「彼らが自分を守れないと信じる理由は何ですか？」

「リアは男の子と薬物に嫌だと言えない。ロビーはいじめっ子に嫌だと言えない」

「あなたはどうですか？　あなたは自分を守れますか？」

彼が胸を張ると勲章が陽光にきらめいた。「君はその証拠を目にしている」

「戦場のことを言っているのではありません。あなたの家の中の話です」

「私にかかるプレッシャーを君が理解しているとは思えない」

「あなたが安全を感じるには何が必要になりますか？」

「安全は問題ではない。俺が指揮していなければ、人が死ぬ」

「それが、あなたにとっての安全の感覚ですか？　あなたの監視下で人びとが傷つくという恐れはないですか？」

「それは単なる恐れではない」

「今、あなたが考えていることを教えてください。何を思い出していますか？」

「君がこれを聞きたいとは思えない」

「私の心配は無用です」

「君には理解できない」

「たしかにそうです。他の人のことを完全に理解することなど誰にもできません。でも、実は私は戦争捕虜だったことがあるんです。あなたが話したいことがなんであれ、おそらく私はもっとひどい話を聞いたことも、見たこともあります」

「軍隊では、殺すか殺されるかなんだ。だから、命令を受けたら、それに疑問を抱くことはない」

「その命令を受けたとき、あなたはどこにいました?」

「ヴェトナムだ」

「事務方?　戦場?」

「空軍基地の自分のオフィスだ」

彼が私を過去に連れていく間、私は彼のボディランゲージに注目した。彼のエネルギー、興奮度に注意した。そうすれば、急ぎすぎ、やりすぎていることを示す苦悩の程度に合わせて進むことができるからだ。彼は目をつむった。トランス状態に入りつつあるらしい。

「あなたは座っていますか、それとも立っていますか?」

「電話を受けたときは座っている。だが、即座に立ち上がる」

「電話してきたのは誰ですか?」

「司令官だ」

「彼はなんと言っていますか？」

「森林での救出任務に私の部下たちを送ると」

「命令を聞いたとき、なぜ立ち上がるのですか？」

「暑いから。胸が締めつけられるからだ」

「あなたは何を考えていますか？」

「その任務は安全ではない。攻撃されることになる。森林のその地域に向かうなら、空からの支援がもっと必要だ。だが、上層部は支援を与えるつもりはない」

「そのことに腹が立っていますか？」

彼の目がぱっと開く。「もちろん、腹が立っている。奴らは我々をそこに送り込む。そして、米軍は世界最強の軍隊だ、北ヴェトナム兵に勝ち目はない、といった戯言《ざれごと》を我々に吹き込むんだ」

「その戦争はあなたが期待していたようなものではなかった」

「奴らは俺たちに嘘をついた」

「あなたは裏切られたと感じている」

「そのとおり。裏切られたと感じている」

「救出任務に中隊を送り込めという命令を受けたその日、何が起こりました？」

「それは夜間だった」

「その夜、何が起こりました？」

「何が起こったか、教えよう。待ち伏せされたんだ」

「あなたの部下たちは負傷しましたか？」

「くわしい説明が必要かな？　彼らは死んだ。全員があの夜に死んだよ。そこに送り込んだのが俺だ。彼らは俺を信頼していたのに、俺は彼らをそこに送り込んで死なせてしまった」

「戦争とは人間が死ぬことです」

「俺が何を考えているかわかるか？　死ぬのは楽だ。俺は毎日、息子を埋葬したすべての親のことを考えずにはいられない」

「あなたは命令に従っただけです」

「だが、それが誤った判断だと俺にはわかっていた。あの若者たちには、空からの支援がもっと必要だとわかっていたんだ。それなのに、俺にはそれを要求する度胸がなかったんだ」

「大佐になるために何をあきらめましたか？」

「どういう意味かな？」

「あなたは軍人になり、指揮官になる選択をした。今の地位にたどり着くために、何を犠牲にする必要がありましたか？」

「家族から遠く離れなければならないことがよくあった」

「他には？」

「六千人の男たちから命を預けられているときに、怯えるという贅沢は許されない」

「あなたは自分の感情を犠牲にしなくてはならなかった。他者にその感情を理解してもらうことも犠牲にしなくてはならなかった」

彼はうなずいた。

「死ぬことは楽だと言いましたね。死にたいと思ったことはありますか?」

「いつだってそう思っている」

「あなたを押し留めているものは何ですか?」

「子どもたち」彼の顔が苦悩に歪んだ。「だが、あいつらは俺を怪物だと思っている。あいつらは俺がいない方が幸せなんだ」

「私の見方をお伝えしていいですか? お子さんたちはあなたといた方がずっと幸せだと思います。私がどんな人物か理解し、称賛するようになった男性である、あなたと。自分の恐怖心について話すというリスクを負える男性と。自分自身を許し、受け入れる勇気のある男性と」

彼は何も言わなかった。過去の罪悪感から自由になるチャンスと向き合ったのは、おそらくこれが初めてだったのだろう。

「私にはあなたを過去に戻し、中隊を救い出させることはできません。あなたの子どもたちの安全を保証することもできません。でも、あなたがひとりの人間、あなた自身を守る手助けはできます」

彼は私をじっと見た。

「でも、あなた自身を救うには、自分はこうあるべきだというイメージを手放さないとね」

「それでうまくいくといいんだが」と彼は言った。

まもなく大佐に配置転換があり、家族はエルパソを去った。彼らがどうなったのかは知らない。

よい結果になっていてほしい。とても心配だから。だが、なぜ私は今、あの一家のことを考えるのだろう？　彼らの話は私とどんな関係があるのだろう？　大佐の罪悪感の何かが、彼の自己非難の監獄の何かが、私の注意を引こうとしている。私の記憶を呼び覚まそうとするそれは、私がすでにやり終えた取り組みだろうか？　それとも、まだ行っていない取り組みがあるのだろうか？　文字どおりの監禁が終わってから、一九四五年に米軍兵士たちに救出されてから、ずいぶん遠くまで来た。私は仮面を外した。自分の感情を感じ取り、表に出すこと、恐れや悲しみを閉じ込めないことを学んだ。怒りを表に出し、手放すことにも取り組んできた。そして、ここまで、私を迫害した人間の元邸宅まで来た。たとえ今日だけであっても、ヒトラーを許し、宇宙に解き放つことさえした。しかし、それでも、しこりが、暗闇が存在する。私の腹から心臓まで広がり、背骨をこわばらせる――それはけっして和らぐことのない罪悪感。私は被害者であり、加害者ではなかった。では、私がひどい扱いをしたと考えている相手は誰だろう？

また別の患者のことが頭に浮かぶ。七十一歳になる彼女は、家族にとって、ずっと悩みの種だった。臨床的うつ病の症状を残らず示していた。寝すぎ、食べすぎ、子どもたちとも、孫たちとも、付き合いを断っていた。そして家族と関わるときには、あまりに怒りを露わにするため、孫たちは彼女を恐れていた。ある街で行った講演のあと、そこで暮らす彼女の息子から、母に会うために一時間ほど割いてもらえないかと頼まれた。たった一度の短いセッションで、どうやれば役に立てるのかと戸惑ったが、それは、彼女が私と同じようにたった十六歳で母親を亡くしたと、息子から聞くまでだった。彼の母に、その見知らぬ人に、急に同情の気持ちがわき上がってくるのを感じた。すると、突然、気づいた。私も彼女のようになっていてもおかしくなかった、あるいはそうなりかけていたことに——私は悲嘆に浸るあまり、自分を愛してくれた人たちにもそのことは黙っていたのだ。

その女性、マーガレットがホテルの私の部屋に来たのは、その午後のことだ。細部まで気を配った服装をしていたが、まるで棘のように逆立つ敵意があった。自分の健康状態、家族、家政婦、郵便配達員、隣人、通りの先にある女学校の女性校長について、嫌になるほどたくさんの不平不満を吐き出した。彼女は生活のあらゆる場所で不正行為や迷惑行為を見つけるらしい。時間が浪費されていった。彼女が小さな厄介事に捕らわれすぎていたせいで、彼女のもっと大きな悲しみだと私にはわかっていることについて話せていなかった。

「お母様はどこに埋葬されていますか?」私は前置きもなくたずねた。

マーガレットは、まるで私が彼女の顔に炎を吹きかけるドラゴンであるかのように、身を引いた。「墓地です」彼女は落ち着きを取り戻すと、ようやく答えた。

「墓地はどこです?　この近くですか?」

「この街にあります」と彼女が答えた。

「お母様が今すぐあなたに会いたがっています」

私は彼女に異議を唱える間も与えなかった。タクシーを呼び、ふたりで乗り込むと、窓から往来の激しい濡れた通りを眺めた。彼女は他のドライバーたち、信号が変わる速度、通り過ぎる店や会社の質、さらには誰かの傘の色にまで文句をつけつづけた。墓地の鉄製の門を通り過ぎた。十分に成長した木々がそびえ立っていた。玉石を敷いた細い道が、門から死者が埋められた場所までつづいていた。雨が降っていた。

「あそこよ」ようやくマーガレットが言い、墓石がひしめき合う、泥だらけの丘を指差した。「さあ、ここで私たちはいったい何をしているのか、説明して」

「あのね」と私は始めた。「母親というものは、自分が残してきた者たちが人生をしっかりと受け止めているとわからないかぎり、安らかに眠れないものなんですよ」靴を脱いで、と私は彼女に言った。ストッキングも脱いで。お母様の墓に裸足で立ちなさい。直《じか》に触れ合えば、お母様はようやく安らかに眠ることができるでしょう。

マーガレットはタクシーを降りた。彼女は雨で滑りやすくなっている芝生に立った。私は黙ってそっとしておいた。一度だけ振り返ると、マーガレットは地面にしゃがみ込み、母親の墓石を両手で挟んでいた。彼女が母親に何を語りかけたのか、そもそも彼女が何か言ったのかどうかも、私にはわからない。わかっているのは、彼女が母親の墓の上に裸足で立ったこと、その素肌をこの喪失と悲しみの場所に繋げたことだけだ。そして、タクシーに戻ってきたとき、彼女はまだ裸足だったこと。彼女は少し泣き、それから静かになった。

そのあと、マーガレットの息子から美しい手紙を受け取った。「私の母にあなたが何を言ったのか知りませんが」と彼は書いていた。「今や母は別人です。以前より穏やかで、楽しそうです」

それは気まぐれな思いつき、運のよい実験だった。私の目的は彼女に自分の体験を見直させること——問題をチャンスとして捉え直すこと、彼女に母親を助ける立場に立たせること——そして、母親を解放することで、彼女自身を救うのだ。ドイツに戻った今、それと同じ方法が自分にも効果があるかもしれないと、ふと思う。私の喪失の場所に素肌で繋がる。接触し、解き放つ。ハンガリー流の悪魔払いだ。

ゲッベルスのベッドで目を覚ましたまま、自分にはマーガレットがしたことをし、これまでずっとできなかった悲しみの儀式を行う必要があることに気づく。

こうして、私はアウシュヴィッツに戻ることを決意する。

第19章　石を供える

マグダを伴うことなく地獄に戻るなど、想像もできない。

「今夜、クラクフまで飛んで」翌朝、ホテル・ツム・テュルケンのロビーで電話をかけ、マグダに頼む。「お願い。私とアウシュヴィッツに戻ってほしいの」

彼女がいなかったら、私は生き残れなかっただろう。姉の隣にいて、手を握ってもらわなければ、今、収容所に戻ることに耐えられない。過去をもう一度生きること、以前の自分になること、母をふたたび、もう一度だけでも、抱きしめられないことはわかっている。過去を変え、今の自分とは違う自分にし、両親に起こったこと、私に起こったことを変えられるものなどありはしない。後戻りはできないのだ。それはわかっている。しかし、昔の収容所で何かが、私を待っているという感覚を無視することはできない。償うべき何かが。あるいは発見すべき何かが。長く行方不明になっていた私の一部が。

「私のことをどんな頭のおかしいマゾヒストだと思ってるの?」マグダが言う。「いったいどうして、私があそこに戻るわけ?　どうして、あなたが戻るわけ?」

もっともな質問だ。私は自分を罰しているだけなのだろうか?　古傷を開こうとしているのだろうか？　もしかすると、後悔するのかもしれない。だが、戻らなければ、もっと後悔すると思う。どんなやり方で説得しようとしても、マグダは拒む。マグダは二度と戻らないことを選択しているのであり、私は彼女のそんなところを尊敬する。けれども、私は違う選択をする。

ベーラと私はヨーロッパにいる間に、コペンハーゲンに住むマリアンのかつてのホストファミリーに招待されていたため、計画どおり、ベルヒテスガーデンからそこに向かう。

まずザルツブルクまで行き、ローマカトリック教会の廃墟の上に建てられた大聖堂を見学する。それは三度再建され、最後の再建は戦争の爆撃により中央の丸天井が破壊されたあとだと知る。今では破壊を示すものは何もない。「僕たちみたいだ」とベーラが私の手を取りながら言う。

ザルツブルクからウィーンに向かい、マグダと私が解放される前に行進した土地を通る。道路沿いの溝を見ると、昔、死体であふれているのを見た場所ではないかと思う。けれども、実際に目に入るのは夏草であふれんばかりの現在の景色だ。過去が現在を損なっていないこと、現在が過去を消し去っていないことがわかる。時間は媒体だ。時間は線路であり、人はそこを進んでいく。列車はリンツを通過する。ヴェルスを通過する。私は背骨を折り、大文字のGの書き方を学び直し、ダンスを学び直す少女になる。

その夜はウィーンのロスチャイルド病院から遠くない場所で過ごす。その病院は、昔、米国のビザを待っていたとき、最初に滞在したところであり、あとで知ったことだが、私のメンター、ヴィクトール・フランクルが戦前に神経病学部長を務めた病院でもあった。翌朝、別の列車に乗り、北へ向かう。

私が思うにベーラは、アウシュヴィッツに戻りたいという私の願いは徐々に消えていくと考えていたのだろう。しかし、コペンハーゲンでの二日目の朝、私は友人たちにポーランド大使館への道を聞く。彼らはすでにマリアンがしたように、生還者の友人たちが収容所を訪れたあとに死んだと話し、私をたしなめる。「トラウマを蘇らせてはだめよ」と彼らは哀願する。ベーラも心配そうだ。「ヒトラーは勝たなかったのよ」と私は彼にさり気なく言う。

戻るという選択が最大のハードルだと考えていた。けれども、ポーランド大使館に行ったベーラと私が知ったのは、ポーランドのいたるところで労働者の暴動が起こっていること。ソビエトがデモの鎮圧に介入する可能性があること。さらに大使館が欧米人への観光ビザの発給を停止するよう勧告されていることだった。ベーラは私を慰めようとするが、私は彼を退ける。かつて私を、ダイヤモンドの指輪を手にプレショフの拘置所の看守に立ち向かわせ、義理の兄に夫のふりをさせ、ウィーンの検査医まで連れていった、あの気迫が戻ってきたのを感じる。人生でも心の癒やしでも、私はここまでやって来たのだ。どんな障害が立ちはだかろうと、今さら屈することはない。

「私は生還者です」と大使館の事務官に語りかける。「私は囚人としてアウシュヴィッツにいました。両親も祖父母もそこで亡くなりました。生き残るために死にものぐるいで闘いました。どうか、あそこに戻るのを待たせないでください」

それから一年もしないうちに、ポーランドと米国との関係が悪化すること。それが八〇年代を通して冷え切ったままであること。実はこれが私とベーラにとって、一緒にアウシュヴィッツに行ける最後のチャンスであることを私は知らない。知っていたのは、ここで引き返せないことだけだった。

事務官は無表情な目で私を見る。いったんカウンターから離れ、戻ってくる。「パスポートを」と彼は言う。そして、ふたりの青い米国のパスポートに有効期限一週間の観光ビザを書き込んだ。「ポーランドをお楽しみください」と彼は言う。この時点から私は恐怖を感じ始める。クラクフに向かう列車で、自分がるつぼの中にいる気がする。砕け散るか、燃え尽きそうになっているような、恐怖心だけで灰にされてしまいそうな感じがする。私はもう、あの場所、あの時代にはいないのよ。列車が進むにつれ、皮膚の層がひとつずつ剝がれていくように感じている自分の一部に、そう言って聞かせる。ポーランドに着くまでに、また骸骨になってしまうだろう。だが、私は骨以上のものでいたい。

「次の駅で降りましょう」とベーラに言う。「はるばるアウシュヴィッツまで行っても意味ないわ。家に帰りましょう」

「エディ」と彼が言う。「君は大丈夫だよ。あれはただの場所だ。君を傷つけることなどできない」

私は次の駅、また次の駅まで列車に乗りつづけ、ベルリンを通り、ポズナンを通る。やはりハンガリー出身のハンス・セリエ博士を思い出す。ストレスは変化の要求に対する体の反応だと言った人だ。人の無意識の反応は、闘争か逃走かというものだ——しかし、アウシュヴィッツでは、私たちはストレス以上のものに耐え、困窮し、生死を賭けながら生き、次に何が起こるのかまったくわからず、闘争か逃走かという選択肢など存在しなかった。反撃すれば撃たれ、逃亡を試みれば感電死していただろう。その結果、私はその状態のまま、流されるようになり、残された唯一のものを育て、ナチスがけっして殺せない自分の一部を求めて心の内側をのぞき込むようになった。偽りのない自己を見つけ、しっかり捕まえておくために。もしかすると、私は皮膚を失ってなどいないのかもしれない。もしかすると、私は自分を伸ばしているだけかもしれない。今の私――そして、これまでの私――さらには、これからなることのできる私のあらゆる部分を包み込むために、自分を限界まで引き伸ばしているのだ。

癒えるとき、人は本当の自分、無理のない自分を受け入れている。太りすぎの患者を診たことがある。彼女は自分の姿を見たり、体重計に乗ったりするたびに、自分自身にひどい言葉を投げつけた。自分をむかつく雌牛と呼んだのだ。夫は自分に失望し、子どもたちは自分を恥ずかしく思っているに違いない、自分を愛してくれる人たちに、いやな思いをさせるべきではない、と信じ込んでいた。

しかし、彼女がなりたい人間になるためには、まずありのままの自分自身を愛する必要があった。ふたりで診察室に座ると、私は彼女に、自分の体の各部分――つま先、指、腹、首、顎――を選び、それについて愛情を込めて話すよう求めた。「こんな形で、こんな感じがし、それが素敵なのは……だから」というように。最初は気恥ずかしく、苦痛ですらある。彼女にとって、自分の外見に思いやりと意欲をもって取り組むより、けなす方が簡単だった。私たちはゆっくりと、徐々に進めていった。

やがて私は小さな変化に気づいた。ある日、彼女は美しく色鮮やかな新しいスカーフを身に着けて診察に来た。別の日にはペディキュアをしてきた。また別の日には、ずっと距離をおいてきた姉に電話したと言った。そして別の日には、娘がサッカーをしている公園のまわりにある小道の散歩が気に入っている自分に気づいた。自分自身のあらゆる部位を愛する練習をするにつれ、人生に以前より多くの喜びを発見し、以前より心が安らかになった。体重も減り始めた。解放は受容から始まるのだ。

癒えるために、人は暗闇を抱きしめる。光に向かう道のりにある谷間の暗がりを歩いて抜ける。私が治療したあるヴェトナム帰還兵は、帰国すると、必死に戦争前の人生を取り戻そうとした。しかし、彼は帰国時、体と精神に傷を負っていた。生殖能力を失ったうえに、仕事も見つからなかった。妻は去っていった。私に助けを求めたときには、離婚と、性的能力と自分という存在が死んだような感覚から生じる混乱の中で自分を見失っていた。私はできるかぎりの思いやりを注いだが、彼は行き詰まり、憤り、悲嘆の流砂にはまり込んだ。私には彼を救い出す能力がない気がした。愛情によって絶望の淵から呼び戻そうとすればするほど、彼は深く沈んでいったのだ。

私は最後の手段として、催眠療法を試すことにした。彼をあの戦争まで退行させた。爆撃機のパイロットで、自分を抑制できていた頃に。帰国し、自制心を失う前の時代だ。催眠状態の彼は私に言った。「ヴェトナムでは、好きなだけ酒が飲めた。好きなだけセックスができた」そして、顔を真っ赤にしてこう叫んだ。「それから、好きなだけ殺すことができたんだ!」

戦争中、彼は人間を殺してはいなかった。彼は「北ヴェトナム兵」を殺していた。人間以下のものを殺していたのだ。ナチスが死の収容所で人間を殺していなかったのと同じように——ナチスはがんを根絶していた。戦争が彼を傷つけ、人生を変えてしまったというのに、彼はその戦争を懐かしんでいた。戦闘中に、自分は無敵の階級に属し、他の国家を超越し、他の人種を超越していると思っていたときに感じた、力を持つという感覚を懐かしんでいたのだ。

私の無条件の愛情は何の役にも立たなかった。しかし、それは彼の悲しんでいる部分、力強さと暗闇の両方がある部分、彼にはもう表現できなくなった部分をさらけ出してもかまわないのだと私が教えるまでのことだった。私は彼が完全な自分になるために、また殺す必要があると言っているのではない。私が言いたいのは、彼が被害者意識を捨て去る方法を見つけるには、自分の性的不能と力、体の傷と心の傷、誇りと屈辱の間で折り合いをつける必要があることだ。打ち砕かれたことへの対処法は、自己を完全な状態に戻すことしかない。

もしかすると、癒えるとは傷跡を消すことでも、傷を傷跡にすることでもないのかもしれない。癒えるとは、傷を慈しむことなのだ。

クラクフに到着したのは真っ昼間だ。今夜はここで眠る——とにかく眠るようにする。明日はタクシーでアウシュヴィッツまで行く。ベーラが旧市街を見て歩きたがり、私は中世の建築物に注目しようとするが、明日のことを考えると胸が重苦しい——期待と不安が奇妙に混じり合っている。聖マリア教会の外で立ち止まり、ラッパ手が毎正時を知らせるメロディー「ヘイナウ・マリアツキ」を聞く。十代の少年の一団がポーランド語で大声でふざけながら、私たちを押しのけるように通り過ぎる。私には彼らの陽気さなど感じられず、ただ不安になる。孫たちより少し年上のあの若者たちを見ると、次世代があっという間に大人になることに気づく。私たちの世代は、ホロコーストがふたたび起こることのないように、若い人たちを十分に教育してきただろうか？それとも、私たちが苦労して手に入れた自由は、新しい憎しみの海で転覆するのだろうか？

私は若い人たちに影響を与える機会を数多く得てきた――私自身の子どもたちと孫たち、教え子たち、世界中で行った講演の聴衆たち、患者たち。アウシュヴィッツに戻る前夜、彼らに対する自分の責任をとくに強く感じる。戻るのは私自身のためだけではない。それは私から広がっていくあらゆる波紋のためだ。

変化をもたらすために必要なものを、私はもっているだろうか？　悲嘆ではなく、強さを次世代に伝えられるだろうか？　憎しみではなく、愛情を伝えられるだろうか？

すでに試された経験がある。自動車泥棒に加わった十四歳の少年が判事により、私のところに送られてきた。少年は茶色のブーツに茶色のシャツというネオナチを思わせる服装をしていた。私のデスクに片肘をついて寄りかかり、こう言った。「アメリカがまた白くなる時代なんだ。俺は、ユダヤ人、黒人、メキシコ人、中国人を残らず殺すつもりだ」

吐きそうになった。部屋から逃げ出すまいと必死だった。それはいったいどういう意味なの？叫びたかった。少年を揺さぶり、こう言いたかった。誰に話していると思ってるの？　私はね、母親がガス室に向かうのを見ていたのよ。そう言っても差し支えなかっただろう。もしかすると、彼の誤った考えを正すのが私の役目なのかもしれない。だからこそ、神が彼を私のところに送ってきたのかもしれない。彼の憎しみの芽を摘むために。正義感が一気にわき上がるのが感じられた。怒っていることに快感を覚えた。怯えるより、怒る方が気分がいい。

しかし、そのとき、心の声が聞こえた。自分の偏見に気づきなさい、とその声が言った。自分の偏見に気づきなさい。

その声を黙らせようとした。私が偏見をもっているという意見には、いくらでも異議を唱えられる。米国に来たとき、私は文無しだった。同僚のアフリカ系米国人工場労働者たちへの仲間意識から、有色人種用のトイレを使った。人種差別を終わらせようと、マーティン・ルーサー・キング・ジュニア博士と一緒に行進した。それでも、その声は消えなかった。自分の偏見に気づきなさい。自分の中にある、人を非難し、レッテルを貼り、他者の人間性を貶《おとし》め、他者を実際より過小評価する部分を見つけなさい。

少年は米国の純粋性が損なわれているとまくし立てた。私という存在全体が不安におののきながらも、指を振り、怒りで拳を震わせ、少年にその憎しみの理由を問いただしたい気持ちと闘った——私自身の憎しみを問いただすことはせずに。しかし、この少年が私の両親を殺したわけではない。愛を出し惜しみしていては、彼の偏見に打ち勝つことなどできない。

愛をもって彼に向き合えるようにと祈った。無条件の愛のあらゆるイメージをかき集めた。頭に浮かんだのは、正義の異邦人のひとり、コーリー・テン・ブームだった。オランダ人クリスチャンの彼女と家族は自宅に何百人ものユダヤ人を匿うことでヒトラーに抵抗し、結局は自分自身が強制収容所に送られた。彼女の妹はそこで倒れる――コーリーの腕の中で亡くなったのだ。コーリー自身は事務の手違いから、ラーフェンスブリュック強制収容所の囚人全員が処刑される前日に解放された。

終戦から数年後、その収容所でもとくに冷酷だった看守のひとりと再会する。それは妹を死に追いやった男たちのひとりでもあった。彼女はその男に唾を吐くことも、その死を願うことも、悪態をつくこともできた。けれども、彼女は彼を許す強さを求めて祈り、男の両手を握った。彼女の言葉によれば、元囚人が元看守の両手を握りしめたその瞬間、彼女は最も純粋で、最も深い愛を感じた。私はそんな包容力、そんな慈悲を自分自身の心の中に見つけ、それほど深い思いやりをもって相手を見ようとした。この人種差別主義の少年が私のところへ送られてきたのは、私が無条件の愛を学ぶためだなんて、あり得ることだろうか？　この瞬間、私はどんなチャンスを手にしているのだろう？　そのとき、どんな選択をすれば、愛のある方向へ進んでいけるのだろう？

私にはこの若者を愛するチャンスがあった。ただ彼のために。彼という非凡な存在とふたりが共有する人間性のために。それは彼に批判を恐れることなく、自由に言いたいことを言わせ、感じたいことを感じさせるチャンス。

私はまた、フォートブリスにしばらく配属されていたドイツ人家族を思い出す。そこの少女が私の膝に上っては私をオーマー――おばあちゃん――と呼んだものだ。子どもからもらった、この小さな祝福は、マグダと他の囚人たちとドイツの町々を通過していたときに抱いた空想への答えのように感じられた。それは、私たちに唾を吐いたドイツの子どもたちが、いつの日か私を憎む必要などないことに気づくというものだ。そして、私が生きている間にその日が来たのだ。私はある統計値を思い出す。米国の白人至上主義者集団のメンバーの大半が、十歳になる前にどちらかの親を亡くしているというものだ。そこにいるのは、自分という存在を探し、力強さと自分の重要性を感じる方法を探す迷い子たちなのだ。

そこで私は勇気を奮い起こし、この若者をできるかぎり優しく見た。それから、三つの単語を伝える。「もっと、私に、話して」

少年の最初のセッションで、私はそれ以上のことを言わなかった。ただ話を聞いた。共感を示した。彼は戦後の私に非常によく似ていた。私たちはどちらも両親を失っていた――彼の場合はネグレクトと遺棄、私の場合は死亡。どちらも自分自身を傷物だと思っていた。私はまず批判を手放し、彼に今とは別の人間になってほしい、あるいは別のことを信じてほしいという願望を手放し、彼の傷つきやすさと家族と愛情に対する憧れに気づき、彼を受け入れ、愛するためにあえて自分自身の恐れと怒りを断ち切った。そうすることで、茶色のブーツと茶色のシャツでは彼に与えられない何かを、私は与えることができた――それは自分には価値があるという確かなイメージだ。その日、彼が診察室を出たとき、私の過去について何ひとつ知らなかった。しかし、彼は憎しみと偏見に代わるものを見つけていた。殺すことについて、もう話さなくなった。そして、柔らかい微笑みを私に見せてくれた。敵意と非難を次の世代に伝えないこと、憎しみに屈し、あなたはとても私の手に負えません、と言わないことで、私は責任を果たしたのだ。

今、アウシュヴィッツに戻る前夜、私たちひとりひとりの中にアドルフ・ヒトラーのような人間と、コーリー・テン・ブームのような人間がいるのだと自分に言い聞かせる。人には憎む力と愛する力がある。人がどちらになるか――内なるヒトラーか、内なるテン・ブームか――は自分次第なのだ。

翌朝、私たちはタクシーを頼み、一時間かけてアウシュヴィッツまで行く。ベーラは運転手を相手に、その家族や子どもたちについておしゃべりする。私は十六歳のときに、家畜運搬用貨車の暗闇の中でアウシュヴィッツに向かったときには見なかった景色を楽しむ。農場、村々、緑樹。人生はつづく。私たちがそこに閉じ込められていたとき、私たちの周囲のいたるところでそうだったように。

タクシーを降り、ベーラと私はふたたびふたりだけになり、収容所の前に立つ。鍛鉄製の標語がそびえ立つ。「ARBEIT MACHT FREI」働けば自由になれる。それを見たとたん、その言葉が父にどれほど希望を与えたかを思い出し、脚が震える。戦争が終わるまで働くだけだ、と父は考えていた。ほんのしばらくのことで、そのあと解放される。「働けば自由になれる」この言葉に落ち着いていられたのも、愛する者たちの周囲でガス室の扉がロックされるまで、うろたえたところで無意味になるまでだった。そして、その言葉は日々、絶えず感じる皮肉となった。なぜなら、ここでは自分を自由にしてくれるものなどなかったからだ。死ぬ以外に逃げ道はない。すると自由という概念ですら、形を変えた絶望になった。

緑が豊かだ。木々が植えられている。しかし雲は骨の色をし、その下にはいくつもの人工建造物があり、廃墟となったものでさえ景観を支配している。何マイルも途切れなくつづくフェンス。崩れかけた煉瓦のバラックと、昔は建物が立っていた、むき出しの四角い地面からなる荒涼とした風景。バラックとフェンスと塔からなる殺風景な地平線は一定で整然としているが、この形の中に生命の気配はない。これは組織的な拷問と死の形だ。数学的な絶滅。そこで私はまた気づく。ここがわが家だった地獄のような月日に私を苦しめていたことに。鳥が一羽も見えず、さえずりも聞こえないのだ。ここに鳥は棲んでいない。今でさえいない。空に翼がなく、鳴き声がしないことが静けさをいっそう深めている。

観光客が集まる。ツアーが始まる。八〜十名ほどの小さなグループだ。広大さが圧倒してくる。静けさの中で、みんながほとんど息を詰めている状態の中で、私はそれに気づく。しかし、この場所で起こった恐怖の出来事の非道さを感じさせるものはない。炎が燃えていたとき、私はここにいた。死体を燃やす悪臭の中で目覚め、働き、眠った。しかしそんな私ですら、それを感じ取ることはできない。脳は数字を取り込もうとし、集めて整理され、観光客向けに展示されている、面食らうような没収物の数々を取り入れようとする——まもなく死ぬ者から取り上げられた旅行かばん。ボウルと皿とカップ。妙に現実離れした転がり草のように絡まり合う、おびただしい数の眼鏡。愛情に満ちた手で編まれた赤ん坊用セーター。その赤ん坊たちは子どもにも、女性にも、男性にもなることはなかった。人間の髪でいっぱいの二十メートルもの長さのガラスケース。数が記録されている。一回の焼却で四千七百体の死体が火葬され、七万五千名のポーランド人、二万一千名のロマ、一万五千名のソ連人が死んだ。数字が集められていく。数式ができる――計算すると、アウシュヴィッツで百万名以上の死者が出たことになる。その数字を、私が若い頃、ヨーロッパの他の死の収容所で死んだ何千名もの名簿に、死の収容所に送られる前に溝や川に捨てられた死体に加えることもできる。しかし、そんな被害全体から生じた影響を適切にまとめられる数式など存在しない。この人間が作った死の工場における組織的な残虐行為を説明できる言葉も存在しない。私が立つ、まさにこの場所で、百万名以上の人びとが殺された。そこは世界最大の墓地だ。そのすべての十、百、千、百万の死者数の中に、荷造りし、手放すことを強いられたすべての所持品の中に、何マイルものフェンスや煉瓦の中に、また別の数字がぼんやりと現れる。それは数字のゼロ。世界最大の墓地であるここには、墓石がひとつもない。解放前にナチスが慌てて破壊した焼却炉とガス室が立っていた場所には、空き地があるだけだ。私の両親が死んだ場所は地面がむき出しの土地になっている。

男性用収容所のツアーを終える。私はまだ女性用の方へ、ビルケナウへ行かなければならない。それこそ、私がここにいる理由だ。ベーラが一緒に行ってほしいかとたずねるが、私は首を振る。この旅の最後の部分は、ひとりで進まなければならない。

入り口の門にベーラを残し、私は過去に戻っていく。拡声器から音楽が流される。陽気な調子がまわりの殺風景な様子とまるで正反対だ。ほらね、と父は言う。恐ろしい場所のはずがない。戦争が終わるまで少し働くだけだ。これは一時的なこと。私たちはこの事態を切り抜けられる。父は男性の列に並び、私に手を振る。私は手を振り返しただろうか？　ああ、記憶よ、どうか、父が死ぬ前に私は手を振り返したと言って。

母は私と腕を組む。ふたりは並んで歩く。「コートのボタンをかけて」と母が言う。「堂々としていなさい」私は人生の大半、心の目でずっと見ていたイメージの中に戻る。殺風景な中庭に、ウールコートを着た空腹の女性が三人、腕を組み合っている姿。母。姉。私。私はあの四月の夜明けに着たコートを着ている。私は細く、胸は平らで、髪をスカーフにたくし込んでいる。母が、堂々としていなさい、とまた私を叱る。「あなたは子どもじゃなく、女性なのよ」と彼女が言う。母の小言には目的がある。私を十六歳以上に見せたいのだ。私の生き残りはそれにかかっているから。

けれども、私は自分の生命のために、母の手を離すつもりはない。看守が指差し、押しやる。私たちは少しずつ列を前に進む。前方にメンゲレのとろんとした目が見え、にやりと笑うと隙間のある歯が見える。彼は指揮を執っている。彼は熱心な先導役だ。「病人はいないか?」と気遣うようにたずねる。「四十歳以上か? 十四歳以下か? 左側へ進め。左側へ進め」

これが私たちの最後の機会だ。言葉を交わし、沈黙を交わす機会。抱き合う機会。今回はこれが最後だとわかっている。それでも私には物足りない。ただ母に私を見てほしい。安心させてほしい。私を見て、もう目を逸らさないでほしい。私が母に繰り返し求めるこれは何だろう? この求めてもけっして手に入らないものは?

私たちの順番になる。メンゲレが指を上げる。「彼女は君のお母さん、それともお姉さん?」と彼がたずねる。

私は母の手にしがみつき、マグダは反対側を抱きしめる。私たちの誰も、左側に送られる意味も、右側に送られる意味も知らない。けれども母は直観的に知っていたのだ。私が実際の年齢以上に見え、最初の選別の列を生きて通り抜けられる年齢に見える必要があることを。母は白髪だが、顔は私と同じように滑らかで皺はない。私の姉として通る。しかし、どちらの言葉が母を守るかなど、私は考えもしない。「母」なのか、「姉」なのか。まったく考えていない。私が感じているのは、自分の細胞のひとつひとつが、母を愛し、母を必要としていることだけだ。彼女は私の母親、私のママ、私のたったひとりのママなのだから。だからこそ、私はその言葉を口にした。そして、それからの人生ずっと、その言葉を自分の意識から追い払おうとし、その言葉を自分自身に思い出させないようにしてきた。今日までは。

「母です」と私は言う。

その言葉が口から出たとたん、それを喉に押し戻したくなる。その質問の重大さに、手遅れになってから気づいた。彼女は君のお母さん、それともお姉さん？　「姉です、姉です、姉です！」大声で叫びたい。メンゲレは母を指差し、左側へと指示する。母は幼い子ども、老人、妊婦、赤ん坊を抱えた母親の後ろに並ぶ。私は母につづこうとする。母から目を離したくない。母の方へ走りかけると、メンゲレが私の肩をつかむ。「お母さんにはすぐに会える」と彼は言う。彼は私を右側へ、マグダの方へと押しやる。反対側へ。生きる側へ。

「ママ！」私は呼びかける。私たちはもう一度離される。ふたりが生きていたときの記憶の中で。しかし、記憶をまた別の行き止まりにするつもりはない。「ママ！」と私は呼ぶ。頭の後ろだけで満足するつもりはない。十分に陽の光が当たった母の顔を見なければならない。母は私を振り返る。死を宣告された者たちが進んでいく流れの中で、母はひとり立ち止まる。私は母の輝き、いつも悲しみと失望の下に隠していた美しさ以上の美しさを感じ取る。母は自分をじっと見ている私に目を向ける。母が微笑む。それはかすかな微笑み。悲しげな微笑み。

「私は『姉です』と言うべきだったのに！　なぜ私は、『姉です』と言わなかったの？」歳月を越えて母に呼びかけ、許しを請う。私がアウシュヴィッツに戻ったのは、そのためだと思う。母が、私は自分の理解の及ぶ範囲で最善を尽くした、と言ってくれるのを聞くため。私は正しい選択をした、と。

けれども、母にはそれは言えない。実際に言ったとしても、私には信じられないだろう。ナチスは許せても、自分自身はどうすれば許せるのだろう？　もう一度すべてをやり直してもいい。すべての選別の列、すべてのシャワー、すべての凍えるほど寒い夜と命がけの点呼、すべての悪夢のような食事、焦げた臭いのする煙っぽい空気を吸い込むすべての呼吸、死にかけたか、死にたいと思ったすべてのときをまた繰り返してもいい。この瞬間をもう一度生きることさえできるなら。この瞬間とその直前の瞬間を。私が違う選択ができたときを。メンゲレの質問に違う答えができたときを。たとえ一日でも、母の生命を救えたときを。しかし、母は背を向ける。母のグレーのコート、その撫で肩、編み込まれて輝く髪が私から遠ざかっていく。他の女性や子どもたちとともに、更衣室の方に歩き去るのを私は眺める。そこで彼女たちは服を脱ぎ、母はまだクララのコールをポケットに入れているコートを脱ぐ。そこで自分の衣服をかけたフックの番号を覚えておくように言われる。まるでそのドレス、そのコート、その靴のところまで戻ってくるかのように。母は他の母親たちと裸で立つ。祖母たち、赤ん坊を腕に抱いた若い母親たちとともに――マグダと私の列に送られた母親たちと、離ればなれになった子どもたちとともに。母が列になって階段を下りた部屋の壁にはシャワーヘッドがある。どんどん人が押し込まれ、部屋は汗と涙で湿り、怯えた女性と子どもの泣き声が反響する。部屋はすし詰め状態で、息苦しい。母は天井にあるいくつもの小さな四角い窓に気づくだろうか？ 兵士たちが毒薬を入れる窓に。自分が死ぬとわかるまで、どれくらい時間があるだろう？ 私やマグダやクララのことを思い出すだけの時間があるのだろうか？ 父のことは？ 自分の母親に祈るだけの時間があるのだろうか？ 一瞬にして自分を死に向かわせた、あの言葉を言った私に怒りを抱くだけの時間があるのだろうか？ あの日、母が死ぬことがわかっていたなら、別の言葉を口にしただろう。あるいは何も言わなかった。母の後を追ってシャワー室まで行き、一緒に死ぬこともできた。別のこともっと何かできたのだ。私はそう信じている。

それなのに（この「それなのに」という言葉は扉のようにものごとを開ける）。往々にして人生は罪悪感や後悔の連続、同じコーラスばかり繰り返す歌になり、自分自身を許すすべを知らない。往々にして人は生きていなかった人生だけを貴重なものと考える。往々にして人はこんな幻想に引きつけられる。それは、状況は自分の思いどおりになる。状況はいつも自分の思いどおりだった。自分がしたり、言ったりできたこと、そうすべきだったことには状況を変える力があった。それをしたり、言ったりしていれば、痛みを癒やし、苦しみを消し、悲嘆を消すことができた、というものだ。往々にして人は自分にはできた、そうすべきだったと考える選択に執着し、さらにはそれを崇拝してしまうことがある。

私には母を救えたのだろうか？　そうかもしれない。そして、残りの人生をずっと、その可能性を心に抱いて生きていく。誤った選択をしたことで、自分自身を厳しく批判することはできる。それは私の特権だ。あるいは、もっと重要な選択は、私が飢え、怯えていたとき、犬や銃や不安に囲まれていたとき、十六歳のときの選択ではないと考えることもできる。もっと重要なのは、今、私がする選択。それは、自分自身をあるがままに、欠陥のある人間として受け入れる選択。私自身の幸福に責任をもつ選択。私の間違いを許し、潔白を取り戻すために。なぜ自分は生き残るに値したのかとたずねるのをやめるために。できるかぎり役目を果たすために。人びとに尽くすために。できるかぎり両親を敬うために。彼らの死を無駄にしないために。未来の世代に私と同じ経験をさせないように、私の限られた能力の中で最善を尽くすために。あらゆる瞬間を利用してこの世界をよりよい場所にできるように、役立ち、役立てられ、生き延び、前進するために。ついに、やっと、過去から逃げることをやめるために。過去を償うためにできるかぎりのことをし、過去を手放すために。

私にできる選択は、誰にでもできること。私に過去を変えることはけっしてできない。けれども、私が救える人生はある。それは私の人生。現在、私が生きている人生。この貴重な瞬間のことだ。

出発する準備はできた。地面から石をひとつ拾う。これといって特徴のない、でこぼこした灰色の小石だ。私はそれを強く握る。ユダヤ人の伝統では、死者を尊敬する印として、また善行を積み、神への祈りを捧げるために、墓に小さな石を供える。石は、死者が私たちの心に、記憶に生きつづけることを意味する。私の手にある石は、両親に対する私の永遠の愛を象徴するものだ。それは私がここで向き合った罪悪感と悲嘆の象徴――それはとても大きく、恐ろしいものではあるが、同時に私の手で握ることができるものだ。それは私の両親の死。過去の人生の死。起こらなかったこと。現在の人生の誕生。ここで身につけた忍耐と共感のおかげで、自分自身を裁くことをやめられたこと。反応するのではなく対応する能力を得たこと。私がここに来て見つけた真実と平安。私はそういうものをようやく、すべて休ませ、残していくことができる。

その石を、かつて私がいたバラックがあった区画に残す。五人の少女たちとともに木製の寝棚で眠った場所。目を閉じ、『美しく青きドナウ』が演奏される中、命がけで踊った場所。ふたりがいなくて寂しい、と両親に語りかける。愛している。いつまでも愛している。

両親とそれは大勢の人たちを飲み込んだ死の広大な校庭に、いまだそこに存在する聖なるものが私に生き方を教える――私は苦しめられたが被害者ではないこと。傷つけられたが壊れていないこと。魂はけっして死なないこと。人生の意味と目的は、人を何よりも傷つける心の奥底からやってくることを教える――恐怖の教室に向かい、私は最後の言葉を口にする。さようなら、と私は言う。そして、ありがとう。人生をありがとう。ありのままの人生をようやく受け入れられたことに感謝します。

元収容所の鉄製の門まで、芝生で私を待つベーラのところまで、私は歩く。制服姿の男性が標語の下を行きつ戻りつしているのを目の端で捉える。彼は博物館の守衛で兵士ではない。しかし、制服姿で行進しているのを見ると、身をすくめ、息を止め、銃の音、弾丸の発射音を予期せずにはいられない。ほんの一瞬、私はふたたび怯えた少女、危険にさらされた少女になる。自分を閉じ込めた私になる。私は息をし、その瞬間が過ぎ去るのを待つ。コートのポケットの青い米国パスポートを探る。守衛は鍛鉄製の標語のところまで行くと、向きを変え、収容所へ戻っていく。彼はここにいなければならない。ここにいるのが彼の職務だ。けれども、私は立ち去ることができる。私は自由なのだから！

私はアウシュヴィッツを立ち去る。私は逃亡する！「働けば自由になれる」の標語の下を通り抜ける。何をしようが自由になれなかったことを考えれば、なんと残酷で、人を馬鹿にした言葉だろう。しかし、バラックや崩れ落ちた焼却炉、監視所、観光客、博物館の守衛をあとにし、黒っぽい鉄製の文字をくぐり抜け、夫のいる場所に向かうとき、その言葉に真実を感じ取る。仕事が私を自由にしたからだ。自分の仕事ができるように私は生き延びた。犠牲と飢え、極度の疲労と奴隷状態を伴う重労働といったナチスが意味した労働ではない。それは心の内側での仕事のことだ。生き延び、前進できるようになること。自分自身を許せるようになること。他者がそれと同じことができるよう手助けすること。そして、この仕事をすれば、私はもう何の人質でも囚人でもない。私は自由でいられる。

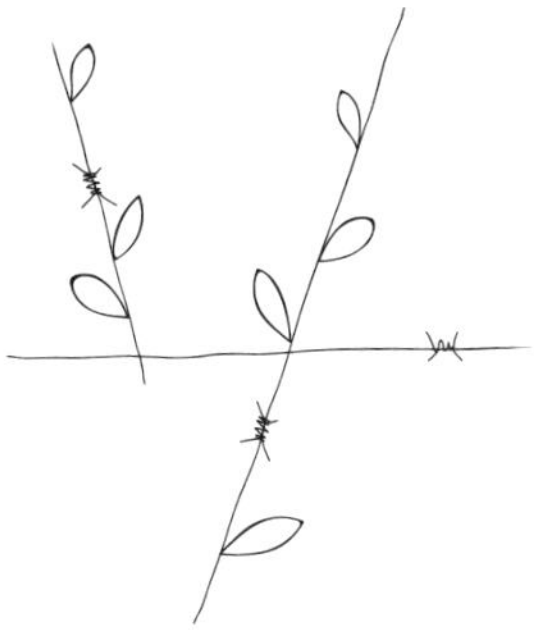

癒やし

第20章　「自分の責任」を手放さない

ヴィクトール・フランクルとの出会いのひとつは、一九八三年にレーゲンスブルクで開催された第三回ロゴセラピー世界会議だった。彼は八十歳近く、私は五十六歳だった。私はいろいろな意味で、エルパソの大教室で、うろたえながらバッグに『夜と霧』のペーパーバックを入れたあの人間と同じだった。今も強い訛りのある英語を話す。今もフラッシュバックが起こる。今もつらいイメージを抱え込み、過去の喪失を悲しんでいる。けれども、もう自分が何かの被害者とは感じていなかった。

私のふたりの解放者には、途方もない愛情と感謝の気持ちを抱いていた。これからもずっと抱きつづけるだろう。それはグンスキルヒェンの死体の山から私を引っ張り出してくれた米軍兵士と、ヴィクトール・フランクルだ。フランクルは私にもう隠れていなくてもよいと教えてくれ、自分の経験を言い表す言葉を見つけさせ、痛みをやり過ごせるようにしてくれた。彼の助言と友情のおかげで、私は自分の苦しみの目的と意味を見つけることができた。その意味に支えられたおかげで、過去と和解するだけでなく、苦難を乗り越えることもできた。そして、その苦難が、共有する価値のある貴重なもの、つまり自由への道のりにつながったのだ。会議の最後の夜、私たちは踊った。ふたりは歳を重ねたダンサーとなった。聖なる現在を楽しむふたりの人間が。前進し、自由になることを学んだふたりの生還者が。

ヴィクトール・フランクルとの数十年にわたる友情と、本書に記載した人も含め、あらゆる患者たちとの治療関係が教えてくれたのは、私がアウシュヴィッツで学び始めた重要な教訓と同じものだった。つらい経験は重荷ではない――それは贈り物だ。それは人に客観的な視点と人生の意味を、さらには自分だけの目的と強さを見つけるチャンスを与えてくれるのだ。

誰にでも合う癒やしのテンプレートなど存在しない。しかし、学び、実践できるステップ、ひとりひとりが自分だけのやり方で組み合わせられるステップ、自由のダンスのステップはある。

そのダンスにおける私の第一のステップは、自分の感情に責任を負うことだった。感情を抑え込んだり、避けたりするのをやめ、それをベーラや他の人たちのせいにするのをやめ、自分のものとして受け入れること。これはジェイソン・フラー大尉の癒やしにおいても重要なステップだった。私と同様、彼には感情を断ち切り、それが大きくなって自分を支配するまで、それから逃げる癖があり、その逆のことができなかった。感情を避けることで苦痛は避けられないと私は彼に教えた。彼が責任を負うべきは、感情を安全に経験し――結果的に表現し――そのあと手放すことだった。

治療の最初の数週間に私が彼に教えたのは、自分の感情をうまく処理するマントラだった――気づき、受け入れ、調べ、留まる。感情に飲み込まれそうになったとき、その感情を処理する最初の行動は、自分がその感情を抱いているのに気づくこと、つまりそれを認めることだ。自分にこう言い聞かせてもいい。ははん！　また来たぞ。これは怒りだ。これは嫉妬だ。これは悲しみだ（ユング派分析家から慰めになることを教わった。それは、人間の感情のパレットの色は無限にあるように感じるが、実は色彩〈訳注／すべての色は、シアン、マゼンダ、イエロー、ブラックの四成分によって表される〉と同じく、どの感情の色合いもほんのいくつかの基本的な感情――悲しみ、怒り、喜び、恐れ――から派生したものであること。私もそうだったように、感情の語彙を学んでいる者にとって、たった四つの感情の見極めなら圧倒されなくてすむ）。

いったん自分の感情を見極めてしまえば、ジェイソンに必要なのは、それを自分のものとして受け入れることだった。他の誰かの行動や言葉がきっかけになったとしても、それは彼の感情だった。だから誰かに食ってかかったところで、感情は消え去ったりしなかった。

いったん自分の感情に気づいたあとにすべきなのは、体の反応を調べることだ。熱いか？　寒いか？　心臓がドキドキしているか？　呼吸はどうか？　自分は大丈夫なのか？

感情そのものに耳を傾け、それの体内での動き方に注目することで、それが過ぎ去るか、別のものに替わるまで、彼はそれとともに留まることができた。自分の感情を隠したり、薬で治療したり、それから逃げ出す必要はなかった。彼はそれを感じることを選択できた。それはただの感情だった。彼はそれを受け入れ、それに耐え、それとともに留まることができた――なぜなら、それは一時的なものにすぎなかったからだ。

ジェイソンが自分の感情に耳を傾けるのがよりうまくなると、次は、それに反応するのではなく、対応する方法を練習した。ジェイソンは、まるで圧力鍋の中にいるように生きるようになっていた。彼は自分を厳しい管理下においていた——しまいに自分が爆発するまで。そこで私は彼にティーポットのようになること、蒸気を吐き出せることを身につけさせた。ときどき、彼がセッションに来ると、どんな気分かとたずねた。すると彼はこう答えたものだ。「叫びたい気分です」私は言った。「いいわ！　叫びましょう。あなたがイライラしないように、全部、外に出すのよ!!」

ジェイソンは自分の感情を受け入れ、それを正視できるようになると同時に、自分の子ども時代の恐怖心、抑圧、暴力を、自分が現在の家族の中に様々な形で再現していることに気づいた。虐待する父親の手にかかって身につけた、自分の感情を支配しようとする欲求が形を変え、妻や子どもたちを支配しようとする欲求になっていたのだ。

治癒がパートナーとの関係修復に役立つ場合もあれば、癒やしが相手を解放し、成長させる場合もある。ジェイソンが夫婦でカウンセリングを受けて数ヵ月後、妻は彼に、別居する用意があると伝えた。ジェイソンは衝撃を受け、激怒した。私は失敗に終わった結婚への悲しみが、彼の子どもたちの扱い方に影響を及ぼすのではないかと心配した。当初、ジェイソンは復讐心を抱き、完全な親権を求めて闘いたがっていたが、全か無かの考え方を変えることができ、彼と妻は親権を共有する合意に達した。彼は自分に拳銃を手放す気にさせた者たち、つまりわが子たちとの関係を修復し、育むことができた。彼は暴力の遺産に終止符を打ったのだ。

自分の感情を認識し、責任を負うようになれば、人間関係の力学における自分の役割を認識し、責任を負うようになれる。私が結婚と子どもたちとの関係の中で学んでいた時期、自由の実験場のひとつは、愛する者との関わり方だった。これは私の仕事中に頻繁に話題に上るものだ。

初めてジュンに会った朝、彼はプレスしたスラックスと、ボタンアップシャツを着ていた。リンは完璧な仕立てのスカートとブレザーに身を包み、扉から入ってきた。メイクアップはプロ並みで、髪を丁寧にセットしている。ジュンは長椅子の一方の端に座った。彼の目は診察室の壁に並ぶ額入りの卒業証書や写真をじっくり眺め、リン以外のあらゆる場所を見ていた。彼女は長椅子の端にきちんと腰かけ、私を真っ直ぐ見ていた。「問題はこれです」と彼女は前置き抜きで言った。「夫が飲みすぎるんです」

ジュンの顔が真っ赤になった。今にも話し出しそうに見えたが、黙ったままでいた。

「それをやめなければ」とリンが言った。

私は「それ」とは何かとたずねた。彼女がそれほどまでに不愉快だと感じる行動は何なのか？

リンによれば、この一〜二年、ジュンの飲酒はたまに夜や週末に飲む程度から、毎日の習慣となった。一杯目は、帰宅前、教授をしている大学キャンパス近くのバーでスコッチを飲んだ。その後、自宅で引きつづき、次の一杯、また一杯と飲んだ。ふたりの子どもと夕食の席につく頃には、目が少しばかりどんよりとし、声が少しばかり大きすぎ、冗談はややいかがわしいものになった。リンは子どもたちを入浴させて寝かしつけるまで、すべてをひとりで受け持つ状況に心細さと負担を感じていた。自分が眠る支度をする頃には、苛立ちで爆発しそうだった。ふたりの性生活についてたずねると、リンは顔を赤らめた。そして、以前はベッドに入るとジュンからセックスを誘ってきたが、彼女は苛立ちのあまり、それに応えられないことがよくあると言った。今では彼はたいていカウチで眠り込んでいた。

「それだけじゃありません」と彼女が言った。彼女は証拠を残らずリストアップしていった。「酔っ払っているせいで皿を割る。帰宅が遅い。私が伝えたことを忘れる。飲酒運転をする。そのうちに事故を起こすでしょう。安心して子どもたちを送らせることなどできません」

リンが話している間、ジュンは消え入りそうだった。視線を膝に落としていた。彼は気分を害し、よそよそしく、きまり悪そうに見えた――怒ってもいるようだが、その敵意は内側に向けられていた。私はジュンに、ふたりの日常生活をどう見ているのかとたずねた。

「子どもたちの世話はいつも責任をもってやっています」と彼が言った。「子どもを危険にさらしたと僕を責める権利は彼女にはありません」

「リンとの関係はどうです？　結婚の状況についてはどう考えていますか？」

彼は肩をすくめた。「僕はここにいますよ」と彼は言った。

「あなた方はずいぶん離れて座っていますね。それはふたりの間にある大きな隔たりを正確に示していますか？」

リンがハンドバッグを握りしめる。「正確です」とジュンが答えた。

「彼がお酒を飲むせいです」リンが口を挟む。「そのせいで、こんな隔たりができているんです」

「多くの怒りがあって、それがふたりを引き離しているように思えます」

リンはすばやく夫を見てから、うなずいた。

膠着《こうちゃく》状態に陥り、同じダンスばかり踊るカップルは数多く見ている。彼女が小言を言うから、彼はお酒を飲む。彼がお酒を飲むから、彼女が小言を言う。それはふたりが選んだ振り付けなのだ。しかし、どちらかがステップを変えたらどうだろう？「どうかしら」と私は始める。「ジュンが飲むのをやめたら、あなた方の結婚はうまくいくのかしら？」

ジュンが歯を食いしばった。リンはハンドバッグをつかんでいた手を緩めた。「そのとおりです」と彼女が言った。「それこそ、起こるべきことです」

「ジュンが飲むのをやめたら、実際に何が起こるかしら？」と私はたずねた。

私はふたりに別のカップルの話をする。夫はやはり酒飲みだった。ある日、彼はもう嫌になった。もうそれ以上、飲みたくなかった。彼は助けてもらいたかった。更生施設が最良の選択肢と考え、禁酒に懸命に取り組んだ。それはまさに彼の妻が願っていたことだった。夫婦はどちらも、夫が禁酒すれば、すべての問題が解決すると期待した。

しかし、夫が回復すればするほど、ふたりの結婚生活は悪くなった。更生施設に会いに行くと、妻の心に怒りと苦々しい思いがこみ上げてきた。昔のことを蒸し返さずにはいられなかった。五年前、帰宅したあなたが、私のお気に入りのラグ一面に吐いたのを覚えている？　それから、ふたりの記念日のパーティーをあなたが台無しにしたこともあったわね？　妻は夫がしでかしたあらゆる過ち、夫が自分を傷つけ、失望させたあらゆる出来事を次々と並べ立てずにはいられなかった。

夫の状態がよくなればなるほど、妻の状態は悪くなった。やがて夫は身も心も健康になり、自分を恥じる気持ちも和らぎ、本当の自分を見いだし、以前より自分の人生と人間関係を理解するようになった。すると妻はますます激高するようになった。夫は飲酒を手放したが、妻はあら探しをし、責めることを手放せなかったのだ。

私はこの状態をシーソーと呼ぶ。ひとりが上がれば、もうひとりは下がる。結婚や人間関係の多くがこんな仕掛けになっている。ふたりの人間が暗黙の契約に合意する。それは、ふたりのうち、ひとりが「優れた側」に、もうひとりが「劣った側」になるというものだ。このシステム全体が頼みの綱としているのは、どちらかの欠点だ。「劣った」パートナーは、あらゆる限界を試す無料パスを手に入れ、「優れた」パートナーはこんなことを言うようになる。私がどれほど献身的か、見てください！　私がどれほど我慢しているか、見てください！　私が耐え忍んでいるすべてを見てください！

だが、もしその関係の「劣った側」がその役割にうんざりしたら、何が起こるだろう？　もうひとつの役割のオーディションに現れたら、どうだろう？　その関係の「優れた側」の立場は、もう安定したものではなくなる。すると妻は自分の立場を守るために、夫にどれだけ劣っているか思い出させなければならない。あるいは、彼女が「劣った側」――刺々しく、激しやすい人――になってもよい。そうすれば、立場が替わったとしても、シーソーのバランスは取れたままだ。どちらにしろ、相手を責めることが軸となり、ふたつのシートを繋げつづけているのだ。

多くのケースで、誰かの行動が人の不安や不幸の大きな原因になっている。相手を傷つけ、害を及ぼす行動があっても、問題なしとすべきだと言っているのではない。しかし、自分の幸福の責任を誰かに負わせているかぎり、人は被害者でありつづける。もしリンが、「ジュンが飲酒をやめさえすれば、私は幸せになり、安心できる」と言ってしまえば、彼女は自分で自分を不幸で不安な人生に陥りやすくしている。彼女の幸せと大きな不幸を隔てるものは、酒のボトル一本か、がぶ飲みでしかなくなる。同様に、もしジュンが、「自分が酒を飲む唯一の原因は、リンがあまりに口やかましく、批判的だからだ」と言ってしまえば、彼は選択の自由をすべて放棄している。彼はもう自分の主体者ではない。彼はリンの操り人形となる。酔えば、彼女の厳しさから一時的に自分を守れるのかもしれないが、自由にはなれない。

つまり、人が不幸になる原因はたいてい、背負い込んだ責任があまりに多すぎるか、あるいは少なすぎるからだ。人は自分の意見をはっきり述べたり、明らかに自分のための選択をしたりせず、攻撃的になったり（他者のために選択する）、受動的になったり（自分のための選択を他者にさせる）、受動的攻撃的になったり（他者が自身のために選択しているものの邪魔をすることで、他者のために選択する）する可能性がある。

私自身も、かつてベーラに対し、受動的攻撃的になったことを認めるのは楽しいものではない。彼は時間に几帳面で、彼にとって予定どおりであることが重要だった。そのため、彼に腹を立てたときには、家を出る時間になると時間稼ぎをしたものだ。私はただ彼を苛立たせるために、故意に時間がかかることを探し、約束に遅れさせた。彼は時間どおりに到着することを選択していたのに、私が彼の求めるものを手に入れさせなかったのだ。

私がリンとジュンに伝えたのは、互いに自分の不幸を相手のせいにすることで、自分を幸福な状態にする責任を避けていることだった。一見、どちらも自分の意見をとてもはっきり述べているようだが――リンはつねにジュンの問題について、自分が頼んだことではなく、彼がしたいことをしていると訴える――どちらも、「自分が欲しいのは」「自分は」という素直な表現を避けることがとても上手だった。リンは「自分が欲しいのは」という表現を使いはした――「自分が彼にして欲しいのは、お酒をやめることです」――が、誰かに何かを求めながら、自分自身のために求めているものを知る必要から逃げている。そしてジュンは、彼女の重苦しい期待と批判に対抗し、自分を主張するひとつの方法として、飲酒はリンの落ち度だと言った。そのことで、飲酒を正当化できた。しかし、自分自身の選択をする権限をあきらめては、自分が被害者に――そして囚人に――なることを認めている。

エジプトで奴隷状態にあったヘブライ人をモーセが解放した物語を伝え、特別な過越の祭りの祝宴の祈りと儀式を教える典礼書ハガダーには、伝統的に家族の中で最年少の者がするべき四つの質問が記載されている――子ども時代には、その質問をするのが私の特権であり、自宅で両親と一緒に過ごした、あの最後の夜にもそうした。治療の際には私独自の四つの質問をする。数年前、新しい患者のセッションを始めるときの方法について、同僚数人と話し合い、彼らの協力を得て作成したものだ。それが今、リンとジュンに文章で回答するよう頼んだ質問であり、その目的は彼らを被害者意識から解放することだ。

1．あなたは何が欲しいですか？

これは一見、単純な質問だ。しかし、自分自身を理解し、その声を聞き、自分自身を自分の願望に合わせることを自分に許すことは、人が思うよりずっとむずかしいものになる。この質問に答えるときに、人はたいてい他者にしてほしいことを言う。リンとジュンには、自分自身を対象にこの質問に答える必要があると念を押した。ジュンに飲酒をやめてほしい、リンに小言をやめてほしい、と言うのは、この質問をはぐらかすことだ。

2．それを欲しがっているのは誰ですか？

これは人が負うべき義務であり、葛藤だ。自分自身に対する自分の期待を理解するのか、それとも自分に対する他者の期待に応えようとするのか。私の父は医師になるのを父親に許されず、仕立屋になった。父はとても腕がよかったため、褒められ、表彰されもした――とはいえ、自分が求めるものにはけっしてなれず、実現できなかった夢をいつも嘆いていた。人は真の自己に正直に行動しなければならない。これは、他者を喜ばせようとする欲求をあきらめ、他者に承認されようとする欲求をあきらめることを意味する場合もある。

3．それに対し、あなたは何をしますか？

私は前向きな思考がもつ力を信じている――変化と自由にも前向きな行動が必要となる。どんなことも練習すれば上手くなるように、いつも怒っていれば、怒りは大きくなる。いつも恐れていれば、恐れは大きくなる。それではどんなに頑張っても行き詰まるだけだ。変化とは、もう役に立っていないものに気づき、自分を閉じ込めているなじんだパターンの外に出ることだ。

4. いつ？

母のお気に入りの本『風と共に去りぬ』で、困難に直面したスカーレット・オハラはこう言う。「そのことは明日考えよう……。明日は明日の風が吹くのだから」しかし、堂々めぐりすることなく前進したいのなら、今こそ行動を起こすときだ。

リンとジュンは質問の答えを書き終え、用紙をきちんと畳み、私に渡した。私たちは翌週、それを一緒に見ていくつもりだ。ふたりは帰ろうと立ち上がり、ジュンが私の手を握った。するとそのとき、扉から外に出ながら、私は自分が確認したかったものを目にした。ふたりには、結婚を台無しにしてしまった隙間を埋めよう、非難のシーソーから降りようとする気持ちがあった。リンはジュンを振り返ると、おずおずと微笑みかけた。彼が微笑み返したのかどうかは私には見えなかった――彼が背中を向けていたから。けれども、彼が彼女の肩を優しく叩くのが見えた。

翌週、私たちが会ったとき、リンとジュンはふたりが予想もしていなかったことを発見した。「あなたは何が欲しいですか？」という質問への答えに、どちらも同じことを書いていたのだ――幸せな結婚生活。この願望を口にするだけで、ふたりはすでに自分が求めているものを手にする道を進んでいた。ふたりに必要なのは、新しいツールだけだった。

私はリンに、毎日、ジュンが帰宅してからの自分の行動を変えてみるように言った。それは、たいてい彼女が他のどの時間より怒りを感じ、精神が不安定で、怯えている時間だった。彼は飲んでくるだろうか？　どれくらい飲んだのだろう？　これからどれくらい飲むのだろう？　ふたりで仲良くできるだろうか？　それとも、また隔たりと敵意の夜になるのだろうか？　彼女は主導権を行使しようとすることで、恐怖心にうまく対処するようになっていた。ジュンの息の匂いをかぎ、彼を責め、立ち去るのだ。

だが、私が彼女に教えたのは、彼が素面《しらふ》であろうと、酔っ払っていようと、同じように夫を出迎えること――優しい目と簡単な言葉で。「あなたに会えて幸せよ。あなたが帰ってくれて嬉しい」彼が酔っているせいで傷つき、失望したなら、その気持ちを伝えてもよかった。こんなふうに言えばよい。「飲んできたのがわかる。悲しくなるわ。あなたが酔っていると、仲良くできないから」あるいは、「あなたの安全が心配よ」飲酒に対する彼の選択に合わせて、彼女は自分の選択をすればよかった。こんなふうにも言える。「今晩、あなたと話し合いたいと思っていたのに、あなたは飲んできたのね。それなら、私は別のことをするわ」

私はジュンに依存症の生理学的な側面について話し、彼がアルコールで楽にしようとしている苦しみがどんなものであれ、私にはその治療の手助けができること。素面でいるのを選ぶなら、依存症を治療する追加支援が必要になることを伝えた。そして、禁酒会の集まりに三度出席し、そこで聞く話のどれかに自分が当てはまるかどうか確かめるように求めた。彼は指定された集まりに出席したが、私の知るかぎり、彼はそこに戻っていない。また、私が彼の治療をしていた期間、彼は飲酒をやめていなかった。

リンとジュンの治療を終了したとき、ふたりにとって改善したこともあったが、そうならなかったこともあった。互いの話を、良し悪しの判断をすることなく、以前よりうまく聞けるようになり、以前より怒りを感じることのない時間を過ごし、そんなときには悲しみと不安を打ち明けることができた。ふたりの関係は以前より思いやりのあるものになった。けれども、孤独は残った。そして、ジュンの飲酒が手に負えないものになるのではないかという不安も。

この物語は、最後まであきらめてはいけないことをうまく伝えている。生きているかぎり、苦しみが大きくなるリスクはある。しかし、苦しみを小さくしたり、幸せを選択したりする方法を見つけるチャンスもある。だが、そのためには、自分自身に責任を負わなければならない。

相手のあらゆる要求を引き受ける世話係になろうとすることは、自分自身に対する責任を避けるのと同じくらい問題がある。これはずっと私の課題だった——多くの臨床心理士と同じように。私がこのことに直観的に気づいたのは、五人の子どもがいるシングルマザーを治療していた時期のことだ。

彼女は失業し、うつ病以外にも身体障害を抱えていた。彼女は家を出るのも大変だった。私は喜んで介入し、彼女の代わりに生活保護手当送金小切手を取りに行ったり、子どもたちを様々な予約や活動に送っていったりした。彼女の臨床心理士として、できるかぎり手助けするのが自分の責任だと思い込んでいたのだ。しかし、ある日、福祉事務所の列に並びながら、自分は慈悲深く、寛容で、立派な人間だと思っていると、内なる声が私にこう言った。「エディ、誰の要求に応えてるの?」その答えが「私の大事な患者の」ではないことに気づいた。答えは「私の」だった。彼女のために用事を済ませながら、自分がいい気分になっていたのだ。だが、そこで犠牲になっているのは何だろう? 私は彼女の依存に油を注いでいた——さらに、彼女の飢えにも。彼女はすでに長い間、自分の内側だけで見つけることのできるものを自ら奪ってきた。私が彼女の健康と快適な暮らしを支えていると考えている間、実は彼女が自立への機会を自ら奪うのを支えていたのだ。人びとを助けることはかまわない——助けを求めることも問題ない——が、相手が自分で自分を支えるようにさせてやれないなら、助けたい相手を半人前にしている。

以前は患者にこうたずねたものだ。「どうしたら、あなたを助けられますか?」しかし、そんな質問をしては、相手をハンプティ・ダンプティにしてしまう。歩道の上に転がり、元どおりの姿に戻してもらうのを待っている人に。すると、私は王様の馬と王様の家来、つまり人を元どおりにできない無能な人間ということになる。そこで私は質問を変えた。今ではこうたずねている。「どうしたら、あなたの役に立てますか?」私はどのようにあなたを支えれば、あなたが自分自身に責任を負えるようになれますか?

＊　＊　＊

自ら監禁状態で生きることを選択した人には会ったことがない。しかし、霊的、精神的な自由を進んで譲り渡す様子を繰り返し目撃してきた。自分の人生を導く責任、自分のために選択する責任を他者や組織に委ねることを選んでしまうのだ。私はある若いカップルに出会ったことで、この責任を放棄し、それを誰かに委ねてしまったら、何が起こるかを理解することができた。彼らがとくに忘れられないのは、彼らが若かったから、たいていの人が自主性を貪欲に求める人生の時期にいたからだ――皮肉にもその時期は、人が自分にその準備ができているのか、その重みに耐える強さがあるのかと、とりわけ不安を感じる時期でもあるのだろう。

私に助けを求めにきたとき、エリースは自殺したいほどの絶望を抱えていた。彼女は二十一歳、巻き毛の金髪をまとめてポニーテールにしていた。泣いたせいで目が赤かった。彼女は男性アスリート向けのトレーナーを着ていたが、それは膝に届きそうなほど大きかった。私は明るい十月の日差しを浴びながらエリースと座り、彼女は苦悩の原因を説明しようとした。それはトッドだった。

カリスマ性を備え、大きな望みをもつ、ハンサムなバスケットボール選手トッドは、まるでキャンパスのセレブだった。ふたりが出会ったのは二年前、彼女が一年生、彼が二年生のときだった。誰もがトッドを知っていた。エリースが驚いたことに、トッドは彼女のことを知りたがった。彼は肉体的に彼女を引きつけ、彼はエリースの気に入られようと必死にならないところが好きだった。彼女は軽薄な人間ではなかった。ふたりの性格は互いに補足し合っているようだった――彼女はもの静かで恥ずかしがり屋、彼は話し好きで社交的。彼女は見る側で、彼は見られる側だった。ふたりがデートし始めてまもなく、トッドは彼女に自分のところに引っ越してくるよう求めた。
最初の数ヵ月のふたりの関係を語ったときのエリースは輝いていた。トッドの愛情の対象となった彼女は、人生で初めて、十分満足するどころか、言葉では表せないほど素晴らしい感覚を味わった。彼女は子ども時代やそれまでの人間関係で放っておかれたり、拒まれたり、愛されなかったりしたと感じていたわけではない。しかし、トッドの注目の対象となることで、それまでとはまったく違う人生を生きているような感じがした。彼女はその感覚が大好きだった。

ところが残念なことに、それは現れてすぐに消える感覚だった。彼女は時折、ふたりの関係に不安を覚えた。とくにバスケットボールの試合やパーティーで、他の女性たちがトッドを誘うと、彼女は嫉妬と無力感に寒気がしたものだ。トッドがそういった女性に応えているように見えると、パーティーのあと、トッドに小言を言うこともあった。そんなとき、彼は彼女を安心させることもあれば、彼女が見せる心の不安定さに苛立つこともあった。彼女は口やかましい恋人にはなるまいとした。彼にとって欠かせない存在になる方法を見つけようとした。その結果、エリースはトッドの勉強をサポートするようになる。彼はスポーツ奨学金に必要とされる及第点を維持するのに苦労していた。最初、エリースは彼の試験勉強を手伝った。やがて、宿題も手助けするようになった。まもなく、彼の代わりにレポートを書くようになり、自分自身のレポートに加えて、彼のものも書くために夜ふかしした。

意識していようがいまいが、エリースはトッドを自分に依存させる方法を見つけたのだ。ふたりの関係を終わらせるわけにはいかなかった。なぜなら、彼は奨学金とそれが可能にするものすべてを失わないために彼女を必要としたからだ。必要不可欠な存在でいるという感覚に酔いしれ、安心したあまり、エリースの人生はある方程式を中心にして形づくられるようになった。それは、私が彼のために何かをすればするほど、彼は私をますます愛してくれる、というものだ。すると彼女はいつの間にか、自分には価値があるという感覚と、彼の愛を手にしていることを同一視するようになった。

ところが最近、エリースがずっと恐れていたことをトッドが告白した。他の女性と寝たのだ。彼女は怒り、傷ついた。彼は謝り、涙ぐんだ。しかし、彼はその女性と別れることができなかった。彼はその女性を愛していたからだ。彼は心苦しく思いつつ、自分とエリースが変わらず友人でいられることを望んでいた。

その週、エリースはアパートから出るのがやっとだった。食欲がなかった。着替えもままならない。ひとりになるのが怖く、自分を恥じていた。彼女が気づいたのは、自分が恋愛に人生を完全に乗っ取らせていたことだ――しかも、そのために自分はどんなことでもしたのだ。そのあと、トッドから電話があった。彼は、彼女にもし時間の余裕があれば、自分の大きな頼みを聞いてくれるかどうかたずねた。彼には月曜が期限のレポートがあった。それを書いてもらえないか？

彼女は彼のためにレポートを書いた。そして次のレポートも書いた。そして次も。

「私は彼にすべてを与えました」と彼女が言った。彼女は泣いていた。

「あのね、それがあなたの最初の間違いだった。あなたは自分自身を彼の殉教者にしてしまったの。あなたにとって、そこにどんな見返りがあった？」

「私は彼に成功してもらいたかった。それに私が手助けすると、とても喜んでくれたんです」

「で、今はどうなっているの？」

昨日、共通の友人から、トッドがあの新しい女性と同居していることを聞いたと言った。そして、彼には翌日が期限のレポートがあり、彼女は書くと約束していた。

「彼が私のところに戻ってこないことはわかってます。宿題を代わりにするのもやめなきゃってわかってます。でも、やめられないんです」

「なぜ、できないの？」

「愛しているから。彼の代わりに宿題をすれば、今も彼を幸せにできるとわかっているから」

「でも、あなたはどうなの？　あなたは最高の自分になっている？　自分を幸せにしている？」

「そんなふうに言われると、自分が悪いことをしているような気になります」

「自分にとって最善なことをしないで、誰かに必要だと思うことをし始めたとき、あなたは自分に影響を及ぼす選択をしている。それはトッドにも影響を及ぼすのよ。あなたが自分を犠牲にして彼を助ける選択をしたせいで、彼が自分の問題に対処する能力にどんな影響を及ぼすと思う？」

「私には彼を助けられる。私は彼を助けるためにそばにいるんです」

「彼の気持ちに自信があるわけでもないでしょう」

「彼に愛してほしいの」

「彼の成長を犠牲にしても？　あなたの人生を犠牲にしても？」

エリースが診察室を出たあと、彼女のことが心配でたまらなかった。絶望が深刻だったからだ。

だが、私には彼女が自分の人生を取るとは思えなかった。彼女は変わりたいから、助けを求めて私のところにやってきたのだが。それでも、私は自宅の電話番号と、自殺防止ホットラインの番号を渡し、次の予約日まで毎日、私に連絡するように言った。

翌週、エリースが戻ってきたとき、若い男性を伴ってきたのを見て驚いた。それがトッドだった。エリースは満面に笑みを浮かべていた。憂うつな気分は吹き飛んだと彼女は言った。トッドはあの女性と別れ、彼女とよりを戻した。彼女は生まれ変わった気分だった。自分があれこれ要求し、精神的に不安定になったせいで、彼を遠ざけてしまったのだと、今はわかっていた。エリースはこれからはいっそう努力して、ふたりの関係を信頼し、自分がどれだけ本気なのか、彼にわかってもらうつもりだった。

セッションの間、トッドは落ち着きがなく、退屈な様子で、時計をちらりと見ては、脚がしびれたかのように椅子の上でもぞもぞと体を動かしていた。

「何かを新しくすることなく、元の鞘に収まるなんてことはあり得ないわ。あなたたちが求める新しい関係はどんなものなの？　そこにたどり着くために、何をあきらめるつもりなの？」と私はたずねた。ふたりは私を見つめるばかりだった。

「あなたたちの共通点から始めましょう。ふたりで一緒にやって、楽しいことは何かしら？」

トッドが時計を見た。エリースがさっと彼に身を寄せた。

「それがあなたたちの宿題よ」と私が言った。「自分ひとりでやりたい新しいことひとつと、一緒にやりたい新しいことひとつを、それぞれに見つけてもらいたいの。バスケットボールや、宿題や、セックスではだめよ。いつもしてることではない、楽しい何かを見つけて」

それから半年間、エリースとトッドはときどき診察室に戻ってきた。エリースがひとりで来たこともあった。彼女は相変わらず、ふたりの関係を保つことに集中していたが、何をしても、精神面の不安定さと疑念を消すことはできなかった。気分の改善を求めながらも、まだ変化に前向きではなかった。そして、予約日にやってくるトッドも行き詰まっているようだった。欲しいと思ったものはすべて手に入れつつあった――称賛、成功、愛情（よい成績は言うまでもない）――しかし、彼は悲しそうだった。意気消沈し、引きこもっていた。エリースに依存しているせいで、彼の自尊心と自信が萎縮してしまったかのようだ。

結局、エリースとトッドの診察は徐々に減り、何ヵ月もどちらからも連絡はなかった。ところが、ある日、卒業の知らせを二通受け取った。一通はエリースからだった。大学を卒業し、比較文学の修士課程に合格していた。彼女は私たちが一緒に過ごした時間に感謝していた。「ある日、目覚めたとき、もう十分だと感じました」と書いていた。彼女はトッドのレポートを書くのをやめた。ふたりの関係は終わり、それはとてもつらいものだった。しかし、今では、愛情の代わりに何を選んでいたにせよ、そこに安住しなかったことにほっとしていた。

もう一通の卒業の知らせはトッドからだった。一年遅れだったが、とにかく卒業したのだ。彼も私に感謝していた。エリースが宿題をやってくれなくなったとき、退学しかけたと言う。そのとき、彼は憤慨し、怒り狂った。けれども、そのあと、自分の人生の責任を負い、家庭教師を雇い、自分自身のためにいくらか努力することを受け入れたのだった。「僕はチンピラでした」と彼は書いていた。それに気づくことなく、エリースに頼り、宿題をさせている間ずっと憂うつな気分だったと言う。自分自身が嫌だった。今では鏡を見ると、軽蔑ではなく、尊敬を感じられるようになっていた。

ヴィクトール・フランクルは、著書『Man's Search for Meaning』でこう書いている。「生きる意味を探すことは人生の真の動機である……この意味は独自のもの、特有なものであり、人がひとりで実現すべきものであり、またそうできる。そうしてこそ、それは重要なものとなり、意味に対する自分の願望を満足させることができる」自分自身の責任を負うことを放棄するとき、人は意味を創造し、発見する能力をあきらめている。別の言い方をすれば、人生をあきらめるということだ。

第21章　私を救うのは私

自由のダンスにおける第二のステップは、真の自己実現に必要なリスクの負い方を学ぶことだ。私がその旅で負った最大のリスクは、アウシュヴィッツに帰ることだった。私の外には、マリアンの元ホストファミリーやポーランド大使館の事務官など、私に行くなと言う人たちがいた。私の内には門番がいた。それは私の一部で、自由を求める私の気持ちよりも強く安全を求めていた。しかし、ゲッベルスのベッドで目を覚ましていた夜、あの場所に戻らないかぎり、自分は完全な人間にはなれない。自分の心の健康を考えれば、あの場所にもう一度行く必要があることを直観した。リスクを負うとは、やみくもにわが身を危険に放り込むことではない。それは、自分の恐怖に閉じ込められないように、その恐怖を抱きしめることなのだ。

カルロスが私の治療を受け始めたのは、彼が高校二年生で、社会不安と自己受容に苦しんでいた時期だ。彼は仲間に拒絶されるのを恐れるあまり、友人関係や女の子との交際を始めるリスクをとれなかった。そこで私は、彼に学校で人気のある女の子十人を教えてほしいと頼み、課題を与えた。その女の子たちをデートに誘うのだ。彼は、そんなのは無理だ。友だちがいなくなる。

彼女たちは僕なんかとは絶対にデートしない。哀れな奴として、残りの高校生活の間、ずっと笑い者になる、と訴えた。そこで私は答えた。「たしかにそうね。あなたは欲しいものを手に入れられないかもしれない――でも、たとえそうだとしても、あなたは前よりいい状態になれる。なぜなら、自分の立ち位置がわかり、今よりいろいろなことを知り、自分の恐怖心が創り出した現実ではなく、本当の現実が見えるから」

結局、彼は課題を受け入れた。彼は驚いた。とびきり人気のある女の子たちのうち、四人がデートの誘いを受けたのだ！　彼はこれまで、自分の価値を決めつけ、五百回は頭の中で自分自身を除け者にしてきた。その恐怖心は表情や身振りからはっきりわかるようになっていた――目が輝き、相手と視線を合わせるどころか、いつも目を半ば閉じ、誰からも目を逸らせていたのだ。彼は自ら喜びを避けてきた。しかし、いったん自分の恐怖心と選択を抱きしめ、リスクを負ったとき、自分でも存在に気づいていなかった、いくつもの可能性を発見したのだ。

それから数年経った二〇〇七年のある秋の日、カルロスは大学寮の自室から電話をかけてきた。不安が彼の声を押し殺していた。「助けてください」現在、彼は中西部のビッグテンに入る大学の二年生だった。突然、連絡を受けた私は、彼はまた社会不安に押しつぶされそうになっているのだろうと思った。

「何があったのか、話して」と私は言った。

キャンパスは今、プレッジウィーク（訳注／学生社交クラブへの勧誘週間）なのだと彼が言った。男子学生社交クラブに入会するのが、高校時代からの彼の夢だったことは知っていた。大学に入学すると、その夢は彼にとってますます重要なものになったと言う。社交クラブの仲間との結びつきは、大学での人間関係の重要な要素であり、友人は残らず会員だったため、自分も会員になることは上手な人付き合いに不可欠と思われた。クラブによっては理不尽な新会員いじめの儀式があるという噂を聞いていたため、彼はクラブを慎重に選んだ。彼がそのクラブを気に入ったのは、会員の人種の多様性と、社会奉仕を重視している点だ。自分にぴったり合うクラブだと思った。多くの友人が新会員いじめの儀式を心配していたが、カルロスに不安はなかった。そのいじめには目的があり、常軌を逸したものでないかぎり、それによって若者たちが短期間で親しくなれると信じていた。

ところが、プレッジウィークはカルロスの想像どおりのものにはならなかった。

「どう違ったの？」と私はたずねた。

「僕のプレッジマスターは権力を誇示するタイプなんです」プレッジマスターがやたら攻撃的で、プレッジ全員の弱点を探し出し、それを押しつけるのだと言う。プレッジマスターはある若者の音楽の趣味を「ゲイっぽい」と言った。プレッジミーティング中、カルロスを見てこう言った。「お前は俺の女に手を出しそうな男に見えるな」

「そう言われたとき、どんな気分だった？」

「頭にきました。顔に一発食らわせてやりたかったです」

「それで、どうしたの？」

「何も。彼はただ、僕を苛立たせようとしていただけですから。僕は反応しませんでした」

「それから何があったの？」

カルロスは教えてくれた。その朝、プレッジマスターが彼と他の新会員たちにクラブ会館を掃除するように命じ、それぞれに違う仕事を割り当てた。プレッジマスターはカルロスにトイレブラシと洗剤ボトルを渡した。それから、大きなソンブレロを与えた。「トイレを磨き上げている間、これを被っているんだ。ここを出て、授業に行くときも、これを被るんだ。そして、今日一日、お前が言ってもいい言葉は、『シー、セニュール』だけだ」それは公の場での辱《はずかし》めであり、ぞっとするような人種差別行為だったが、カルロスがクラブに入会したければ、なんとか耐えるしかなかった。「僕は、嫌とは言えないと感じました」とカルロスが私に言った。声が震えていた。「馬鹿げたことでした。でも僕はやりました。プレッジマスターがろくでなしだからといって、自分の居場所を失いたくなかった。それに、彼を勝たせるのは嫌だったんです」

「あなたがどれだけ怒っているのか、声でわかるわ」

「猛烈に腹が立っています。それだけでなく、恥ずかしいし、混乱もしています。でも動揺などせず、それを受け入れるべきだったとも思うんです」

「もっと話して」

「まったく同じとは思わないけれど、ソンブレロを被ってトイレを磨いていたとき、あなたがしてくれたあの話を思い出しました。死の収容所でダンスをさせられた話を。あなたがこう言ったのを覚えています。あなたは怯えていた。あなたは捕らわれの身だった。でも心は自由だった。そして、看守たちは自分以上に捕らわれの身だったのだ、と。プレッジマスターが大馬鹿だってことはわかっています。なぜ僕には、彼が求めたことをとにかく行い、それでも心は自由でいられることができないんでしょう？　あなたはいつも言っていました。重要なのは外側で起こっていることでなく、内側で起こっていることだと。僕はメキシコ系という自分のアイデンティティーを誇りに思っています。なぜリーダーの戯言が、僕にとって重要なものになってしまうんですか？　なぜ僕はそれを聞いても、ただ超然としていられないのか……」

それは見事な質問だった。人の力はどこに宿るのだろう？　内なる強さ、内なる真実を見つければ、十分なのだろうか？　それとも力をつけるには、外側で行動することが必要になるのだろうか？　私は、何より重要なのは、人の内側で起こっていることだと心から信じている。自分の価値観と理想と――倫理を重んじる自己と――調和して生きる必要性も信じている。正しいことを主張し、不当で非人道的なことを拒否する重要性を信じている。そして、選択肢が与えるものを信じている。目の前にある選択肢を調べ、その選択がもたらす影響を調べるところに自由は存在するのだ。「選択肢が多いほど」と私は言った。「被害者のように感じることがなくなる。あなたの選択肢について話し合いましょう」

ふたりでリストを作った。ひとつの選択肢は、カルロスがその日一日、キャンパスでソンブレロを被り、話す言葉は「シー、セニョール」だけというもの。プレッジマスターが他にどんな屈辱を考え出そうと、おとなしく従うことになる。

別の選択肢は抵抗することだった。プレッジマスターに自分は従わないと伝えることも彼にはできた。

あるいは、彼は男子学生社交クラブへの入会申し込みを取り消すこともできた。ソンブレロとトイレブラシをおき、立ち去ってもよいのだ。

カルロスはどの選択肢がもたらす結果も気に入らなかった。いじめっ子に屈するときの屈辱と無力感が嫌だった。屈辱が人種差別的である場合はとくに。自分の自尊心を傷つけることなく、人種差別的な風刺を演じつづけることはできないと感じた――もしいじめっ子に屈しつづければ、いじめっ子を強くし、自分自身を弱くしてしまうことになる。けれども、プレッジマスターにあからさまに反抗すれば、身が危険にさらされ、社会的に孤立させられるかもしれない。カルロスは暴力行為を受けるのが怖かった――同じ手段で反撃することも。暴力的衝動に飲み込まれたくなかった。自分を怒らせようとするプレッジマスターの罠に落ちたくなかった。しかし、公の場で対決するのは嫌だった。社交クラブとその会員たちに排斥されるのも怖かった――まさにそのコミュニティこそ、自分が受け入れてもらいたいところなのだから。とはいえ、第三の選択肢――立ち去ること――なら、それよりましというわけではなかった。それでは夢をあきらめ、帰属したいという願望をあきらめなければならなくなる。それは彼が望んでいることではなかった。

目の前にある選択肢を見ていくうちに、カルロスは第四の選択肢を見つけた。暴力行為に繋がるのではないかと彼が恐れる、プレッジマスターとの直接対決ではなく、もっと強い権限をもつ者に苦情を訴えてもいい。カルロスは相談する最適な人物は社交クラブ会長だと考えた。必要なら、さらに上層部まで、大学学部長までもっていくこともできたが、まず身近なところで相談したかった。そこで彼と私はどんなことを、どんなふうに伝えるのかを練習した。リハーサル中、平静を保つのはカルロスにとってむずかしかった。しかし、何年もふたりで一緒に取り組んできた経験から、かっとなってしまえば、その瞬間は強気になれるかもしれないが、実は自分の力を相手に譲り渡していることを彼は理解していた。強さとは反応ではなく、対応すること――自分の感情を感じ取り、それについてじっくり考え、自分の目標に近づくための効果的な行動を計画することだ。カルロスと私は、彼がする会話から起こり得る影響についても話し合った。社交クラブ会長がカルロスに、プレッジマスターの行動は許容できる。カルロスはそれを受け入れるか、嫌なら去ればいい、と言う可能性もあった。

「もし、それが会長の考え方だとしても、僕はそれを知らないより、知りたいと思います」とカルロスが言った。

カルロスは社交クラブ会長と話し合ったあと、私に連絡をくれた。

「やりました！」その声から勝利の喜びが感じられた。「あの出来事を伝えると、会長は実に不愉快だし、容認しないと言ってくれたんです。彼がプレッジマスターの人種差別的ないじめをやめさせてくれます」

もちろん私は、カルロスの意見の正しさが認められ、支持されたことが嬉しく、彼が夢をあきらめなくてもよかったことも嬉しかった。しかし、社交クラブ会長がよい反応をしなかったとしても、あれは誇ってよい話し合いだったと私は信じている。カルロスは自分の力をかき集めて立ち上がり、排除され、批判されるリスクを負いながら、自分の真実を話した。彼は被害者にならないことを選択した。そして、倫理を重んじる立場を取ったのだ。彼は高度な目的に沿って行動した。人種差別と闘うために。人間の尊厳を守るために。彼は自分自身の人間性を擁護することで、すべての人の人間性を守った。彼が切り開いたのは、誰もが倫理を重んじる真実と理想を踏まえて生きていける道だった。正しいことをする行動が、安全なことをする行動と同じであることはまずない。

癒やしには一定のリスクを負うことが必ず必要になると私は思う。ベアトリスの場合、たしかにそうだった。私が会ったときの彼女は悲しげな女性で、ぼんやりとした茶色い目をし、人を寄せつけず、青白い顔をしていた。服装は不格好でだらしなく、前かがみで猫背だった。私には、ベアトリスが自分の美しさに気づいていないとすぐにわかった。

彼女は真っ直ぐ前を見つめながら、けっして私を見まいとしていた。しかし、ついちらりとこちらを見たときの視線は、まるで私の秘密を探っているかのようだった。彼女は最近、私の許しについての講演を聞いていた。二十年以上もの間、彼女は子ども時代を奪われたことを許す方法などないと思い込んできた。しかし、私自身の許しの旅を話した講演が、彼女に疑問を抱かせた。私は許すべきなのだろうか？　私は許せるだろうか？

今、彼女は慎重に私を評価している。まるで私が本物なのか、それともただのイメージなのか見極めようとするかのように。舞台上の誰かが癒やしについて話すのを聞くと、話がうますぎると思うこともある。それはある程度、当たっている。癒やしというむずかしい取り組みにおいて、四十五分講演を聞けば、心のもやもやが消えるということなどないのだから。魔法の杖など存在しない。変化はゆっくりと起こり、がっかりするほど遅い場合もある。あなたの自由の話は本物なの？　彼女のそわそわとした視線はそう言っているかのようだった。私にも少しは希望はあるの？

ベアトリスは別の臨床心理士――私の親しい友人で、彼女に私の講演を聞くように勧めた人――から紹介された患者だったので、病歴についてはいくらか知っていた。「あなたの子ども時代が終わったのはいつですか？」私はよく患者にこうたずねる。ベアトリスの子ども時代は、ほとんど始まったとたんに終わっていた。両親は、彼女ときょうだいたちをネグレクトし、入浴も、食事もさせず、学校に送り出していた。ベアトリスの学校の修道女は彼女を厳しく叱り、だらしのない格好をとがめ、登校前に体を洗い、朝食を食べるように説教した。ベアトリスは、両親によるネグレクトは自分が悪いせいだというメッセージを心に刻み込んだ。

八歳のとき、両親の友人のひとりが彼女に性的虐待を加えるようになった。彼女は抵抗を試みたものの、性的虐待はつづいた。その出来事を両親に訴えると、両親は彼女が作り話をしていると責めた。十歳の誕生日、両親はその友人に、二年間、彼女に不適切な身体接触をしてきた人物に、映画館への「デート」に連れ出させた。映画のあと、その男は彼女を自宅に連れ込み、シャワー室でレイプした。ベアトリスが私と治療を始めたのは三十五歳のときだったが、まだポップコーンの匂いを嗅ぐと、フラッシュバックを起こしていた。

十八歳のとき、ベアトリスは回復途中の麻薬常用者と結婚するが、相手は精神的にも肉体的にも彼女に残酷だった。彼女は家庭内の悲劇から逃げ出したのに、それを再現する結果となり、愛されることは傷つけられることだという信念は強くなるばかりだった。やっと離婚できたあと、人生を前に進んでいく道を見つけ、新しい仕事と新しい関係を手に入れた頃、ベアトリスはメキシコ旅行でレイプされる。帰国した彼女は打ちのめされていた。

女友だちから強く勧められ、ベアトリスは私の同僚と治療を始めた。不安と病的恐怖に捕らわれた彼女は、ベッドから出ることもほとんどできなかった。つねに重く圧迫されるような恐怖を感じ、警戒しながら生活し、また襲われるのが恐ろしくて自宅を出るのを怖がり、身体を衰弱させるようなフラッシュバックを生じさせる匂いやそれを連想させるものを怖がった。

私の同僚との最初のセッションで、ベアトリスは毎朝起き、シャワーを浴び、ベッドを整えたあと、居間にあるエアロバイクに座り、テレビを観ながら、ただ楽しむために十五分、ペダルを漕ぐことを約束した。ベアトリスは、私がかつてそうであったように、自分のトラウマを否定しなかった。過去について話すことも、それを頭で理解することもできていた。しかし、自分の中断された人生をまだ深く悲しんでいなかった。時間が経つにつれ、ベアトリスはエアロバイクに座りながら、空しさを受け入れるようになり、悲しみは（そのように感じられても）病気ではないと信じ、食べたり、酒を飲んだりといった強迫行為によって感情を麻痺させても、苦しみを長引かせるだけだと理解できるようになった。初めのうち、一日十五分間、エアロバイクに座っても、ベアトリスはペダルを踏まなかった。ただ座っていた。一～二分座っていると泣き始めた。タイマーが鳴るまで泣いた。数週間が経つ頃、彼女はもう少し長くエアロバイクで過ごした――二十分、二十五分。三十分座るようになった頃、彼女はペダルを動かし始めた。日を追って、少しずつ、彼女はバイクを漕ぐことで、自分の内側に入り込み、苦しみがしまい込まれた場所までたどり着いていた。

私が会う頃には、ベアトリスはすでに癒やしに向けた途方もない道のりを進んでいた。不幸な出来事を乗り越える取り組みにより、うつ状態と不安は和らいでいた。気分がずっとよくなった。

しかし、コミュニティセンターのイベントで私の講演を聞いたあと、トラウマの苦しみを捨て去るために、もっとできることがあるのではないかと思うようになった。許しの可能性が芽生えたのだ。

「許しとは、あなたに性的虐待をしたことについて、虐待した人を許すということではないの」と私は彼女に言った。「それは、被害者にされたあなたの一部を責めるのをやめ、あらゆる非難を手放すということなの。あなたにその意志があるなら、私が手助けして、あなたを自由へと導くこともできる。それは橋を渡るようなものになる。下を見ると怖いわ。でも、私があなたと一緒にここにいるから。どう思う？　つづけたい？」

彼女の茶色の目にほのかな光が輝いた。彼女がうなずいた。

私と心理療法を始めてから数ヵ月後、ベアトリスは頭の中で、性的虐待が起きた父親の書斎に入る覚悟ができた。これは治療経過の中でも極めて不安定になる段階であり、心理学界および神経科学界でも、頭の中で衝撃的な状況を追体験したり、トラウマが生じた現場に実際に戻ったりすることが、患者にとって役立つのか、それとも害になるのか、現在、議論が行われているところだ。私が訓練を受けた時代には、逆境を切り抜けた人たちを、その衝撃的な出来事に捕らわれたままにさせないために、催眠療法で、その出来事を追体験させる方法を学んだ。最近の研究では、衝撃的な出来事を頭の中で追体験させるのは危険な場合があることがわかってきた——心理学的には、つらい出来事を追体験させると、実際に再度トラウマを与える可能性がある。たとえば、世界貿易センターへの9・11テロ事件のあとには、センターが崩壊する映像をテレビで見た回数が多いほど、数年後のトラウマが大きいことがわかっている。過去の出来事と何度も向き合うことで、恐怖心や苦しみを和らげるどころか、むしろ強くしてしまう可能性があるのだ。これまでの診療経験と、私自身の経験から、衝撃的な出来事を頭の中で追体験することの効果は理解している。とはいえ、それは絶対的な安全性と、患者が過去に留まる長さと深さを患者自身に管理させることのできる、よく訓練された専門家の下で行う必要がある。それが確保された場合でも、この方法はあらゆる患者、あるいはあらゆる臨床心理士にとって最良の治療ではない。

しかし、ベアトリスにとって追体験は癒やしに不可欠なものだった。トラウマを捨て去るためには、彼女は虐待が起こっていた時期、あるいはそれからの三十年間に、自分が感じられなかったものを感じ取る必要があったからだ。そういった感情は彼女が感じ取ることができないかぎり、彼女の注目を求めて泣き叫ぶ。そして、抑え込もうとすればするほど、気づいてくれとさらに激しく懇願し、対決するのがもっと恐ろしいものになる。私は何週間もかけ、ベアトリスを優しく、ゆっくりと、そういった感情に近づけていった。それに飲み込まれないように。それはただの感情と理解できるように。

不幸な出来事を乗り越える取り組みと同じように、途方もなく大きな悲しみをようやく感じられるようになったことで、ベアトリスのうつ状態、ストレス、彼女をベッドに閉じ込めていた恐怖心はいくらか和らいだ。けれども、彼女はまだ、過去に対する怒りを感じ取ることができなかった。激しい怒りを伴わない許しなどあり得ない。

ベアトリスは父が書斎にしていた小さな部屋の説明をした。父の友人が扉を閉めたとき、キーキーと音がしたこと。黒っぽい格子縞のカーテンを男が彼女に閉めさせたこと。私は彼女のボディランゲージを見守った。彼女が苦しみだしたら、すぐに岸まで戻せるように。

ベアトリスが体をこわばらせたのは、頭の中で父親の書斎のカーテンを閉めたとき。自分自身を襲撃者とともにその部屋に閉じ込めたときだ。

「そこでやめて」と私は言った。

彼女がため息をついた。目は閉じたままだ。

「その部屋には椅子がある?」

彼女がうなずいた。

「どんな形の椅子?」

「肘掛け椅子です。赤錆色の」

「その椅子にあなたのお父さんを座らせてほしいの」

彼女が顔をしかめた。

「お父さんがそこに座っているのが見える?」

「はい」

「どんな様子？」

「眼鏡をかけています。新聞を読んでいます」

「何を着ているかしら？」

「青いセーター。灰色のズボン」

「あなたに大きなダクトテープをあげるから、それでお父さんの口を塞ぐのよ」

「何ですって？」

「このテープでお父さんの口を塞ぎなさい。塞いだかしら？」

彼女がうなずいた。そして、かすかに微笑んだ。

「さあ、ここにロープがあるわ。お父さんを椅子に縛り上げ、立ち上がれないようにしなさい」

「わかりました」

「しっかり縛ったかしら？」

「はい」

「では、お父さんを怒鳴りつけなさい」

「どんなふうに？」

「あなたがどんなに腹を立ててるか、伝えなさい」

「何と言えばいいのか、わかりません」

「こう言いなさい。『お父さん、あなたが守ってくれなかったことに、私はとても腹を立てている！』

でも、ただ言うだけではだめ。怒鳴りなさい！」私は実演してみせた。

「お父さん、私はあなたに腹を立てている」と彼女が言った。

「もっと大きな声で」

「お父さん、私はあなたに腹を立てている！」

「お父さんを殴りなさい」

「どこを？」

「顔の真ん中を」

彼女が拳を上げ、空気を叩いた。

「もう一度殴りなさい」

彼女が殴った。

「次は蹴りなさい」

彼女の足が上に動く。

「ここにクッションがある。これを殴ればいい。拳を叩き込んでやりなさい！」私は彼女にクッションを渡した。

彼女は目を開き、クッションを見つめた。初めのうちはおずおずと叩いていたが、私が励ませば励ますほど、強く殴るようになった。そうしたければ、立ち上がってクッションを蹴ってもいいと私が言った。部屋の向こう側へ投げてもいい。声を張り上げて叫んでもいい。まもなく彼女は床に座り込み、クッションを両方の拳で激しく打ちつけた。体が疲れてくると打つのをやめ、息を切らしながら床に崩れ落ちた。

「どんな気分？」と私は彼女にたずねた。

「ずっと殴りつづけたい気分です」

翌週になると私はサンドバッグを持ち込んだ。黒色の重いスタンド上に立つ赤いサンドバッグだ。私たちは新しい決まりごとを作った――各セッションを怒りの解放から始めるのだ。まず彼女が頭の中で誰か――たいてい両親のどちらか――を椅子に縛り上げ、激しい殴打を浴びせながら叫ぶ。「よくも私をあんな目に遭わせられたわね。まだ幼い少女だったのに！」

「もう済んだ？」と私がたずねる。

「いいえ」

そして、彼女は気が済むまで殴りつづけたものだ。

その年の感謝祭のことだった。友人たちとの夕食を終え、帰宅したベアトリスはカウチに座っていた。飼い犬をなでていると、ふいに体中がぞくぞくした。喉がひどく渇き、動悸がした。彼女は深呼吸し、体をリラックスさせようとしたが、症状は悪くなるばかりだった。このまま死ぬのかと思った。彼女は女友だちに連絡し、病院に連れて行ってくれと頼んだ。救急外来で彼女を診察した医師は医学的な異常はないと言った。彼女はパニック発作に襲われたのだ。その出来事のあと、私に会いに来たベアトリスは、苛立ち、怯え、弱気になり、状態がよくなるどころか悪くなったように感じていた。それだけでなく、またパニック発作が起こるのではないかと不安がっていた。

私はあらゆる手段を講じ、彼女の進歩を褒め称え、彼女の成長を認めた。自分の経験から、激しい怒りを解放すると、ひどく悪化したように感じることが多いが、そのあと、気分が前よりよくなるものだと教えた。

けれども、彼女は首を振った。「自分にできるかぎりのことはもうやったと思います」

「自分を信頼して！　あなたは恐ろしい夜を過ごした。でも、自分を傷つけることなく、それを切り抜けた。逃げ出しもしなかった。私だったら、あなたのようにうまく対処できるとは思えない」

「どうしていつも、私が強い人間だと信じ込ませようとするんですか？　そうじゃないかもしれないのに。私は病気で、これからもずっとそうかもしれない。たぶん、私がけっしてなれない誰かだと私に言い聞かせるのをやめる時期なんです」

「あなたは自分の落ち度ではないことに対して、自分自身に責任を負わせているのよ」

「もし私の落ち度だったら、どうなるの？　もし私に別の対応ができていて、あの男が私をそっとしておいてくれていたら、どうなるの？」

「もし状況が違っていたらと自分を責めるのは、世界は自分の思いどおりになるという幻想を持ちつづけることだとしたら、どうなるの？」

ベアトリスは長椅子で体を揺らし、顔には涙が筋になって流れていた。

「あのとき、あなたには選択肢がなかった。でも、今はある。ここに戻らないことも選択できる。それはいつでもあなたが選べることよ。でも、あなたには、自分がどれほど逆境に強い、非凡な人間であるか、理解してほしいの」

「私はなんとか自分の人生にしがみついているだけです。私にはそれが非凡とは思えません」

「あなたが少女の頃に行った場所で、安心していられた場所はない？」

「私が安心していられたのは、自分の部屋にひとりでいたときだけです」

「いつもベッドに座っていた？　それとも窓際にいたの？」

「ベッドです」

「いつも遊んだオモチャやぬいぐるみはなかった？」

「人形をもっていました」

「その子に話しかけたの？」

彼女はうなずいた。

「目を閉じて、その安心できるベッドに座れるかしら？　人形を抱いて。その頃、人形に話しかけていたように、話しかけてちょうだい。あなたはなんと言っていたの？」

「私はどうしたら、家族に愛されるの？　よい子でいなきゃいけないのに、私は悪い子なの」

「子ども時代、いつもひとりで過ごし、とても悲しくて、独りぼっちだったのに、あなたは強さと立ち直る力をずいぶん蓄えてきたことに気づいている？　そんな小さな女の子を今、褒めてやれないかしら？　抱きしめてやれないかしら？　その子に言ってあげて。『あなたは傷つけられた。でも私はあなたを愛している。あなたは傷つけられた。でも今は安全よ。あなたはなんでもないふりをして、隠れていなければならなかった。でも今、私にはあなたが見える。今、私はあなたを愛している』と」

ベアトリスは自分をしっかりと抱きしめ、すすり泣きながら体を震わせていた。「今、あの子を守ってやることができたら。あの頃はできなかったけど。でも、今、自分で自分を守れないかぎり、安心できるとは思えません」

こんなことがあったため、ベアトリスは次のリスクを負う決断をした。ベアトリスは、自分が安心したい、自分を守りたいと思っていることを認めたのだ。彼女は近くにあるコミュニティセンターで、女性向けの護身術クラスがまもなく始まることを知った。しかし、登録は先延ばしにしていた。パニック発作と闘うという試練に自分は耐えられないのではないか。護身術クラスという安全で、自分に力を与える環境であっても、人と体を組み合うことでパニック発作が起こるのではないか、と恐れたのだ。その恐れに対処しようとした彼女は、自分が欲しいものを追い求めないために、ありとあらゆる理由を挙げた——受講料が高額かもしれない。もう満員かもしれない。参加者が足りなくてキャンセルされるかもしれない、と。そこで、彼女と私は、欲しいものを追い求めることに対する抵抗の裏に潜む恐怖心に取り組むことにした。私はふたつの質問をした。「考えられる最悪のことは何ですか?」「あなたはそれを乗り越えられますか?」

ベアトリスが想像できる最悪の筋書きは、クラスで、知らない人たちばかりの部屋で、パニック発作を起こすことだった。そこで、私たちは、クラスに登録するときに記入を求められる医療情報に、発作が起こったときにはサポートの必要があると書き込み、スタッフに事前に伝えておくことにした。それからふたりで、以前、パニック発作を起こしたときの状況について話し合った。もしまた起こったら、それを止めたり、抑え込んだりはできないかもしれないが、少なくとも自分に起こっていることは理解できるだろう。また、これまでの経験から、パニック発作は恐ろしく、不快ではあるが、命に関わるものではないことはもうわかっていた。彼女には切り抜けることができるだろう。そんなふうにして、ベアトリスはクラスに登録した。

ところが、いったんその部屋に入り、スウェットパンツとスニーカー姿で、他の女性たちに囲まれると不安に駆られた。緊張のあまり、参加できなかった。ミスをするのが怖く、注目されるのが怖かったのだ。とはいえ、目標にそれほど近づきながら、立ち去ることはできなかった。彼女は壁に寄りかかり、クラスの様子を見守った。それから毎回クラスに出席し、着替えもしたが、まだ怖かった。するとある日、インストラクターが傍らで見ているだけの彼女に気づき、クラス終了後に一対一で教えようと申し出てくれた。その後、私のところに来た彼女の顔は意気揚々としていた。「今日はインストラクターを壁に投げることができたんです！」と彼女が言った。「私が彼を押さえ込んで。それから持ち上げて、壁に投げたんですよ！」頬が上気していた。その目は誇りでキラキラ輝いていた。

いったん自分で自分を守れるという自信がつくと、彼女は次の挑戦を始めた――大人向けのバレエ教室、ベリーダンス。彼女の体が変化し始めた。もはや恐怖心の入れ物ではなかった。喜びを感じ取る道具だった。ベアトリスは作家になり、バレエ教師になり、ヨガインストラクターになった。さらに、子どもの頃に読んだ記憶があるグリム童話『手を失くした少女』を基にしたダンスの振り付けを担当することにした。その物語の中で、ある少女の両親は騙され、娘を悪魔に与えてしまう。あまりに純粋で無垢な娘に取り憑くことができない悪魔は、苛立ちと復讐心に駆られ、娘の両手を切り落とす。娘は手のない状態で放浪の身となる。ある日、娘がうっかり王様の庭園に入る。花々の中に立つ娘を見た王様は恋に落ちる。ふたりは結婚し、王様は娘のために銀の義手を一組作る。ふたりは息子を授かる。ある日のこと、娘は溺れそうになった幼い息子を救う。すると銀の義手が消え、本物の両手に変わる。

ベアトリスは自分の両手を差し上げながら、子ども時代に読んだこの物語を聞かせてくれた。「私の両手は、また本物になりました」と彼女が言った。「でも、私が救ったのは他の誰かではありません。それは私だったんです」

第22章　どういうわけか、海が分かれる

時が傷を癒やすのではない。それは人が時とともに行うことだ。責任を負うことを選べば、リスクを取ることを選べば、そして最終的にその傷を捨て、過去や悲しみを解き放つことを選べば、癒やしは起こり得る。

レニーの息子ジェレミーは十六歳の誕生日の二日前、彼女と夫が十時のニュースを見ている書斎に入ってきた。テレビのチラチラする光の中で、彼の浅黒い顔は不安げだった。レニーが息子に手を伸ばし、彼がまだときどき許してくれる、あやすようなハグをしようとしたとき、電話が鳴った。シカゴに住むレニーの姉だった。離婚の泥沼の真っ只中にいる姉はよく遅い時間に電話してきた。「これには出なくちゃ」とレニーは言った。息子の頬をさっと撫でると、苦しんでいる姉に注意を向けた。ジェレミーはお休みとつぶやくと、階段に向かった。「よい夢を」遠ざかっていく息子の背中に声をかけた。

翌朝、彼女が朝食をテーブルに並べる時間になっても、ジェレミーは起きて来なかった。階段の上に向かって息子を呼ぶが、返事がない。トーストの最後の一枚にバターを塗ると、二階に上

がり、息子の寝室の扉をノックした。それでも返事がなかった。苛立った彼女は扉を開けた。部屋は暗く、ブラインドは閉まったままだった。すでに整えてあるベッドを見て、妙だと思いながら、息子の名前をもう一度呼んだ。彼女は直観的にクローゼットの扉に向かった。開けたとたん、背筋に寒気が走った。ジェレミーの体が木製の棒にぶらさがり、首にはベルトが巻かれていた。

彼女は机にメモがあるのを見つけた。「ママやパパのせいじゃない。僕が悪いんだ。がっかりさせてごめん。J」

レニーと夫のグレッグが初めて私のところに来たとき、ジェレミーが亡くなってからまだ数週間の頃だった。彼の死があまりに生々しいため、ふたりはまだ深く悲しんでいなかった。彼らは動揺していた。自分たちが埋葬した人間は、彼らにすれば死んでいなかった。まるで生きたまま葬ったように感じられた。

治療を始めたばかりの頃、レニーは座ってすすり泣くばかりだった。「時計の針を元に戻したい！」と彼女が叫んだ。「あの時に戻りたい。戻りたいのよ」グレッグも泣いたが、静かな忍び泣きだった。レニーがすすり泣いている間、彼はたいてい窓の外を見ていた。

私はふたりに、多くの場合、男性と女性では悲しみ方が違うこと、子どもの死は結婚生活に亀裂をもたらすこともあれば、絆を深める好機となることもあると教えた。

私がふたりに勧めたのは、自分の体を大切にすること、自分を怒らせ、泣かせること、蹴り、泣き、叫ぶことで今の感情を表に出し、両親の悲しみがジェレミーの妹ジャスミンの負担にならないようにすることだった。そして、ジェレミーの写真を持ってくるように頼んだ。そうすれば、みんなで彼の十六年の人生を、彼の魂が彼らと共にいてくれた十六年を祝福することができるからだ。さらに自殺者遺族のための支援団体の情報も伝えた。彼らの治療中には、もしこうしていたらどうなっただろう、という疑問が高波のように押し寄せてきた。もし私がもっと気を配っていたら、どうなっただろう？　あの夜、私があの電話に出なければ？　あのとき、しっかり抱きしめてやっていたら？　私が仕事を減らし、もっと家にいたら？　自殺するのは白人の子だけという俗説を信じていなかったら？　私が自殺の兆候に気をつけていたら？　私が学校の成績のことでプレッシャーをかけないでいたら？　眠る前に、様子を見に行っていたら？　このもしという数々の疑問が反響し、答えの出ない、こんなこだまとなる。「なぜ？」

人が真実を理解したがる気持ちはあまりに強い。人は自分の誤りの責任を負いたがり、誠実に生きたがる。人は理由を知りたがる。説明を求める。納得できる人生を欲しがる。しかし、「なぜ？」とたずねていては、過去に留まり、罪悪感と後悔から離れられなくなる。人には他者を支配することも、過去を支配することもできないのだ。

息子の死から一年も経たない頃、レニーとグレッグは徐々に私のところに来なくなり、しばらくするとまったく来なくなった。何ヵ月も連絡がなかった。だからジェレミーが高校を卒業するはずだった春、グレッグから電話をもらったときは、驚くとともに嬉しかった。彼はレニーが心配だと言い、ふたりで行ってもいいかとたずねた。

私はふたりの変わりように衝撃を受けた。どちらも老けていたが、その様子は違っていた。グレッグは太っていた。黒髪のところどころに白髪があった。レニーは体調が悪いようには見えなかった。グレッグの不安を聞き、そう思い込んでいたのだが。顔の肌は滑らかで、パリッとしたブラウスを身に着け、髪はストレートパーマをかけたばかりだった。彼女は微笑んでいた。冗談すら言った。そして、気分がいいと言った。けれども、その茶色の目に輝きはなかった。

これまでのセッションではたいてい黙っていたグレッグが、今は慌てた様子で話していた。「伝えたいことがあるんです」先週末、彼とレニーは友人の息子の高校卒業パーティーに出席した。それはふたりにとって地雷だらけのイベントだった。そこに行けば、いろいろなことを痛みとともに思い出すことになるからだ。他の夫婦にはあるのに自分たちにはないもの。ジェレミーがもういないこと。終わりがないような悲しみ。毎日、たくさんのことが起こるのに、それを息子と共に経験できないこと。しかし、ふたりは無理をしておしゃれをし、パーティーに出かけた。その夜のある時点で、自分が楽しんでいることに気づいたとグレッグは言う。DJが流す音楽がジェレミーを思い出させた。息子が好きだった昔のR&Bのアルバム。宿題をするときや友人たちが来たときに自室のステレオでかけていたものだ。グレッグは上品な青いドレスを着たレニーを見ると、彼女の頬のラインや口の形がジェレミーとそっくりであることに衝撃を受けた。彼は感情の波にさらわれそうな気がした——それは妻に対する愛おしさ。息子に対する愛おしさ。そして、暖かい夜に白いテントの下でおいしい食事を食べるという単純な喜びを持てるありがたみだった。彼はレニーに踊ろうと誘った。だが、彼女は誘いを拒み、立ち上がると、彼をテーブルにひとり残していった。

グレッグはこの話をしながら泣いた。「僕は君も失いかけている」と彼は妻に言った。

レニーの顔つきが暗くなり、目から輝きが完全に失われたように見えた。私たちは彼女が口を開くのを待った。

「信じられない」彼女がようやく言った。「ジェレミーはもう踊れないのに。どうしてあなたが踊らなくちゃならないの？　私はそんなに簡単にあの子に背を向けることはできない」

彼女の口調は敵意に満ちていた。悪意があった。私はグレッグがたじろぐかと思った。しかし、彼は肩をすくめただけだった。夫が幸せを感じることを、息子の思い出を汚すことだと彼女が考えたのは、きっとこれが初めてではないのだろう。私は自分の母を思い出した。私がいつも目にしていたのは、父が母を抱きしめたり、キスしたりしようとする姿と、そんな父の愛情をはねつける母の姿だった。幼くして母親を失った衝撃のせいで、母は陰鬱なベールで自分を隠すようになった。クララがバイオリンを弾くと、母の目が輝くこともあった。けれども、母は腹の底から笑ったり、いちゃついたり、冗談を言ったり、大喜びしたりすることを自分にけっして許さなかった。

「レニー」と私がたずねた。「死んだのは誰なの？　ジェレミー？　それとも、あなたなの？」

彼女は私の質問に答えなかった。

「あなたまで死んでも、ジェレミーは喜ばないわ」と私はレニーに言い聞かせた。「それはあなたのためにもならない」

レニーは、かつての私のように、痛みから目を逸らしていたわけではない。彼女は夫から目を逸らした。そして自分自身を悲嘆と結びつけることで、自分の人生から目を逸らしていたのだ。

日常生活のどれくらいを、息子を悼むために使っているのか、私は彼女にたずねた。

「グレッグは仕事に行きます。私は墓地に行きます」と彼女が答えた。

「どれくらいの頻度で?」

彼女は私の質問に侮辱されたような顔をした。

「妻は毎日行っています」グレッグが答えた。

「それが悪いことですか?」レニーが嚙みつくように言った。「息子に愛情を尽くすことが?」

「喪に服すのは大切なことです」と私は言った。「しかし、やりすぎては、かえって悲嘆を避けることになるかもしれません」

服喪の儀式や習慣は、グリーフワーク(訳注/親しい人を喪った悲しみを乗り越える作業)の非常に重要な要素になり得る。だからこそ、宗教的、文化的なしきたりには、明確な服喪の儀式が含まれているのだと思う――保護された空間や建物が用意され、そこで喪失感を味わえるようになっている。けれども、服喪期間の終わりもやはり明確に決められている。それが終わった時点で、人の死は生活から切り離されたものではなくなる――その死は生活に組み込まれるのだ。しかし、ずっと喪に服した状態でいては、被害者の精神状態を選んでいることになり、自分はそこから立ち直れないと信じ込んでしまう。喪に服した状態から抜け出さなくては、自分の人生まで終わってしまったかのようになる。

レニーの服喪は痛々しいものではあるが、それは一種の防御壁、つまり自分を現在の人生から切り離すものにもなっている。自分の喪失感を儀式化することで、彼女はそれを受け入れる必要性から自分自身を守ることができた。「あなたはこれからも、死んだ息子のために、時間と精神的なエネルギーを使うつもりですか？　それとも、生きている娘のために使いますか？」と私はたずねた。

レニーは困った顔をした。「私はよい母親です」と彼女は言った。「でも、苦しんでいないふりはしません」

「何かのふりをする必要はありません。でも、あなたの夫と娘が、あなたまで失わないようにできる人はあなただけなのよ」母がピアノの上に飾られた母親の写真に泣きながら話しかけていたのを思い出す。「神様、神様。私に力をお貸しください」母の泣き声は私を怯えさせた。母の喪失感への執着は、自分で持ち上げ、そこから降りる跳ね上げ戸のようなもの、つまり逃避だった。私はアルコール依存症患者の子どものように、母がいなくならないように警戒していた。母を心に開いた穴から救うことはできないが、とにかく、それが自分の役目だと感じていたからだ。

「以前の私はね、悲しみを受け入れたら、それに溺れてしまうと思っていた」と私はレニーに話した。

「でも、それはモーセと紅海のようなものなの。どういうわけか、海が分かれる。だから、そこを歩いて渡れるのよ」

私はレニーに、喪に服すことから悲しみに移行するために、何か新しいことをしてみるように求めた。「居間にジェレミーの写真を飾ること。彼の死を悼むために墓地に行かないこと。自宅の自分の場所で彼と繋がる方法を見つけること。毎日、十五分か二十分くらい時間を取って、彼と一緒に座ること。彼の顔に触れて、自分がしていることを彼に話して。彼に話しかけるのよ。

それから彼にキスして、あなたの一日のことをなんでも話して」

「息子をまた見捨てるなんて、とても怖い」

「彼はあなたのせいで自殺したわけじゃないわ」

「あなたにはわからない」

「人生で違う選択ができたのにと思うことは、いくらでもあるでしょう。でも、もう、その選択は終わったこと。過去は過ぎ去ったこと。何をしてもそれは変えられない。私たちにはけっしてわからない理由で、ジェレミーは自分の生命を絶つ選択をした。あなたが彼の代わりに選択できるわけじゃないのよ」

「それを理解したとしても、これからどうやって生きていけばいいのか、私にはわからない」

「受け入れることは、一晩でできることじゃない。それに、彼が死んでよかったと思うことはけっしてない。でも、あなたは前に進む道を選択できるようになる。そして、あなたが精一杯生きることが、彼を敬う最良の方法だとわかるようになるわ」


昨年、レニーとグレッグからクリスマスカードを受け取った。娘――赤いドレスの美しい少女――と一緒にクリスマスツリーの横に立つ写真付きだった。グレッグは片方の腕で娘を、もう片方の腕で妻を抱きしめている。レニーの肩の背後にある炉棚にはジェレミーの写真があった。それは最後の学校アルバム写真で、青いシャツを着て、満面の笑みを浮かべている。彼は家族の心に開いた穴ではない。彼は聖地ではない。彼はそこにいる。いつも彼らと共にいるのだ。

母の母親の肖像写真は、今ではボルチモアにあるマグダの家のピアノの上におかれている。そこでマグダは今もピアノを教え、生徒たちを理論と心で導いている。マグダは最近、手術を受けたとき、母が私たちに教えたことを実践できるように、娘のイロナに母の写真を持ってこさせた。それは死者に力を貸してくれるように求めること。死者を自分の心の中で生きつづけさせること。そして、苦しみや恐れを感じても、最後には愛に戻れるようにすることだ。

「今も悪夢を見るの？」私は先日、マグダにたずねた。

「見るわ。いつもよ。あなたは見ないの？」

「見るわ」と私は姉に言った。「見ますとも」

私はアウシュヴィッツに戻り、過去を捨て、自分自身を許した。帰宅したときにはこう思った。「ついにやったわ！」しかし、それは一時的な休止にすぎない。まだ終わってはいない。

過去を背負っていながら――いや、背負っているからこそ、マグダと私は解放から七十年以上にわたり、それぞれのやり方で人生の意味や目的を見つけてきた。私は精神療法を見つけた。マグダは献身的なピアニスト、ピアノ教師として活躍しただけでなく、新しい情熱の対象を見つけた。それはブリッジとゴスペル音楽だ。ゴスペルは叫ぶように響く――そこにはあらゆる感情を引き出す強さがある。ブリッジは、戦略と自制心がなければ勝てるものではない。彼女は現ブリッジチャンピオンだ。彼女は額に入れた賞状を、自宅にある祖母の肖像写真の真向かいの壁に飾っている。

どちらの姉も私を守り、私に刺激を与え、生き延びられるように導いてくれた。クララはシドニー交響楽団のバイオリニストになった。八十代初めにアルツハイマー病で亡くなるその日まで、私を「大事な子」と呼んだ。クララはマグダや私よりもずっと、ユダヤ系ハンガリー人移民文化の中で生きてきた。ベーラと私は彼女とチチのところを訪れ、食べ物や言葉、若かった頃の文化を味わうのが大好きだった。生き残った私たち全員が頻繁に集うことはできなかったが、大事な行事にはできるかぎり集まるようにした――それらもまた、両親が立ち会えなかった祝いの席だった。

一九八〇年代初め、私たちはクララの娘の結婚式の際、シドニーで会った。私たち三姉妹はこの再会をわくわくしながら待っていた。ようやく集まったときには、熱狂的に抱き合ったものだ。終戦後、コシツェで互いが生きていたと知ったときのように、興奮しながら。

もう中年女性になっていようと、どれだけ人生の長い道のりを歩んでこようと、互いと一緒にいると、おかしなことに、あっという間に若かった頃のいつもの役割を取り戻していた。クララは注目を浴びる存在で、私たちに威張り散らし、こちらが辟易するほど世話を焼いた。マグダは負けず嫌いで反逆者だった。私は仲裁者となり、姉たちの間を取り持ち、みんなの親友のように争いを収めつつ、自分の気持ちは隠した。家庭の温かさや安心感ですら、どれほど簡単に一種の牢獄に変わることか。人はいつもの対処メカニズムに依存する。人は他者を喜ばせるために「こうならなきゃ」と考える人間になる。その自分を閉じ込める役割、自分を安心させ、守ってくれるものだと誤って信じている役割に後戻りしないためには、意志の力と選択が必要になる。

結婚式前夜、マグダと私は、かつての子ども部屋でクララを見つけた。彼女は嫁ぐ娘の部屋の古い人形でひとり遊んでいた。私たちが目撃したのは、成長したわが子の幼い日々を懐かしんでいる母親ではなかった。クララはごっこ遊びに没頭していた。まるで子どものように遊んでいたのだ。姉には子ども時代がなかったのだと、つくづく思う。姉はつねにバイオリンの神童だった。小さな女の子ではいられなかった。舞台で演奏していないときは、私とマグダの面倒を見て、私たちの小さな母親になってくれた。そして、中年女性になった今、それまでけっして許されなかった子ども時代を自分に与えようとしていたのだ。人形遊びを見られ、恥ずかしくなったクララは、私たちに食ってかかった。「アウシュヴィッツにいられなくて悲しいわ」と彼女が言った。「もし私があそこにいたら、母さんは生きていたでしょうよ」

その言葉は痛烈な一撃だった。昔、抱いていた生還者の罪悪感が一気に戻ってくるのが感じられた。アウシュヴィッツでのあの一日目に私が言った言葉の恐ろしさ。それを思い出す不快感。母を死に追いやったのは自分だという、誤りであるとはいえ、あの長く覆い隠してきた思い込みと向き合う嫌悪感が戻ってきた。

しかし、私はもはや囚人ではなかった。私には姉の監獄がそこにまだあるのが見て取れ、姉の罪悪感と悲嘆が、私とマグダを非難しながら、こちらにつかみかかる音が聞こえた。けれども、私は自分自身の自由を選ぶことができた。自分の感情を、怒り、無力感、悲しみ、後悔だと見極めることができた。私にはそういった感情を旋回させたり、上げたり、下げたり、通り過ぎさせることができた。さらに、生き延びてきたことで自分自身を罰したくなる気持ちを手放すことができた。私には罪悪感を捨て、完全で純粋な自己を取り戻すことができたのだ。

心の傷はある。それだけでなく、そこから生まれてくるものもある。私は死の感触を感じ取り、最終的にそれを追い払うために、アウシュヴィッツまで出かけた。そして、自分の内なる真実、自分が取り戻したかった自己、自分の強さと自分の潔白を見つけたのだ。

第23章　解放の日

二〇一〇年の夏、私はコロラド州フォートカーソンに招待された。アフガニスタンでの戦闘から帰還した陸軍部隊に講演をするためだ。自殺率の高い部隊だった。私は自分自身のトラウマについて話す予定だった——どのように生き延び、どのように日常生活に復帰し、どのように自由になることを選択したかについて——それを聞けば、兵士たちも戦争後の生活に適応しやすくなるかもしれない。

演壇に上ると、心の中で不安とちょっとした小競り合いをした。自分に厳しくしすぎる昔からの癖だ。ハンガリーの小さなバレエ生徒にすぎなかった私が、戦争を体験した男性たち、女性たちに何を与えるべきかと考え、不安になったのだ。私は自分に言い聞かせる。私がここにいるのは、私が知っている何より重要な真実を伝えるためであること。最大の監獄は自分自身の心にあり、そこを開ける鍵はその人のポケットにもう入っていること。その鍵とは、自分の人生に完全な責任を負おうとする意欲。リスクを引き受けようとする意欲。自分自身を批判することをやめ、自分の潔白を取り戻し、自分をあるがままに——人間として、欠点はあっても壊れていないものとして——受け入れ、愛する意欲のことだ。

私は両親に、力を貸して、と呼びかけた。子どもたち、孫たち、ひ孫たちにも。彼らが私に教えてくれたすべてに。彼らが私を導き、気づかせてくれたことすべてに呼びかけた。

「母が教えてくれたことを忘れることはないでしょう」と私は話し始めた。「彼女はこう言ったのです。『私たちは自分の行き先を知らない。これから何が起こるのか知らない。だけど、あなたの心の中にあるものを奪える者などいない』」

私は幾度となく、この言葉を伝えてきた。その相手は海軍特殊部隊ＳＥＡＬｓと緊急救援隊、戦争捕虜と退役軍人局の支持者たち、がん専門医とがんを抱えながら生活している人たち、正義の異邦人たち、親と子どもたち、キリスト教徒とイスラム教徒と仏教徒とユダヤ教徒、法学生と非行や虐待などの危険にさらされている若者たち、愛する者の死を悲しむ人たち、死を覚悟している人たち。感謝を込めて、悲しみを込めてこの言葉を伝えるとき、めまいがすることがある。今回はこの言葉を口にすると、ステージから落ちそうになった。興奮に、心の底にしまい込んでいた感覚の記憶に圧倒されたからだ。それは泥だらけの草地の匂い。エムアンドエムズの強烈な甘み。フラッシュバックを引き起こしていたものを理解するまで、しばらくかかった。

けれども、私は気づいた。その部屋の両側には国旗や記章が飾られていた。そこらじゅうに私が長い長い年月、意識して考えたことのなかった、あるエンブレムがあった。それは自分の名前を綴る文字と同じくらい、私にとって意味のあるものだ。一九四五年五月四日、私を解放した米軍兵士が袖に付けていたワッペン。赤い円の真ん中に先の尖った青い数字71が書き込まれていた。兵士たちに講演するため、フォートカーソンに連れてこられたら、そこは六十五年前に私を解放してくれた七十一歩兵師団が所属していた基地だった。自分の自由の話を、戦争を生き延びた人たちにしていたら、彼らこそ、かつて私を自由にしてくれた師団の仲間だったのだ。

よくこう思ったものだ。なぜ、私なの？　なぜ、私が生き残ったの？　しかし、やがて別の疑問を抱くようになった。私が生き残ってもいいのではないか？　自由のために戦う人たちの次の世代に囲まれ、ステージに立ちながら、私はしっかりした意識の中で、ともすれば理解しにくく、ともすればわかりにくいことを理解できた。それは、過去から逃げたり、今ある苦しみに抗うことは、自分自身を閉じ込めることであること。自由とは、自分自身をありのまま受け入れ、許すこと、心を開き、今そこにある奇跡を見つけることの中にあるということだ。

私はステージで笑い、泣いた。嬉しい興奮に圧倒されるあまり、こう言うのが精一杯だった。「ありがとう」私は兵士たちに言った。「あなた方の犠牲、あなた方の苦しみには意味があります――そして、自分の内側にある真実を見つけたとき、あなた方は自由になります」

私はいつもしているように、体が許すかぎり、これからもずっとしていくように、講演を締めくくった。ハイキックをして。さあ、行くわよ！　と私のキックが言う。そして、私はやってみせた！

さあ、次はあなただ。あなたの番だ！

神聖な現在の中で。私にはあなたを、あるいは誰であれ、癒やすことはできない。しかし、心の中にある監獄を少しずつ壊す、というあなたの選択を称賛することはできる。起きたことは変えられない。あなたがしたこと、あなたがされたことは変えられない。けれども、今、どう生きるかは、あなたが選択できるのだ。
私の大切な人たち。あなたには自由になる選択ができる。

謝辞

人が私のところに来るとは思っていない――彼らは私のところに送られてくるのだ。私のところに送られてきた多くの非凡な人たちに、いつまでも変わらない感謝を捧げる。彼らがいなくては、私の人生は現在のようではなく、この本も存在しなかっただろう。

まず誰よりも、私の大切な姉マグダ・ギルバート――九十五歳にして、いまだ花盛り。彼女がいたから私はアウシュヴィッツで生き延びられた。そして、彼女の愛情深い娘イロナ・シルマン。彼女ほど家族のために闘う人はいない。

クララ・コルダ――並外れた人。まさに私の第二の母になった人。シドニーへの訪問をいつもハネムーンにし、ユダヤ教の休日である金曜日には母が作ったような安息日の夕食を用意してくれた。どれも芸術的な手作りだった。そして、それを受け継ぐ女性たち、ジーニーとシャーロット（ハンガリーの歌を覚えている？　だめ、だめ、私たちは放り出されないかぎり、どこにも行かないわよ！）。

私の患者たち。ユニークで個性的な人たち。私に癒やしとは取り戻すことではなく、気づくことだと教えてくれた。それは絶望の中で希望に気づき、答えなどなさそうなところで答えに気づき、重要なのは出来事ではなく、それに自分がどう対応するかであると気づくことなのだ。

私の素晴らしい教師とメンターたち。ホイットワース教授。実存主義者と現象学者に私を紹介してくれたジョン・ハドックス。エド・レオナルド。カール・ロジャーズ。リチャード・ファーソン。とくにヴィクトール・フランクル。彼の本のおかげで私は秘密を人に話せるようになり、彼の手紙のおかげでもう逃げる必要がないことに気づいた。彼の助言のおかげで、自分は生き延びただけでなく、他者が生き延びるのを支えられることに気づいた。

精神療法の素晴らしい同僚と友人たち。ハロルド・コールマー博士、シド・ジスーク博士、ソール・レバイン博士、スティーヴン・スミス、マイケル・カード、デーヴィッド・ウェール、ボブ・カウフマン（私の「養子」）、チャーリー・ホーグ、パティ・ヘファーノン。とくにフィル・ジンバルドー。私の「小さな弟」。彼は本書の出版社を見つけるまで引き下がらなかった。

私の物語を世界中の聴衆に聞かせるように勧めてくれた多くの人たち。青年社長会のハワードとヘンリエット・ペケット。ジム・ヘンリー博士。ザ・ミラクル・サークルのショーン・ダニッシュマンドと妻マルヤン。ウィングメン・ミニストリーズのマイク・ヘーゲ。ロゴセラピー国際会議。

私の友人と治療者たち。グロリア・レイヴィス。私の大切な同郷の銃士であるシルビア・ウェクターとエディ・シュレーダー。リサ・ケルティ。ウェンディ・ウォーカー。フローラ・サリバン。カトリーネ・ジルクレスト。彼女は九人の子持ちで、私をママと呼んでくれる。昼夜を問わず、頼りになる人だ。ドーリー・ビットリー。シャーリー・ゴドウィン。ジェレミーとイネッテ・フォーブス。ふたりとは年齢や人生のステージのことや、年齢を重ねながら自分の能力を最大限に発揮する方法について、率直に話すことができる。私の医師、サビナ・ウォーラックとスコット・マッコール。私の鍼《はり》師、バンビ・メリーウェザー。マーセラ・グレル。彼女は私の付き添いであり、友人でもあり、この十六年間、私とわが家の世話をそれは見事にやってのけただけでなく、いつもざっくばらんな意見を聞かせてくれる。

ベーラ。生涯の伴侶。ソウルメイト。私の子どもたちの父親。米国で私と新しい人生を築くためにすべてを賭けてくれた、愛情あふれる献身的なパートナー。軍の顧問をしていた私とともにヨーロッパを旅していた頃、よくこう言っていた。「エディは働き、僕は食べる」ベーラ、あの一緒に過ごした豊かな日々はまさに祝宴だった。あなたを愛している。

子どもたちにありったけの愛と感謝を。息子ジョン・イーガー。彼は被害者にならない方法を私に教え、障害とともに生きる人たちのための闘いをあきらめなかった。娘マリアン・エングルとオードリー・トンプソン。ふたりは何ヵ月にもわたる執筆の間、ずっと心の支えとなり、愛のこもった慰めをくれた。ふたりはおそらく私より先に、アウシュヴィッツを生き延びることより、過去を追体験することの方が私にとって苦しいことになると理解していた。アウシュヴィッツでは生き残るために何が必要かだけ考えていればよかった。しかし、本書の執筆には、当時の感情を残らず感じ取らなければならなかった。ふたりの強さと愛がなくては、私はそのリスクを負うことができなかっただろう。

そして、子どもたちと、孫たちの素晴らしい配偶者と人生のパートナーたち、家系図に枝を加えつづけてくれた人たちに感謝する。ロブ・エングル、デール・トンプソン、ルルド、ジャスティン・リッチランド、ジョン・ウィリアムソン、イリンガー・エングル。

甥リチャード・イーガー——私のよだれかけちゃん——とその妻バーン。本当の親戚でいてくれ、私と私の健康を見守り、祝日を一緒に祝ってくれてありがとう。

初めての孫が生まれたとき、ベーラはこう言った。「三世代つづいてきた——ヒトラーへの最高の仕返しだ」今では四世代だ！　その世代に、サイラス、グラハム、ヘールに感謝する。あなた方から電話をもらうたびに、ひいおばあちゃんディッツの心臓はパタパタと音を立てる。

ユージン・クック。私のダンスパートナーでソウルメイト。優しい男性にして紳士。愛とは感じることではなく、行動することだと気づかせてくれてありがとう。あなたはダンスのときも、おしゃべりするときも、いつも私のためにそこにいてくれる。できるかぎり長く、ブギウギを踊りつづけましょう。

最後に、一語ずつ、一ページずつ、私を支えることで、この本を、最初からそうなると感じていた共同作品に仕上げてくれた、次の人たちに。

才能あふれるナン・グラハムとロズ・リッペルとスクリブナー社の有能なスタッフ。頭脳と同様、優れた心をもつ最適な編集者たちと巡り合えるなんて、私はなんと幸運なことか。あなた方の編集の知識、粘り強さ、人間らしい思いやりのおかげで、本書は私がずっと望んでいたもの、癒やしのための道具となった。

エズメ・シュウォール・ウェイガンド。私の共著者――あなたはただ適切な言葉を見つけただけではない。あなたは私になった。私の目の代わりをしてくれた。そして、私の癒やしの旅を、それは多くの異なる視点から眺められる、あなたの能力に感謝する。

ダグ・エイブラムズ。国際的なエージェント、世界で誰よりも高潔な人。世界をよりよい場所にするために命をかける気骨と人格と魂をもつ人間でいてくれることに感謝する。この惑星にあなたがいることが、神からの贈り物であることは間違いない。

読者の皆様へ。九十年の人生で、これほど幸せと、感謝を――あるいはこれほどの若さを――感じたことはありません！　ありがとう。

訳者あとがき

本書は、ナチス強制収容所から生還した心理学者であり臨床心理士であるエディス・イーガー博士の体験を綴った自伝だ。ハンガリーから強制収容所へ、戦後のスロヴァキアからウィーンへ、そして米国への移住と、まさに激動の人生と呼んでいいだろう。無一文の移民として始めた米国での生活でも、離婚と再婚をし、四十一歳で大学を卒業。五十歳で心理学の博士号を取得、クリニックを開業するなどエネルギーに満ちている。自分の身に何が起ころうと目の前にある選択肢に気づき、それを自分で選び、先に進んでいけることを教える力強い物語である。

「生き残ったアンネ・フランク」と呼ばれることの多い著者だが、ただ生き残っただけではない。生き残ったあと、自分の経験を他者の癒やしに生かし、多くの人びとを救っている。こう書くと堅苦しく生真面目な人物のようだが、実際には仕事だけでなく、おしゃれ、観劇、ダンスなど、人生を謳歌《おうか》しているところに親しみが持てる。

九十三歳になる現在も現役で活躍中。カリフォルニア州ラ・ホーヤで診療し、カリフォルニア大学サンディエゴ校で教えている。米国内はもちろん世界中で講演、オンラインイベントを行っている。ネットでは多くのインタビューが公開され、ポッドキャストにもなっている。淡々と穏やかでありながら、力強いその言葉をぜひ聞いてほしい。

あるインタビューでは、コロナ禍の最前線でストレスにさらされている医療従事者たちを気遣い、自らの経験を踏まえ、彼らに「生存者罪悪感」を抱かないように、患者を救えなかったことで自分を責めないようにとアドバイスしている。また、本書を書いた理由をたずねられると、ホロコーストの生還者として知られているのはほとんどが男性であり、「女性の声」も必要だと感じたからだと答えている。著者によれば、本書は女性版ヴィクトール・フランクルなのだそうだ。たしかに両親や姉、夫や子どもと自分との関係を深く鋭く分析している点が女性らしいと言えるのかもしれない。このことを知ったうえで本書を読むと、また違った視点から楽しめるだろう。

本書の出版後、著者は多くの読者から癒やしに役立つ実用書も書くように求められた。それに応えて書いたのが第二作『The Gift』(パンローリングより近刊)だ。自分の患者たちの物語だけでなく、自身の病気、家族のエピソード、さらには高齢者を狙った詐欺被害に遭った体験まで交えながら、癒やされるためのさまざまな洞察を伝えてくれる。

本書の翻訳にあたり、フリーランス編集者の青木由美子さんと校閲者の乙部美帆さんに大変お世話になった。この場を借りて、心より御礼申し上げる。

二〇二一年　春

服部由美

■著者紹介

エディス・エヴァ・イーガー（心理学博士）

Dr. Edith Eva Eger

1927年ハンガリー生まれ。まだ10代だった1944年に、家族とともにナチスの死の収容所アウシュヴィッツに送られる。姉とともに生還したが、両親はそこで命を落とした。戦後、共産党政府の弾圧を逃れるために裕福な暮らしを捨て、夫と娘とともに米国に移住。低賃金の工場労働者として働き、ゼロから生活を築く。３人の子どもを育て、夫と離婚と再婚をし、40代で心理学博士号を得て、50代から臨床心理士としてのキャリアをスタートした。90代になった今もイーガー博士は、カリフォルニア州ラ・ホーヤで、臨床心理士として多忙な日々を送り、カリフォルニア大学サンディエゴ校で教員を務める。定期的に米国内外で講演を行い、米国陸軍および海軍で、回復力を養う訓練やPTSD治療に関する顧問も務めている。オプラ・ウィンフリー・ショー、アウシュヴィッツ解放70周年記念CNN特別番組など、数多くのテレビ番組に出演。ドイツ国営放送のホロコーストに関するドキュメンタリー番組にも登場、TEDトークでは多くの若者を魅了している。1972年にエルパソ最優秀心理学教師、1987年にはエルパソのウーマン・オブ・ザ・イヤーに選ばれ、1992年にはカリフォルニア州上院人道主義者章を受章。ロゴセラピー国際会議では、ヴィクトール・フランクルの90歳の誕生日を祝い、基調演説を行った。90歳での初出版となった本書は、『ニューヨーク・タイムズ』ベストセラーとなり、世界35万部を記録している。ビル・ゲイツが「コロナ禍で読むべき１冊」として挙げるほか、シェリル・サンドバーグ、アダム・グラント、デズモンド・ツツ大主教などの著名人に絶賛されている。

■訳者紹介

服部由美

はっとり・ゆみ

翻訳家。訳書にジュリア・ショウ『脳はなぜ都合よく記憶するのか——記憶科学が教える脳と人間の不思議』『悪について誰もが知るべき10の事実』、ダナ・コーエン、ジーナ・ブリア『「食べる水」が体を変える——疲労・肥満・老いを遠ざける、最新の水分補給メソッド』、ジョー・マーチャント『「病は気から」を科学する』（以上講談社）などがある。

校正：乙部美帆

2021年4月3日 初版第1刷発行

フェニックスシリーズ(119)

アウシュヴィッツを生きのびた「もう一人のアンネ・フランク」自伝

著　者　エディス・エヴァ・イーガー、エズメ・シュウォール・ウェイガンド
訳　者　服部由美
発行者　後藤康徳
発行所　パンローリング株式会社
〒160-0023 東京都新宿区西新宿7-9-18 6階
TEL 03-5386-7391 FAX 03-5386-7393
http://www.panrolling.com/
E-mail info@panrolling.com
装　丁　パンローリング装丁室
印刷・製本　株式会社シナノ

ISBN978-4-7759-4248-2